StauFFenburg

Linguistik

Band 54

Martina Drescher
Ingrid Neumann-Holzschuh (éds.)

La syntaxe de l'oral dans les variétés non-hexagonales du français

**StauFfenburg
Verlag**

Bibliografische Information der Deutschen Nationalbibliothek

Die Deutsche Nationalbibliothek verzeichnet diese Publikation in der Deutschen Nationalbibliografie; detaillierte bibliografische Daten sind im Internet über <http://dnb.ddb.de> abrufbar.

Imprimé avec l'aimable soutien de l'association des francoromanistes allemands et des amis de l'université de Bayreuth (Universitätsverein Bayreuth).

© 2010 · Stauffenburg Verlag Brigitte Narr GmbH
Postfach 25 25 · D-72015 Tübingen
www.stauffenburg.de

Das Werk einschließlich aller seiner Teile ist urheberrechtlich geschützt. Jede Verwertung außerhalb der engen Grenzen des Urheberrechtsgesetzes ist ohne Zustimmung des Verlages unzulässig und strafbar.
Das gilt insbesondere für Vervielfältigungen, Übersetzungen, Mikroverfilmungen und die Einspeicherung und Verarbeitung in elektronischen Systemen.

Gedruckt auf säurefreiem und alterungsbeständigem Werkdruckpapier.

Satz: Julia Mitko

Printed in Germany

ISSN 1430-4139
ISBN 978-3-86057-192-7

Table des matières

Préface 7

Martina Drescher / Ingrid Neumann-Holzschuh
Les variétés non-hexagonales du français et la syntaxe de l'oral.
Première approche 9

Sabine Klaeger
Ce n'est même pas possible. Syntaxe et fonctions de *même* en français burkinabè 37

Carole de Féral
Pourquoi on doit seulement speak comme les white ? – Appropriation
vernaculaire du français chez les jeunes au Cameroun 53

Jean-Benoît Tsofack
Dire, parler, écrire 'entre les langues' ou le parler 'plurilingue'
dans un journal camerounais pour jeunes 65

Katja Ploog
L'ambiguïté constructionnelle dans la dynamique langagière
(l'exemple du nouchi) 81

Oumarou Boukari
Le français populaire ivoirien : une langue à tons ? 95

Edith Szlezák
Aspects morphosyntaxiques des variétés du français canadien
parlées au Massachusetts 111

Sylvia Kasparian
C'est christement compliqué c'te shit 'citte. – L'utilisation des jurons
dans les parlers acadiens du Nouveau-Brunswick 123

Mari C. Jones
Comment déterminer la syntaxe de l'oral ?
Une étude de cas des Îles Anglo-Normandes 137

Elissa Pustka
La subordination sans subordonnant en français guadeloupéen –
créolisme ou pseudo-créolisme ? 149

Georges-Daniel Véronique
Quelques aspects de l'organisation syntaxique et discursive du
français parlé d'arabophones à Marseille 167

Stefan Pfänder / Marie Skrovec
Donc, entre grammaire et discours. Pour une reprise de la recherche sur les
universaux de la langue parlée à partir de nouveaux corpus 183

Les auteurs 197

Préface

Le présent collectif réunit la majorité des contributions présentées lors d'un symposium sur la *Syntaxe de l'oral dans les variétés non-hexagonales du français* organisé par les deux directrices à l'occasion du sixième congrès des francoromanistes allemands, qui s'est tenu en septembre 2008 à Augsbourg, en Allemagne. Pour différentes raisons, certaines communications n'ont pas pu être incluses dans le présent volume. En revanche, les articles de Katja Ploog, Jean-Benoît Tsofack et Mari Jones ont été rajoutés ultérieurement. Les articles rassemblés témoignent de la diversité des approches dans le domaine de la syntaxe de l'oral des variétés non-hexagonales du français. Les chercheurs, venant de différents pays européens, de l'Afrique subsaharienne et du Canada, traitent plusieurs régions de la francophonie en accordant une attention particulière aux variétés africaines et nord-américaines. Dans l'ensemble, les contributions montrent la grande richesse des variétés non-hexagonales et mettent en relief leur apport spécifique pour une meilleure connaissance des phénomènes de l'oral, non seulement dans le domaine de la morphosyntaxe, mais aussi dans ceux de la pragmatique et du discours. Pour l'instant, la plupart des recherches rassemblées ici se focalisent sur une seule variété du français. Pour l'avenir, il paraît cependant prometteur de multiplier les perspectives comparatives afin de mieux connaître les traits communs de ces variétés, mais aussi leurs évolutions divergentes. Aussi les articles réunis dans le présent volume nous semblent-ils constituer un excellent point de départ pour de telles recherches dans un champ d'études encore relativement jeune, mais très stimulant à plusieurs égards, celui de l'étude comparative des variétés du français.

Pour conclure, nous tenons à remercier les participants du symposium d'Augsbourg pour leurs apports féconds et les discussions stimulantes qui, d'une manière ou d'une autre, ont laissé leurs traces dans ce volume. Nous remercions également les contributeurs et contributrices pour leur collaboration et leur patience lors de la révision des articles. La publication n'aurait pas été possible sans le soutien financier de l'Association des francoromanistes allemands (*Frankoromanistenverband*) et celui des Amis de l'Université de Bayreuth (*Universitätsverein Bayreuth*), auxquelles va toute notre reconnaissance. L'appui d'Annegret Seegers-Träg (Université de Bayreuth) dans toutes les questions d'ordre pratique, depuis l'organisation du symposium jusqu'à la publication du présent collectif nous a également été très précieux et nous la remercions chaleureusement de son aide. Enfin, ce volume n'aurait pas vu le jour sans la lecture critique des manuscrits et les commentaires judicieux apportés par Dr. Julia Mitko (Regensburg). Linguiste et spécialiste des langues romanes, elle a minutieusement revu les textes et amélioré sans relâche la mise en page : si ce livre a enfin pu être bouclé, c'est à son zèle infatigable que nous le devons. Qu'elle trouve ici nos remerciements sincères pour son dévouement et son soutien précieux et désintéressé.

Martina Drescher / Ingrid Neumann-Holzschuh, Bayreuth / Regensburg   Mai 2010

Martina Drescher (Université de Bayreuth, Allemagne)
Ingrid Neumann-Holzschuh (Université de Regensburg, Allemagne)

Les variétés non-hexagonales du français et la syntaxe de l'oral. Première approche

1. Le français, langue pluricentrique ?

Dans les dernières décennies on a pu observer un intérêt croissant pour les variétés du français hors de France, appelées parfois aussi *français régionaux*,[1] *français périphériques*,[2] *français marginaux*[3] ou – terme que nous avons retenu ici – *français non-hexagonaux*. Parmi les français parlés hors de France, les français nord-américains et africains occupent une place privilégiée, d'abord à cause de leur importance sur le plan démographique, mais aussi à cause de leur apport potentiel pour une théorie de la variation du français. Nous sommes, bien sûr, conscientes que ces variétés du français se sont formées dans des contextes historiques, socio-politiques et linguistiques très divers et qu'elles subissent encore aujourd'hui des contraintes très différentes. Il existe cependant des traits communs entre les français nord-américains et africains qui méritent d'être davantage mis en lumière. Outre leur caractère 'périphérique' ou non-hexagonal, ces variétés semblent notamment partager certains processus de changement linguistique. De plus, elles font généralement partie d'un paysage linguistique complexe où elles subissent des influences variées qui non seulement se manifestent dans leur structure grammaticale, mais ont aussi des répercussions sur le plan interactionnel. Pourtant, les présentations d'ensemble des français non-hexagonaux affichent un retard regrettable en comparaison avec celles de l'espagnol et de l'anglais – deux langues avec un passé colonial comparable à celui du français – et dont la pluricentricité ne fait plus aucun doute aujourd'hui.[4] Se manifeste ici un antagonisme déjà signalé par Kloss et repris par Pöll (2005, 15) lorsqu'il constate que « parmi toutes les langues pluricontinentales le français et l'anglais représentent des tendances diametralement opposées ». Alors que le monde anglophone accepte facilement les variétés régionales, la reconnaissance des français non-hexagonaux dans le monde francophone n'est toujours pas acquise. Il n'est donc pas surprenant que les contours d'une approche globale et comparative de l'ensemble des variétés du français hors de France tenant compte de sa pluricentricité croissante commencent tout juste à voir le jour. Le but de ce volume est de contribuer à ce débat en

---

1   *Cf.* Poirier (1980 ; 1987) alors que Lüdi (1992, 157) souligne les connotations négatives véhiculées par ce concept.
2   *Cf.* par exemple Calvet (2000) et Pöll (2001) qui parlent de *français* ou de *francophonies périphériques*.
3   *Cf.* Chaudenson (2001 ; 2005) qui propose le terme *français marginaux* pour les variétés du français conservées dans la diaspora coloniale des XVIIe et XVIIIe siècles, notamment les variétés de la zone américano-caraïbe comme le français louisianais, le français du Missouri ou le français de Saint-Barthélemy qui, en raison de leur situation sociolinguistique, ont subi une série de changements linguistiques spécifiques.
4   Pour l'anglais *cf.* Schneider (2007) qui offre une vue d'ensemble de ses « varieties around the world » comme l'indique le sous-titre de ce livre. *Cf.* également Kortmann *et al.* (2004).

proposant une plateforme pour la discussion de travaux récents sur les variétés non-hexagonales, et, plus particulièrement, nord-américaines et africaines du français.

Dans le passé, c'est particulièrement le français nord-américain qui a fait l'objet de nombreuses études. Celles-ci se sont focalisées sur les aspects phonétiques et lexicaux, et – dans une bien moindre mesure – sur les caractéristiques morphosyntaxiques et pragmatiques.[5] Dès les années 70 du XXe siècle, les études philologiques sur le français du Canada se sont concentrées avant tout sur la reconstitution des aspects phoniques, grammaticaux et lexicaux du français parlé, surtout au Québec, ainsi que sur les rapports historico-linguistiques entre les dialectes français de France et les variétés répandues en Amérique du Nord. Parmi les piliers de la linguistique franco-canadienne on compte la dialectologie, la lexicologie et la lexicographie (Poirier : 1998), ainsi que les études variationnistes sur la langue parlée au Québec. Les questions de politique linguistique et celle d'une norme propre au français québécois ont, elles aussi, occupé pendant longtemps le devant de la scène (Martel / Cajolet-Laganière : 1996). L'intérêt accru porté par la recherche linguistique aux variétés de français à l'extérieur du Québec est sans nul doute l'innovation la plus intéressante de ces dernières années. Depuis le tournant du millénaire, la prise en considération des variétés non québécoises du français canadien a conduit à une certaine réorientation de la recherche, comme le démontrent les études de Mougeon / Beniak (1989), Valdman *et al.* (2005), Brasseur / Falkert (2005), Papen / Chevalier (2006). Un thème souvent abordé dans ce contexte est celui du contact avec l'anglais (Corbett : 1990), alors que les études sur les francophones d'origines diverses et leurs influences sur le français canadien sont toujours rares.[6]

Par contre, les variétés africaines du français ont beaucoup moins retenu l'intérêt des linguistes. En outre, dans une première phase d'investigation dominée par la constitution d'inventaires dont le but était de répertorier les particularités lexicales dans différents pays africains, la majorité des études a été consacrée au lexique. Ce n'est que récemment que l'attention des chercheurs s'est dirigée vers d'autres niveaux linguistiques comme la morphosyntaxe ou la pragmatique. Pour des raisons d'espace, il n'est pas possible de présenter ici un état complet de la question. Nous renvoyons aux études de Lafage (1990), Manessy (1994a ; 1994b), Naguschewski ([2]2008), Drescher (2009b) pour une vue d'ensemble de la problématique. La dimension morphosyntaxique est traitée notamment par Ploog (2002a ; 2002b ; 2004). Quant aux aspects pragmatiques, c'est surtout le français camerounais qui a été amplement examiné, par exemple dans Farenkia (2006 ; 2008), Feussi (2008), Biloa (2003).

L'émergence de français régionaux divergents contraste avec un stéréotype bien ancré dans l'ensemble de la francophonie, mais surtout dans son centre – la France –, selon lequel le français serait une langue homogène, exempte de variation. Cette idéologie d'un unilinguisme monoglossique et monocentrique remonte au moins jusqu'à la politique linguistique de la Révolution française qui se proposait déjà d'abolir les dialectes et langues régionales en France.[7] Lüdi (1992, 155) la qualifie de « phantasme », mais ajoute aussi : « this phantasm belongs to the linguistic representations of most speakers of French, even of those who do not know it ». Ce « phantasme » est maintenu par des

---

5 *Cf.* Neumann-Holzschuh (2009c) pour une vue d'ensemble des études canadiennes en linguistique.
6 *Cf.* cependant Meyer / Erfurt (2003) ; Drescher (2008).
7 Elle trouve son apogée dans les décrets révolutionnaires de Barère et de l'abbé Grégoire (*cf.* de Certeau *et al.* : 1975).

Les variétés non-hexagonales du français et la syntaxe de l'oral 11

institutions centralisatrices comme l'Académie française, qui vise à réprimer de trop grands écarts par rapport à la norme prescriptive du français en veillant sur un seul et unique *bon usage*. Celui-ci s'oppose aux « mauvais usages », « including social as well as regional deviations from the norm » (Lüdi : 1992, 154). Il va de soi que les usages qualifiés de « mauvais » jouissent généralement d'un moins grand prestige que le *bon usage* incarné par le standard.[8] Lüdi (1992, 157) parle d'un « common disregard for non-standard usages in France », allant de pair avec une conscience normative accrue des locuteurs du français. Plus près de nous, Pöll (2005, 16) affirme cependant que « l'hégémonie de la norme du français hexagonal est petit à petit remise en cause ».

Il reste qu'au moins les représentants officiels des institutions relatives à la langue semblent toujours adhérer à l'idée d'une norme unique sous prétexte de vouloir garantir l'intercompréhension et maintenir le rôle du français comme langue véhiculaire à l'intérieur de la francophonie. L'existence de français non-hexagonaux témoigne néanmoins d'une autre réalité. En fait, et contrairement à ce que les tenants de l'homogénéité linguistique affirment, le français est en train de devenir une langue pluricentrique où, à côté du standard hexagonal, de nouvelles normes endogènes voient le jour.[9] Cette émergence de normes endogènes est due aux besoins communicatifs et expressifs des locuteurs francophones que le français standard ne peut plus satisfaire puisqu'il est souvent perçu, notamment dans les pays africains, comme une langue étrangère.[10] En revanche, parler un français 'africanisé' permet d'exprimer une appartenance nationale, ce que l'usage du standard hexagonal n'arrive pas à faire. En s'appropriant le français, ses locuteurs africains tout comme ses locuteurs canadiens québécisants en font une langue vernaculaire, apte à remplir des fonctions identitaires. La norme endogène gagne alors en prestige. Enfin, elle est officiellement consacrée lorsqu'elle apparaît dans des contextes institutionnels, par exemple dans le système éducatif ou dans les médias.[11] Si la référence aux normes endogène *vs.* exogène joue un rôle plutôt marginal dans la plupart des contributions de ce volume, celles-ci s'attachent néanmoins à retracer son émergence pour différents pays africains francophones.[12] Étant donné la pluricentricité croissante du français qui se manifeste non seulement sur le plan structural, mais aussi dans les représentations des locuteurs qui commencent à avoir une conscience accrue de la différence,[13] on peut se demander si elle ne marque pas le début d'une phase de fragmentation du français, semblable sous certains égards à la première fragmentation de la *Roma-*

---

8 Il existe, bien sûr, aussi un prestige dissimulé de variétés stigmatisées comme le signale déjà Labov (1972, 249) en attirant l'attention sur les *covert norms*.

9 Lüdi (1992, 169), au contraire, salue cette pluricentricité qui implique la coexistence de multiples normes puisqu'elle « would save French from sclerosis » et constitue donc « a chance for the future of French ».

10 *Cf.* Naguschewski (2003) pour une étude plus nuancée des valeurs symboliques attribuées au français en Afrique, et plus particulièrement au Cameroun. Au Québec, la discussion autour du *joual* pendant les années 1960 peut être réinterprétée en termes d'appropriation.

11 En témoigne par exemple au Québec l'importance accordée aux speakers de Radio Canada, qui semblent incarner le *bon usage québécois*. En comparaison avec le Québec, la politique linguistique des Provinces Maritimes est moins prononcée, de même pour la discussion d'une norme endogène. Étant donné la présence massive de l'anglais dans ces provinces, il n'est pas étonnant que l'insécurité linguistique des Acadiens soit grande et que beaucoup de locuteurs aient un sentiment ambivalent vis-vis de l'acadien.

12 *Cf.* cependant Pöll / Schafroth (éds. 2010). Les articles réunis dans ce collectif sont issus d'un symposium qui s'est tenu parallèlement au nôtre pendant le même colloque.

13 Même en France, on assiste dernièrement à un changement d'attitude envers la variation régionale. D'après Lüdi (1992, 161), l'idée d'un français pluricentrique serait désormais « part of the emic representation of the French language by the community itself ».

nia.[14] C'est là une hypothèse avancée déjà par Lüdi (1992, 169) pour qui « Modern French is not a *language* any more, but a *language type*. Thus, complementary to the French of France, the Québécois (and in a lesser degree the Frenches of Africa, Swiss French, etc.) would constiue languages in their own right ».[15]

Un scénario similaire est évoqué par Calvet (2000) qui propose une approche « écolinguistique » pour décrire les différents processus d'appropriation du français. Calvet reprend en fait la distinction classique entre causes internes et causes externes du changement linguistique et renvoie à ces dernières avec le terme « écolinguistique » – concept repris par Pfänder et Skrovec (dans ce volume).[16] Il met en relief les mutations du français dans ces différents « milieux », constitués par « l'organisation sociale, la taille des groupes de locuteurs, les fonctions des langues, le rôle social de leurs locuteurs, leur degré de plurilinguisme, etc. » (Calvet : 2000, 65). Alors que l'on peut aussi observer dans les français non-hexagonaux des transformations dues à « une tendance à la régularisation d'un système irrégulier, qui témoignent [...] d'un changement dont les ressorts sont *internes* à la langue » (Calvet : 2000, 66 ; c'est nous qui soulignons), la vernacularisation y est perçue comme une « acclimatation écologique », c'est-à-dire comme une transformation causée par des facteurs *externes*, dus au milieu. Cette acclimatation écologique affiche certains parallèles avec la naissance d'un créole.[17] C'est pourquoi Calvet s'interroge dans un deuxième temps sur la nature de ces français fortement vernacularisés par rapport à leur langue mère, le français hexagonal, en prenant comme exemple ses variétés africaines :

> le 'français d'Afrique' est-il au français standard dans le même rapport que le français de Marseille par exemple, la même langue avec quelques régionalismes, ou bien 'les français d'Afrique' constituent-ils les prémices d'une nouvelle génération de langues, qui seront au français ce que français, espagnol, italien ou roumain sont aujourd'hui au latin ? (Calvet : 2000, 69)

Calvet (2000, 74) tend vers la deuxième hypothèse, selon laquelle le français serait

> en train de s'acclimater en Afrique, d'y remplir une fonction identitaire et [...] d'y prendre des formes spécifiques qui annonceraient à terme l'émergence d'une nouvelle génération de langues autonomes.

Il est certes discutable si la vernacularisation d'une langue peut être considérée comme un début de créolisation.[18] Mais une telle conception ouvre sans aucun doute d'intéressantes perspectives de comparaison et de réajustement pour bon nombre des phénomènes traités dans les articles du présent volume.

Avant d'en présenter les différentes contributions, il nous a semblé utile de revenir brièvement sur les deux notions qui figurent dans son titre et qui jouent également un

---

14 En ce qui concerne le monde hispanophone, cette discussion remonte déjà à la fin du XIXe siècle. Ainsi, le philologue Rufino José Cuervo craint que les tensions entre la mère patrie et les anciennes colonies puissent éventuellement mener à une scission linguistique : « Estamos pues en vísperas [...] de quedar separados, como lo quedaron las hijas del imperio Romano : hora solemne y de honda melancolía en que deshace una de las mayores glorias que ha visto el mundo » (Cuervo : 1901, 35).

15 On peut se demander pourquoi Lüdi émet cette réserve pour les français africains. Ils connaissent, bien au contraire, une appropriation qui témoigne d'une forte dynamique langagière tout en se stabilisant, du moins dans les centres urbains.

16 *Cf.* aussi Mufwene (2001) et Gadet / Ludwig / Pfänder (2008).

17 *Cf.* Manessy (1995).

18 *Cf.* Neumann-Holzschuh (2008).

Les variétés non-hexagonales du français et la syntaxe de l'oral 13

rôle capital dans la plupart des articles rassemblés ici, à savoir *variété* et *syntaxe de l'oral*. Ce retour sur les deux concepts-clés nous paraît d'autant plus indiqué que dans la plupart des contributions, elles ne font pas l'objet d'une réflexion théorique explicite. Comme les deux notions appartiennent aux outils descriptifs consacrés de la discipline, elles ne semblent guère nécessiter de clarification ni de discussion critique. De plus, le souci principal de la plupart des auteurs est d'ordre empirique : ils visent de prime abord à décrire des formes et structures qui constituent des entités linguistiques désignées comme variétés et le concept même ou ses implications théoriques ne représentent pas une préoccupation majeure. Il en résulte parfois un usage qu'on pourrait qualifier de 'naïf' ou de 'pré-théorique' et qui se manifeste par des acceptions divergentes, voire mutuellement exclusives, de la notion de *variété*, problème auquel les différentes contributions réunies ici n'échappent pas non plus.[19] Voilà pourquoi une brève discussion de certains problèmes théoriques liés à ces deux notions fondamentales permettra – c'est du moins ce que nous espérons – de mieux resituer les analyses qui suivent dans leur contexte respectif.

2. Variations autour de la notion de *variété*

La variation relève de la diversité linguistique. Celle-ci existe non seulement entre les langues – on parle alors de « cross-linguistic » ou macro-variation –, mais aussi à l'intérieur d'une même langue (micro-variation)[20] : « variation is principally a feature of language confined to the inner structure of every natural language » (Berruto : 2004, 294).[21] La variation connaît des causes internes au système linguistique, mais aussi externes, c'est-à-dire localisables dans la situation d'énonciation, le « milieu » (*cf.* supra). On peut systématiser la variation externe d'une langue à partir des facteurs extralinguistiques regroupés en trois dimensions : l'espace, la société et la situation de communication. Sur la base de ces trois dimensions de variation on peut distinguer, avec Coseriu (1980), les variétés *diatopiques* (l'espace), *diastratiques* (la société) et *diaphasiques* (la situation communicative). Les variétés issues de ces trois dimensions représentent pour Coseriu des « systèmes minimaux autonomes à l'intérieur d'une langue historique. Il s'agirait [...] de véritables *sous-systèmes linguistiques* » (Dufter / Stark : 2002, 84). Une langue comme le français constituerait donc un *diasystème*, c'est-à-dire un système composé par les sous-systèmes que sont les variétés. Ce modèle de la variation linguistique a été repris et modifié par Koch / Oesterreicher (1990 ; 2001), qui présentent une conception hiérarchique et orientée de l'espace variationnel où la variation diatopique alimente la variation diastratique, qui alimente à son tour la variation diaphasique.

---

19 C'est là un déficit général des études dans le domaine de la variation, qui privilégient parfois trop l'analyse empirique au détriment d'une réflexion théorique rigoureuse. *Cf.* Berruto (2004, 319) qui déplore que « variation theory suffers from the lack of attention that variationists and sociolinguists have so far paid to the theoretical and meta-theoretical foundation and the lack of due reflection on the work at hand ».

20 *Cf.* Berruto (2004, 295) qui souligne que les deux types de variation partagent de nombreux traits communs. *Cf.* aussi Dufter *et al.* (2009, 1).

21 *Cf.* Chaudenson / Mougeon / Beniak (1993) pour le modèle du « français zéro », basé sur l'observation du fait que ce sont toujours les mêmes parties du système qui sont affectées par des changements linguistiques (« aires de variabilité »).

L'ensemble de l'espace variationnel est coiffé par l'opposition entre l'oral et l'écrit, interprétée dans ce modèle comme une quatrième dimension variationnelle. Cette approche de la variation – très répandue parmi les romanistes allemands[22] – renferme cependant un certain nombre de problèmes. Dans leur critique de ce modèle, Dufter / Stark (2002) montrent que l'on ne peut clairement trancher entre variation diastratique et diaphasique puisque ni les traits structuraux, ni les déterminants extralinguistiques ne permettent une telle distinction. La dimension diastratique, tout comme la dimension diaphasique sont des catégories fourre-tout, mal délimités. Alors que le diastratique semble être une « dimension de variation sans variété » (Dufter / Stark : 2002, 86), le diaphasique relève avant tout de l'individuel et « ne se prête pas toujours aux corrélations avec l'extralinguistique » (Dufter / Stark : 2002, 87). On peut donc premièrement remettre en question la pertinence des dimensions variationnelles retenues ici, notamment le caractère distinctif des traits qui constituent les sous-systèmes respectifs et partant, la possibilité de leur identification. Et deuxièmement se pose aussi la question de la nature systémique de la variation. Dans la suite de notre exposé nous tenterons d'abord de situer les français non-hexagonaux par rapport aux dimensions variationnelles. Nous reprendrons plus tard la discussion du deuxième point, étroitement lié au premier. Nous sommes bien sûr conscientes que, dans le cadre d'une introduction, nous ne pourrons qu'effleurer ces deux problèmes cruciaux de la linguistique variationnelle.

En ce qui concerne le premier aspect, il est clair que les variétés de français parlées hors de France relèvent d'abord de la variation diatopique. Il s'agit de topolectes du français qui, à la différence des dialectes historiques, ne sont pas issus d'une première fragmentation linguistique de la Gaule, mais se sont formés plus tard au cours d'un processus de différenciation dont la base était déjà le français moderne. Ce sont les différentes vagues de colonisation, aux XVIe et XVIIe siècles pour les Amériques, au XIXe siècle pour ce qui est de l'Afrique, qui sont responsables de l'expansion du français à travers le monde et, par la suite, de la naissance de variétés non-hexagonales. Le développement de ces variétés a été soumis à des influences divergentes. Ce sont d'abord le moment de leur formation et, en étroite corrélation avec cela, la forme historique de français qui leur a servi de base. Ainsi les racines des français québécois et acadien, nés sous l'Ancien Régime, et donc à une période où les dialectes historiques primaient encore en France, sont-elles différentes de celles des français africains qui remontent seulement au XIXe siècle, où l'homogénéisation linguistique de ce pays était en principe achevée. Ensuite ce sont les conditions sociopolitiques, l'environnement et notamment la présence d'autres langues et les contacts linguistiques subséquents qui ont façonné des français régionaux bien distincts sur les continents nord-américain et africain.

En outre, les pays où le français est présent aujourd'hui appartiennent à différents cercles de la francophonie. Alors que les régions francophones nord-américaines font dans leur majorité partie du cercle intérieur de la francophonie, caractérisé par le fait que le

---

22 On trouve une acception différente de la notion de *variété* dans les travaux des linguistes qui se sont inspirés de l'ethnographie linguistique américaine dans la tradition de Hymes et Gumperz. Ici, la variation n'est pas identifiée à un code ou un sous-système linguistique, mais elle relève plutôt d'un choix du locuteur, déterminé par les besoins de la situation communicative. Aussi la variation est-elle avant tout vue comme une ressource stylistique.

français représente la langue première d'une partie significative de la population,[23] les états francophones de l'Afrique subsaharienne appartiennent en général au deuxième cercle constitué par des pays « where French is the official language (or one of several official languages) without generally being among the languages of the first socialization of the population, which reaches a variable level of competence in French » (Lüdi : 1992, 150).[24] Enfin le troisième cercle est formé par des pays où le français possède le statut de langue véhiculaire ou de première langue étrangère, comme c'est le cas dans les pays du Maghreb.

Le fait que le français n'est généralement pas la première langue acquise par les Africains francophones a évidemment des répercussions sur la formation de variétés régionales. Celles-ci affichent non seulement des traces fossilisées de l'acquisition du français comme langue seconde, mais elles sont aussi influencées par les langues locales respectives. Ce contact linguistique produit des interférences à tous les niveaux, de la phonétique / phonologie en passant par la prosodie, la morphosyntaxe, le lexique jusqu'aux niveaux pragmatique et discursif. Au Canada la situation est totalement différente : les langues amérindiennes n'ont laissé que des traces minimales dans le français parlé en Amérique du Nord, où l'anglais représente aujourd'hui la langue de contact la plus importante (cf. Szlezák et Kasparian dans ce volume). Par contre, en Afrique subsaharienne ce sont le plurilinguisme d'une part importante de la population et des situations diglossiques très complexes qui multiplient les influences subies par le français. Ainsi trouve-t-on à côté des langues locales, très éloignées des langues indoeuropéennes du point de vue de leur grammaire et de leur sémantaxe (Manessy : 1994b ; 1995), d'autres langues coloniales, notamment l'anglais avec ses formes locales créolisées, qui sont également en contact avec le français.

Les français africains sont beaucoup plus 'jeunes' que les variétés nord-américaines – ils ont à peine cent ans – et donc moins stabilisés quant à leur structure et leur lexique. Ce fait n'est pas sans importance non plus pour leur description. La dynamique langagière en Afrique est beaucoup plus grande qu'au Canada, surtout dans les milieux urbains qui sont de véritables creusets favorisant le brassage ethnique et partant linguistique. Par ailleurs l'apprentissage parfois tardif et / ou non-guidé laisse son empreinte dans les français régionaux africains, différence importante avec les variétés nord-américaines où – on l'a déjà dit plus haut – le français est généralement la première langue des locuteurs. On peut donc se demander si ces mélanges de traits structuraux et lexicaux de différentes origines méritent d'être considérés comme des variétés au même titre que les variétés nord-américaines du français. De plus, on a coutume de situer les différentes façons de parler le français dans les pays africains sur un continuum où s'échelonnent des formes caractérisées comme basi-, méso- ou acrolectales. Alors que les formes basilectales sont souvent très proches des langues locales[25] et que les formes acrolectales n'affichent que très peu de différences par rapport au français standard hexagonal, les formes mésolectales semblent constituer la véritable spécificité des français régionaux

---

23 La situation se présente cependant différemment en Louisiane et au Massachussetts ; cf. Szlezák (dans ce volume) pour le français en Nouvelle-Angleterre, ainsi que Neumann-Holzschuh (2009d) pour le statut exceptionnel du français louisianais.
24 Cf. aussi Manessy (1994a) qui parle d'une « francophonie seconde ».
25 Manessy (1994b, 97) parle d'un continuum dont le pôle basilectal correspond à une « zone indécise où l'on a peine à distinguer ce qui est la réalisation approximative des structures françaises de ce qui ressortit aux langues du substrat ». Cf. aussi Lafage (1990).

africains. C'est aussi ce niveau qui est à la base des normes endogènes émergentes. Reste cependant à savoir si ce français mésolectal constitue uniquement une variété diatopique, ou s'il n'intègre pas aussi des traits attribués généralement à la dimension sociale. En fin de compte, c'est le rapport entre des concepts comme basi-, méso- et acrolecte, empruntés aux études créoles, et celui de variété qui mériterait une clarification théorique plus poussée de la part des linguistes travaillant sur les variétés africaines du français.

Un certain nombre de contributions rassemblées dans ce volume traitent de phénomènes qui sortent du cadre de la variation purement régionale ou diatopique. Ce sont notamment les études consacrées au parler des jeunes (*cf.* de Féral et Tsofack dans ce volume pour le Cameroun) ou aux variétés africaines et nord-américaines du français qualifiées de « populaires », comme c'est le cas pour le *nouchi* parlé en Côte d'Ivoire ou le *chiac* en Acadie (*cf.* Ploog et Kasparian dans ce volume), ainsi que pour la variété de français burkinabè analysée par Klaeger (dans ce volume), qui semblent relever davantage de la variation diastratique ou diaphasique. Il faut donc s'interroger sur les relations qui existent entre ces différentes formes de français africains. De manière générale se pose ici le problème du rapport entre les différentes dimensions variationnelles, et plus spécifiquement entre la variation régionale d'un côté et celles attribuées à des facteurs sociaux et situationnels d'un autre côté. On pourrait faire l'hypothèse que l'on assiste actuellement à une différenciation interne de ces français régionaux qui seraient en train de développer des (sous-)systèmes linguistiques et partant, une architecture variationnelle propre. De tels sous-systèmes sont bien connus pour le français québécois, plus 'âgé' que les français africains, qui possède avec le *joual* au moins une forme nonstandard nettement distincte. Or, dans le cas des français africains, la discrimination de telles variétés s'avère plus difficile étant donné que variation régionale et variation sociale sont souvent imbriquées, et de surcroît combinées à des phénomènes fossilisés d'interlangue. Si une identification de variétés diastratiques s'avère difficile à partir des seuls critères linguistiques, le fait qu'elles semblent déjà bien ancrées dans les représentations des locuteurs qui savent les distinguer et les désigner, constitue pourtant un indice permettant de conclure à l'émergence de nouvelles formes et pratiques langagières. Il reste néanmoins à déterminer si ces pratiques langagières méritent d'être considérées comme des variétés, mais aussi quel est alors leur statut à l'intérieur d'un français régional, donc d'une variété diatopique. La plupart des contributeurs à ce volume n'hésitent pas à qualifier de *variétés* les façons de parler qui font l'objet de leurs études. Or, Dufter / Stark (2002) et Dufter *et al.* (2009) ont raison d'attirer l'attention sur le flou théorique qui entoure toujours cette notion-clé de la linguistique variationnelle.

Une première critique concerne le fait que, dans les modèles qui s'inscrivent dans la tradition de Coseriu, les trois dimensions de l'espace variationnel – voire quatre si l'on tient compte des modifications apportées par Koch / Oesterreicher (1990) – sont mises sur un pied d'égalité. Dufter *et al.* (2009, 8)

> would like to emphasize the ontological gap between intra-speaker and inter-speaker variation [...]. Crucially, diatopic differences involve different varieties and need to be distinguished as such from variation *within* one dialect.[26]

---

26 *Cf.* déjà Coseriu (1980, 112), pour qui le dialecte est un système complet alors qu'un registre ou un niveau stylistique de la langue ne forment jamais des systèmes autonomes et complets, mais seulement des systèmes partiels. Une position pareille se trouve chez Lüdi (1992, 161), qui conçoit les « topolects as

Si les auteurs semblent suggérer ici que la frontière passe entre les variétés régionales d'un côté et les variétés sociales et situationnelles d'un autre côté, ils insistent plus tard sur les différences fondamentales qui opposeraient les variétés régionales et sociales aux variétés situationnelles :

> it is of prime importance to distinguish carefully between intra- and inter-speaker variation. Variants from different dialects or sociolects may well turn out [...] not to be found within the linguistic repertoire of any single individual. (Dufter *et al.* : 2009, 14).

Si le statut des variétés diatopiques semble ne pas poser de problème, celui des variétés diastratiques et diaphasiques reste par contre discutable. C'est d'abord leur autonomie en tant que sous-système qui est controversée : les éléments qui les composent sont-ils différents de ceux qui caractérisent la variation régionale ? Comment distinguer clairement entre variation sociale et variation situationnelle ? Et est-ce que « tout ensemble d'éléments linguistiques ayant des conditions d'usage particulières (et propres à lui seul) » (Dufter / Stark : 2002, 83) peut être considéré comme une variété ?

Nous revenons maintenant à la deuxième question évoquée plus haut, celle de la nature systémique de la variation, qui consiste avant tout à savoir : « Combien de variation linguistique observable faut-il pour postuler une variété ? » (Dufter / Stark : 2002, 85). En effet, l'envergure et la nature de la variation ne sont pas toujours clairement définies : s'agit-il d'une variation minimale ou « intime », selon le terme de Dufter *et al.* (2009, 3), qui ne touche qu'un élément isolé et bien circonscrit à l'intérieur d'un système, comme c'est généralement le cas en phonologie lorsqu'on a affaire à des allophones ? Ou « s'agit-il d'un sous-code d'une langue, donc d'un système complet » (Dufter / Stark : 2002, 83). Et si tel est le cas, quelle quantité de variation est nécessaire pour pouvoir considérer une variété comme sous-système ? Est-ce que tous les niveaux linguistiques doivent être impliqués ? « Faut-il donc une combinaison de traits phoniques, grammaticaux et / ou lexicaux ? » (Dufter / Stark : 2002, 83).

Alors que certains contributeurs tendent vers une conception plus restreinte où la variation décrite est de nature « intime » – comme dans les études de Ploog et Boukari (dans ce volume) –, la plupart semblent adhérer à une conception beaucoup plus globale. Sans que l'on trouve toujours une définition explicite, la notion de *variété* y est comprise comme un système complexe. Elle est alors conçue comme un phénomène holistique qui se manifeste à tous les niveaux de la description linguistique – phonétique, morphosyntaxique lexical, et pragmatico-discursif – et ce sont justement les interactions et corrélations entre ces niveaux qui contribuent à identifier un type précis de variation. Une telle démarche se dégage par exemple des travaux de de Féral, Jones et Szlezák (dans ce volume). Il est évident qu'une approche visant à saisir la variation dans sa totalité doit forcément être intégrative. Les quatre niveaux de l'analyse sociolinguistique que distingue Berruto (2004, 316s.) s'appliquent donc également à la linguistique variationnelle en général : « (a) the level of sociolinguistic variable; (b) the level of language variety; (c) the level of language architecture; (d) the level of linguistic repertoire ». Même si les recherches existantes ont privilégié les caractéristiques phoniques et lexicales, la varia-

---

complete linguistic systems » et insiste sur le fait qu'il faut considérer « the regional varieties as autonomous systems in their own right as completely as possible ». Cela exclut en principe toute perspective différentielle, qui prévaut cependant dans la majorité des travaux sur les français régionaux, notamment dans la description de leur lexique. *Cf.* par exemple l'approche du *Trésor de la langue française* au Québec (Poirier : 1985 ; 1998) et les nombreux inventaires des français africains.

tion « dans le lexique ne semble pas suffisante pour constituer une variété. Il reste à décider si la variation dans les structures grammaticales représente une condition nécessaire » (Dufter / Stark : 2002, 101). C'est là un aspect qui nous conduit directement au deuxième concept-clé de la problématique traitée ici : la syntaxe de l'oral.

3. Syntaxe de l'oral

Si nous avons choisi le thème *syntaxe de l'oral* comme cadre des articles présentés dans ce volume, c'est que, jusqu'à maintenant, ce domaine a été plutôt négligé dans les approches de la variation linguistique en français. C'est seulement depuis les années 90 du siècle passé qu'un certain nombre de phénomènes syntaxiques bénéficient d'une attention croissante de la part de la linguistique variationnelle des langues romanes. Ce regain d'intérêt concerne la représentation de la variation syntaxique dans de nouveaux modèles grammaticaux,[27] mais aussi les particularités de la syntaxe dialectale et les aspects marquants de la 'langue parlée' en général. En effet, certains phénomènes syntaxiques ne se manifestent que dans le discours de l'immédiat communicatif, ce qui implique un haut degré de variabilité qui ne peut être étudiée qu'avec des modèles syntaxiques accordant une place à cette variabilité.

De prime abord, le concept de syntaxe de l'oral a une signification double : il s'agit d'une part de phénomènes syntaxiques s'expliquant de façon immédiate par l'oralité en tant que telle, décrits entre autres par Ludwig (1986), Koch / Oesterreicher (1990 ; 2001) et Blanche-Benveniste (1997) dans une perspective intra- et interlinguistique. D'autre part, cette notion déborde également – métaphoriquement – sur la 'syntaxe conversationnelle', ancrée dans le domaine de l'analyse du discours et de la pragmatique linguistique.[28] Nous croyons que les particularités de la syntaxe orale ne peuvent être décrites de façon appropriée qu'en explorant l'interface entre ces deux disciplines, c'est-à-dire qu'une analyse adéquate doit recourir aussi bien aux résultats des recherches sur la grammaire de la langue parlée qu'à l'instrumentaire de l'analyse conversationnelle ou interactionnelle.[29] Bien entendu, il faut toujours commencer par la description empirique de phénomènes morphosyntaxiques déterminés ; étant donné, cependant, que le discours oral est toujours ancré dans un contexte situationnel et pragmatique et que l'immédiat communicatif est caractérisé par une situation dialogique, les points de vue relevant de la stratégie discursive, de la pragmatique, mais aussi de la prosodie, ne peuvent être négli-

---

27 Stark *et al.* (2008, XI) parlent d'un « syntatic re-turn ». Dufter *et al.* (2009, 2) constatent que « the implications of variation for grammatical description and the consequences of variationist research for grammatical theory continue to be largely unexplored ». Les auteurs plaident pour une fécondation mutuelle des deux approches qui pourrait contribuer à « bridging the gap between formal and variationist linguistics ». L'argumentation de Gadet (2009a , 117) va dans la même direction : « Variation in French has long been considered exclusively in its relation to the lexicon (so called *argots*) and to pronunciation (local features), with the implicit hypothesis that grammar was a more homogeneous domain ».
28 *Cf.* Drescher (2001 ; ²2008).
29 Les analyses syntaxiques ne peuvent pas s'effectuer uniquement dans un cadre unidimensionnel, comme le souligne également Gadet (2009a, 118) : « We have therefore arrived at a very exciting moment in the study of French syntax. Interfaces are being explored with related areas such as sociolinguistics, language contacts, discourse analysis and history of the language […] and syntactic work on French as a second or foreign language and also in the context of language acquisition […] is also gaining in momentum ».

gés.[30] C'est donc dans la dialectique entre locuteur et auditeur que le processus continu de structuration linguistique s'accomplit. Au sens de Hopper, qui suggère une modélisation dynamique de la langue et de la grammaire, l'émergence des structures langagières, ainsi que leur conventionnalisation, sont fondamentalement dues à l'activité discursive des locuteurs :

> The notion of Emergent Grammar is meant to suggest that structure, or regularity, comes out of discourse and is shaped by discourse in an ongoing process. Grammar is, in this view, simply the name for certain categories of observed repetitions in discourse. It is hence not to be understood as a prerequisite for discourse, a prior possession attributable in identical form to both speaker and hearer. Its forms are not fixed templates but emerge out of face-to-face interaction in ways that reflect the individual speakers' past experience of these forms, and their assessment of the present context, including especially their interlocutors, whose experiences and assessments may be quite different. (Hopper : 1998, 156)

Comme l'usager d'une langue ajuste son comportement linguistique aux exigences de l'instance de communication – cet ajustement étant conçu comme un choix parmi les ressources offertes par la grammaire de la langue utilisée –, la dynamique langagière dans le domaine syntaxique ne peut être appréhendée qu'en tenant compte, pour l'analyse des structures syntaxiques, de facteurs interactionnels. C'est également ce que souligne Gadet (2007) qui, à propos des exigences pragmatiques universelles de la mise en discours, évoque à juste titre l'instabilité des productions langagières ainsi que le « 'bricolage' constamment reconfigurable » :

> Si l'oral varie plus et plus librement que l'écrit, c'est notamment parce qu'il est le lieu où les usagers confrontent la coprésence à l'ajustement social dans les enjeux sociaux ordinaires, ce qui dilue la pression normative. (Gadet : 2007, 159)

Les propriétés associées aux constructions du discours oral sont donc de nature interactionnelle et pas seulement référentielle, ce qui implique que la seule étude empirique des phénomènes grammaticaux s'avère déficitaire. En outre, l'étude de l'immédiat communicatif doit impérativement prendre en compte les configurations discursives historiques d'une communauté sociale donnée, afin de pouvoir saisir les particularités propres à une langue donnée. Cette approche, défendue systématiquement ces dernières années par Gadet, entre autres (*cf.* Gadet / Ludwig / Pfänder : 2008), dans le domaine des recherches francophones, se reflète en particulier dans les contributions de Ploog et de Pfänder / Skrovec dans ce volume.

Quelles en sont les conséquences en ce qui concerne les variétés non-hexagonales du français ? Etant donné que les français non-hexagonaux – auxquels ce volume est essentiellement consacré – sont des variétés majoritairement orales, dans lesquelles les facteurs discursifs l'emportent, en règle générale, sur la pression normative, elles présentent des avantages pour une analyse linguistique centrée sur la syntaxe de l'oral :

> dialects [...] provide a more direct window into 'natural' language acquisition and change than standard varieties, where normative pressure is always liable to interfere. (Dufter *et al.* : 2009, 8)

L'approfondissement des connaissances des répercussions de l'oralité sur les structures syntaxiques du français régional suppose, bien entendu, des travaux sur corpus. Une

---

30 *Cf.* Koch / Oesterreicher (2001, 592). Pour le français parlé, *cf.* Wehr / Thomaßen (2000).

approche comparée et fondée sur un corpus permet non seulement d'examiner de manière empirique les particularités structurales de chaque variété, mais aussi d'étudier les différents facteurs responsables de la variabilité du français dans le domaine de la syntaxe : 'universaux' liés directement à l'oralité ou – selon la langue – divers facteurs intra- ou extralinguistiques.

> Il est probablement prématuré d'aller plus loin, mais on peut suggérer que la variabilité est une intrication complexe entre effets de facteurs historiques, écologiques et sociolinguistiques d'une part, et facteurs systémiques ou cognitifs, deux ordres de modalités qui vont interagir, par faisceau ou divergence selon les phénomènes » (Gadet / Ludwig / Pfänder : 2008, 157s.)

Or, on observe au cours de ces dernières années un essor des travaux dans ce domaine, comme l'attestent de nombreux recueils et des études, généralement publiées sous forme d'articles, sur les aspects variationnels des français non-hexagonaux.[31] Toutefois, les schémas explicatifs inspirés de l'analyse du discours ou des théories interactionnelles n'y sont pris en compte que sommairement, et le panorama panlectal des données syntaxiques issues des différents français non-hexagonaux, appelé de ses vœux dès 1993 par Robert Chaudenson et réclamé à nouveau par Gadet / Ludwig / Pfänder (2008), n'y est qu'esquissé. On se trouve encore en présence d'une lacune de la recherche ; or, l'une des questions les plus passionnantes dans l'étude de la variabilité du français contemporain est de savoir dans quelle mesure les différentes aires géographiques font apparaître des ressemblances ou des divergences.[32] Rapprocher les variations syntaxiques des différents français, voilà donc l'objectif auquel ce volume entend contribuer, d'autant qu'à ce sujet, les passerelles entre francophonies américaine et africaine sont encore trop rares (Gadet : 2009b).

Qu'est-ce qui caractérise la syntaxe de l'oral ? Quels sont les domaines particulièrement féconds pour l'analyse et dans quelle mesure les méthodes de la grammaire et de l'analyse du discours doivent-elles être combinées ? Il est bien connu que les conditions universelles de l'immédiat communicatif telles que spontanéité, émotionnalité, intimité, contextualisation multiple et dialoguicité (Koch / Oesterreicher : 2001) déterminent les stratégies communicatives des locuteurs. Les conditions de l'immédiat favorisent – au niveau universel – une formulation décompactée, agrégative et provisoire, ce qui se manifeste, par exemple, par la prédominance de la simple juxtaposition des éléments ainsi que par l'absence de coordination et de subordination explicites sur le plan syntaxique. La délimitation des phrases restant floue, ce sont les marqueurs discursifs qui assurent souvent le bon fonctionnement de la conversation. D'autres caractéristiques de la syntaxe de l'oral sont le manque de marquages morphosyntaxiques explicites, les ambiguïtés structurelles ainsi que certains modèles de linéarisation expressive à mettre en

---

31 Citons seulement ici les recueils de Brasseur (1998), Queffeléc (1998), Coveney *et al.* (2004), Ploog / Rui (2005), Brasseur / Falkert (2005), Papen / Chevalier (2006), Bavoux *et al.* (2008), Baronien / Martineau (2009). Jusqu'ici, rares sont les monographies portant exclusivement sur la syntaxe d'une variété de français non-hexagonal, *cf.* Stäbler (1995), Ploog (2002a), Wiesmath (2006).

32 *Cf.* Gadet (2007) pour une vue d'ensemble des différentes approches dans les études syntaxiques sur les aspects variationnels des français oraux.

rapport avec le fait que l'ordre des mots suit souvent l'ordre informationnel du message. Pour une illustration 'panlectale', jetons à présent un coup d'œil à ces domaines.[33]

Pour ce qui est des restructurations sur le plan de l'enchaînement des propositions, les travaux existant sur le français oral hexagonal et non-hexagonal soulignent unanimement l'importance de l'asyndète et de la parataxe, de la subordination implicite ainsi que des simplifications dans la phrase relative comme, par exemple, les relatifs décumulés. Dans ce volume, Pustka démontre le relâchement de l'intégration constructionnelle dans la syntaxe de la subordonnée en français guadeloupéen, soulignant, entre autres, l'absence de subordonnant *que*. Cette infraction à la norme prescriptive du français, qui signifie un glissement vers des techniques syntaxiques plus agrégatives, est non seulement attestée dans des français régionaux ayant un substrat créole, mais également dans de nombreuses autres variétés non-hexagonales du français issues directement du français colonial, comme le démontrent Wiesmath (2006) pour le français acadien, Stäbler (1995) pour le français louisianais ou Ploog (2004 ; et dans ce volume) et Boutin (2008) pour le français d'Abidjan. Les parallèles entre les diverses variétés du français non-standard sont donc évidents,[34] et on peut à bon droit se demander dans quelle mesure ces exemples et d'autres exemples de syntaxe agrégative s'inscrivent dans le cadre de ce que Pfänder / Skrovec (dans ce volume) appellent – pour le français parlé – « les francoversaux ».

Un autre trait universel de l'oralité ayant des répercussions sur la syntaxe est l'expression implicite de divers rapports logiques. À ce titre, il faut mentionner ici les référentialisations floues ou non explicites (comme l'omission du pronom sujet et l'infinitif substitut en français acadien, *cf.* Wiesmath : 2006, 77), ainsi que des cas d'ambiguïté constructionnelle. Ce phénomène est directement lié à l'oralité : pour les interlocuteurs, préoccupés avant tout par la négociation du sens, l'ambiguïté est désambiguïsée sur le plan pragmatique et ne représente donc pas un obstacle à la communication. Cette polyfonctionnalité qui, selon Ploog (dans ce volume), constitue un vecteur majeur de l'élaboration, confère certes au discours oral une relative non-univocité (*vagueness*), mais elle augmente l'efficacité des unités et contribue ainsi à l'économie linguistique dans le domaine de l'immédiat communicatif. Dans tous les français non-hexagonaux, les cas de polyvalence inhérente ou d'homonymie constructionnelle sont bien attestés : ainsi, ce n'est pas seulement en français ivoirien que *là* est un mot-fonction polyfonctionnel du point de vue syntaxique (*cf.* Ploog dans ce volume), mais aussi en français acadien ou louisianais (Wiesmath : 2003). La polyvalence de *que* constatée par Pustka pour le français de Guadeloupe est également attestée par Ploog en Afrique (Ploog : 2004, et dans ce volume) et par Wiesmath (2002) en Acadie.

À cheval entre syntaxe et lexique se trouvent les marqueurs discursifs et les autres marqueurs interactifs ou phatiques, qui constituent un moyen important d'organisation du discours (*cf.* Drescher / Frank-Job : 2006). Étant donné que, dans les conditions de l'immédiat communicatif, le discours s'articule au fur et à mesure de la production, l'oral abonde en marqueurs de structuration qui permettent souvent de compenser

---

33   Dans le cadre d'une telle introduction, cela va de soi, il n'est pas possible de mentionner tous les domaines pertinents pour la syntaxe de l'oral ! De même, les références bibliographiques ont une valeur avant tout indicative.
34   *Cf.* Wiesmath (2002 ; 2006, 220), qui range les données relevées pour la relative en français parlé de France ainsi qu'en français québécois, acadien et louisianais sur un « continuum transgéographique ».

l'intégration syntaxique manquante et soutiennent le développement du thème. En raison de leur polyfonctionnalité, les marqueurs discursifs sont les vecteurs de différents types d'information sémantique et de valeurs pragmatiques, et rares sont les cas pour lesquels il est possible d'assigner à un certain marqueur une fonction exclusivement sémantique ou interactionnelle (*cf.* Klaeger, Véronique et Pfänder / Skrovec dans ce volume). Cas particulier dans ce contexte, celui des jurons : ils représentent sans conteste eux aussi une caractéristique universelle de l'oralité – l'immédiat est toujours et partout caractérisé par la spontanéité et l'émotionnalité –, mais leur forme et leur fréquence dans une langue donnée les rendent toutefois, davantage que les marqueurs discursifs, dépendants de la communauté linguistique considérée (*cf.* Kasparian dans ce volume). Drescher (2009a) démontre en outre que, loin d'être une pure décharge émotive, les jurons sont intégrés dans des constructions syntaxiques variées et contribuent aussi à la création lexicale. Ainsi les sacres québécois peuvent-ils avoir la fonction d'interjection, d'apposition ou d'intensificateur ; dans chacune de ces fonctions, ils ont donné naissance à des noms ou des verbes, lexicalisés par la suite. Une étude comparée des jurons et des interjections à l'échelle de la francophonie serait certainement un travail gratifiant.

Également en liaison immédiate avec l'oralité expressive, on trouve une série de structures de topicalisation et de focalisation concernant la progression thématique, fondamentales pour l'organisation de textes parlés. Mentionnons tout d'abord, bien sûr, les diverses dislocations, mais également, liés à celles-ci, des phénomènes comme le marquage actantiel agrégatif, qui se manifeste par exemple dans la topicalisation libre (*hanging topics*), ainsi que diverses structures présentatives. Ces structures, détaillées par Stäbler (1995) pour le français louisianais, sont sans doute présentes dans toutes les variétés non-standard du français, comme il ressort de la contribution de Véronique (dans ce volume) sur le français parlé par les migrants arabophones en France, mais aussi des observations de Ploog (2004, 98) à propos du français d'Abidjan :

> Au niveau informationnel, on constate que la position thématique initiale n'est plus désormais réservée au sujet au sens français : le choix du thème est libre et si la fonction sujet reste obligatoire, son élaboration est déterminée par le cadre sémantique et non plus par le moule syntaxique général.

Au-delà des problèmes posés par la description adéquate des processus de restructuration syntaxique observables dans les français non-hexagonaux, on est également toujours amené à se demander quels sont les mécanismes du changement linguistique qui sont en jeu. Quelle est l'importance de l'oralité en ce qui concerne le changement linguistique ? Quel rôle jouent par exemple les processus de grammaticalisation et de réanalyse ? Quelles sont les conséquences du contact linguistique ? Ces questions, parmi d'autres, ont été maintes fois soulevées dans les études consacrées aux variétés non-hexagonales.

Que l'oralité puisse être considérée comme force motrice de l'innovation linguistique, voilà qui, au moins depuis les travaux de Bauche (1946) et de Frei (1929), constitue un *topos*, jouant un rôle important dans le domaine des recherches sur l'oralité et la scripturalité. L'un des mérites du créoliste Robert Chaudenson est d'avoir attiré l'attention, dans ce contexte, sur l'importance primordiale, au sein des variétés de français d'outre-mer, de celles qu'il qualifie de « français marginaux » et qui, selon cet auteur, manifestent dans leur développement sans pression de norme les tendances évolutives inhérentes au français (*cf.* Chaudenson : 1998). Ces variétés constituent une espèce de fenêtre ouverte sur l'histoire linguistique ; elles permettent non seulement la reconstruction partielle de la langue parlée des XVIIe et XVIIIe siècles, mais aussi de repérer des zones de variabilité par rapport au français standard. Il est bien évident, selon Chaudenson, que les faits relevant de la variabilité ne touchent pas toutes les zones d'une grammaire et pas toutes de façon égale.[35] Seule l'analyse comparée aide à discerner ces aires de variabilité dans lesquelles certains « processus autorégulateurs » (Chaudenson : 1998, 165) – des « restructurations à caractère présumé optimalisant » (Chaudenson / Mougeon / Beniak : 1993, 16) – se manifestent avec la plus grande probabilité (*cf.* également Gadet : 2009b). Et en effet, certains phénomènes, tels qu'ils sont décrits dans les articles de ce volume, peuvent être inscrits dans ce scénario : une zone de variabilité est sans nul doute constituée par la syntaxe de la subordination, étant donné que toutes les variétés du français parlé tendent sur ce point à des structures agrégatives similaires, comme l'omission du subordonnant *que*.

Notre hypothèse est toutefois que dans le domaine de la grammaire et de la morphosyntaxe, le changement linguistique doit probablement être décrit autrement que dans celui de la syntaxe proprement dite. Dans le premier de ces domaines, de très nombreux phénomènes peuvent effectivement être ramenés à la « tendance à l'invariabilité ou à l'analyticité » observée par Frei (1929) et être ainsi corrélés avec certains principes bien décrits par la recherche sur le changement linguistique comme l'économie, la saillance, etc. Citons par exemple l'affaiblissement du genre grammatical et du nombre, la prédilection pour une forme verbale invariable ainsi que pour les périphrases verbales, la fréquence des formes verbales non-finies, l'affaiblissement du subjonctif, la tendance à éliminer les formes irrégulières ou marquées, l'usage des pronoms personnels disjoints pour remplacer les pronoms conjoints – toutes ces évolutions étant bien attestées en Amérique du Nord comme en Afrique.[36] Dans le domaine de la syntaxe proprement dite, il faut tenir compte, bien plus que cela n'a été fait jusqu'à présent – pour la syntaxe de l'oral –, des facteurs relevant de l'analyse du discours. Comme l'organisation syntaxique est un phénomène ne se constituant qu'avec le discours, la syntaxe dépend plus fortement que la morphologie de facteurs interactionnels, ce qui doit alors conduire à poser différemment la question des facteurs du changement linguistique. L'ambiguïté constructionnelle, les constructions asyndétiques et paratactiques, les focalisations ne s'expliquent que de façon limitée par des paramètres comme la simplicité, la transparence, etc. Il faut ici, plus nettement que pour la morphologie, intégrer des facteurs pragmatiques ou relevant de la structure de l'information. À cet égard, les travaux de Ploog (2002a ; 2002b ; et dans ce volume), parmi d'autres, sont fondamentaux : ils montrent dans quelle mesure l'élaboration en extension et en intensité ainsi que la stabilisation de nouvelles structures syntaxiques sont précédées de certains processus de restructuration conditionnés par l'oralité – c'est dans cette direction que devront s'engager systématiquement les recherches à venir. Sans

---

35 Pour cette idée et le concept du français zéro *cf.* Chaudenson / Mougeon / Beniak (1993), Chaudenson (2001) et pour une synthèse, Wiesmath (2006, 64).

36 *Cf.* les contributions dans les recueils indiqués à la note 31 ; pour l'Afrique, *cf.* aussi Ploog (2002a ; 2002b ; 2004) et Drescher (2009b). Quelques-uns de ces phénomènes sont décrits dans Szlezák (dans ce volume), bien que dans le Massachusetts comme en Louisiane, il faille bien évidemment tenir compte du fait qu'il s'agit en définitive de phénomènes avant tout dus à l'érosion linguistique. Cependant, étant donné que des simplifications morphologiques et morphosyntaxiques analogues s'observent aussi en français d'Afrique, les causes de ces phénomènes ne sauraient se ramener exclusivement à l'étiolement linguistique.

nul doute, la syntaxe de l'oral représente un défi considérable pour les théories modernes de la syntaxe ; il reste à examiner à quel point l'approche de la grammaire constructionnelle, qui propose un cadre pour la représentation intégrée de l'information pragmatique et grammaticale, pourra se révéler féconde.[37]

L'influence des processus de grammaticalisation et de réanalyse dans l'émergence de nouvelles constructions syntaxiques doit être déterminée au cas par cas.[38] On songera ici à l'évolution des périphrases verbales, des prépositions ou de certains marqueurs tels que *là* ou *ça fait*, ainsi qu'à des connecteurs comme *que*. Wiesmath (2006) démontre, par exemple, que la particule *là* perd toute valeur déictique ou pragmatique pour devenir une simple marque de ponctuation du discours en français acadien ;[39] la grammaticalisation de cette particule comme marqueur de la relative n'est cependant achevée que dans les créoles. Quant à *ça fait*, Falkert (2007) et Wiesmath (2006) démontrent la perte de la fonction grammaticale du connecteur et son glissement vers un rôle de marqueur discursif indiquant un rapport de subordination implicite dans le français acadien. On peut supposer qu'il existe des évolutions similaires aussi en français d'Afrique. Pour le français de Côte d'Ivoire, Ploog (dans ce volume) montre par exemple que certains emplois de *que* témoignent d'un blanchiment sémantique, l'un des processus constitutifs de la grammaticalisation. Dans quelle mesure certains processus de changement linguistique à l'œuvre dans les français non-hexagonaux peuvent-ils aboutir à l'établissement de nouvelles structures grammatico-syntaxiques ? À quel degré y a-t-il ici des parallèles entre l'Amérique du Nord et l'Afrique ? Voilà des questions particulièrement passionnantes posées par les recherches sur la syntaxe de l'oral.

Pour ce qui est des répercussions du **contact linguistique**, il faut *a priori* partir du principe que celui-ci est incontournable pour expliquer un certain nombre de phénomènes syntaxiques des variétés non-hexagonales du français. Étant donné qu'à peu près toutes les variétés du français sont aujourd'hui en contact avec une ou plusieurs autres langues, le contact des langues constitue un facteur majeur de l'hétérogénéité des répertoires des français non-hexagonaux. Les cas de figure varient grandement : en Amérique du Nord, c'est l'anglais, langue dominante, qui exerce une pression considérable sur les variétés hors du Québec. En Afrique subsaharienne, par contre, le français se trouve dans des situations très diverses par rapport aux langues africaines. Pour pouvoir mesurer l'étendue du contact linguistique, il faut naturellement commencer dans chaque cas par examiner la relation existant entre les langues en contact et l'intensité de ce contact en contexte multilingue. C'est le seul moyen de comprendre, par exemple, pourquoi le français du Massachusetts a recours à certains marqueurs discursifs anglais alors que le français dispose de marqueurs analogues. Certes, à cause de leur polyfonctionnalité et de leur flexibilité syntaxique, les marqueurs discursifs sont parmi les premiers éléments empruntés à une autre langue, mais au-delà, cependant, l'insertion des marqueurs discursifs anglais dans le discours des francophones est aussi en corrélation étroite avec des facteurs externes d'ordre sociolinguistique et pragmatique.[40] À cet égard, un autre aspect important est de déterminer si un phénomène est endogène ou emprunté. Est-ce que la

---

37 *Cf.* Fischer (2007). Pour la syntaxe générative *cf.* Mensching (2008).
38 De premières études détaillées sont déjà disponibles pour le français nord-américain (*cf.* Brasseur / Falkert : 2005, Wiesmath : 2006).
39 Pour le français québécois *cf.* déjà Vincent (1993).
40 *Cf.* Szlezák (dans ce volume), Neumann-Holzschuh (2009a).

langue en contact avec le français est le facteur déclencheur du changement, ou s'agit-il plutôt d'un catalyseur qui renforce une tendance inhérente au français (convergence) ? Dans quelle mesure des phénomènes comme les prépositions orphelines, le remplacement de l'auxiliaire *être* par *avoir*, le déclin du subjonctif, les différents emplois d'*avec* (*cf.* Jones dans ce volume), certains modèles d'ordre des mots (*cf.* Véronique dans ce volume) sont-ils dus à des facteurs internes ou externes ?[41] Heine / Kuteva (2006, 79) démontrent que le contact des langues peut mener à grande échelle à l'emprunt de structures grammaticales et syntaxiques et ils soulignent que

> the two kinds of account – internal vs. external change – neither contradict one another nor are they mutually exclusive; rather they tend to complement one another in producing grammatical change.

Dans ce contexte, des phénomènes comme la « réplication grammaticale » (Heine / Kuteva : 2005)[42] ou ce que Manessy appelle « sémantaxe » – « l'expression, à travers des structures grammaticales imposées par la langue cible, de catégories sémantactiques propres à la langue maternelle » (1995, 228) – jouent un rôle non-négligeable pour ce qui est des particularités de la syntaxe de l'oral.[43]

Malgré la grande différence de leurs écologies, une analyse comparative des variétés de français en Europe, en Afrique et en Amérique du Nord est indispensable si l'on veut saisir l'immense richesse qu'offre le monde francophone, richesse qui est le produit de la diversité des histoires et de la variété des contacts. Si l'on compare les variétés non-hexagonales du français en Amérique du Nord et en Afrique, on constate dans le premier cas – à l'exception bien entendu du québécois et peut-être de l'acadien du Nouveau-Brunswick (*cf.* Boudreau / Violette : 2009) – une érosion graduelle du français régional : en Nouvelle-Angleterre, en Louisiane comme en Nouvelle-Écosse, le français local n'a guère de chances de survie ; l'attraction des formes standard ou celle de l'anglais constitue en effet une menace sérieuse pour les français locaux. En Afrique subsaharienne en revanche, il semble qu'on puisse déboucher sur la stabilisation de normes endogènes, dont certaines diffèrent considérablement de celles du français hexagonal.[44] Des phénomènes comme l'appropriation linguistique, la vernacularisation ou la constitution 'd'interlangues' jouent ici un rôle incomparablement plus grand qu'en Amérique du Nord (*cf.* Ploog / Rui : 2005). Érosion d'un côté, élaboration ou émergence de l'autre, telle semble être la situation des variétés de français non-hexagonales en Amérique du Nord et en Afrique.

En ce qui concerne la syntaxe des normes endogènes émergentes en Afrique, elle est selon Boutin (2008) apparemment caractérisée dans de nombreux domaines par

> (a) des parties de la syntaxe qui ne se distinguent pas du français standard,

---

41 *Cf.* Gadet / Jones (2008) et Neumann-Holzschuh (2009b).
42 Dans le cadre de la théorie de la grammaticalisation, Heine / Kuteva essaient de décrire les mécanismes sous-jacents au transfert de structures grammaticales d'une langue-modèle dans une « langue-réplique » (*replica language*). « Réplication grammaticale » signifie que les locuteurs « aim at establishing some kind of equivalence relation between use patterns and categories of different languages » (Heine / Kuteva : 2005, 219).
43 Pour l'influence qu'exercent les substrats africains sur certaines structures syntaxiques du français d'Afrique, *cf.* Manessy (1994b), Ploog (2004) et Drescher (2009b).
44 *Cf.* Boutin (2008) pour le français abidjanais et Drescher (2009b, 65).

(b) des particularités apparaissant comme des phénomènes d'autorégulation qui se manifestent, par exemple, dans la suppression des irrégularités du francais, et

(c) l'émergence de structures particulières n'ayant pas d'équivalent en français (Boutin : 2008).[45]

La description de ces structures émergentes, leurs causes éventuelles ainsi que leur conventionnalisation dans les variétés locales de français en Afrique constituent sans aucun doute un défi pour les futures recherches de syntaxe variationnelle. En un second temps, ces phénomènes devraient être analysés systématiquement dans une perspective panlectale, seul moyen de discerner les 'universaux du français' et de redéfinir le rôle de la variation dans les structures grammaticales et syntaxiques du point de vue de la délimitation des variétés les unes par rapport aux autres.

Voilà des tâches particulièrement passionnantes pour de futures recherches sur la syntaxe de l'oral dans les variétés non-hexagonales du français. Et – comme le montreront les études qui suivront – il y a encore beaucoup à faire ! Ce chapitre se terminera par les résumés des différentes contributions.

4. Résumés des contributions

Bien que la majorité des études adoptent un point de vue synchronique – la dimension diachronique est cependant présente dans l'article de Katja Ploog –, les contributions prennent appui sur des approches théoriques diversifiées : elles s'inspirent de la grammaire émergente, de la linguistique interactionnelle, de l'analyse des marqueurs de discours ou encore des théories de l'énonciation, de l'acquisition et de l'oralité. En outre, le contact de langues joue un rôle primordial dans la plupart des articles. Sur le plan méthodologique, il s'agit dans l'ensemble d'approches empiriques qui sont basées sur l'analyse de corpus très variés. À côté de corpus oraux constitués d'interactions en face à face (Kasparian, Pfänder / Skrovec, Ploog, Pustka, Szlezák), on trouve des corpus qui exploitent différents médias – émissions avec participation du public à la radio (Klaeger), téléfilms inspirés du théâtre d'improvisation (Boukari) – ou qui sont constitués à partir de textes écrits dont le mode de production se rapproche parfois de l'oralité, comme dans le cas des groupes de discussion sur internet analysés par de Féral. A côté de ces données caractérisées par une oralité première ou seconde, sont exploités des textes de la presse écrite qui affichent certains traits diastratiques souvent confondus avec l'oral, tel ce journal pour jeunes examiné par Tsofack. Une exception dans le cadre de ce volume représente le corpus de Véronique, qui se base sur des données orales obtenues par une étude semi-expérimentale et longitudinale.

En gros, notre volume se compose donc d'un volet 'africain' et d'un volet 'nord-américain', complétés par une série d'articles portant sur d'autres variétés du français. Quant aux variétés africaines qui font l'objet d'une étude approfondie, trois pays différents de l'Afrique subsaharienne francophone sont représentés : le Cameroun (de Féral, Tsofack), la Côte d'Ivoire (Boukari, Ploog) et le Burkina Faso (Klaeger), dont le français

---

45 Quant au français burkinabè, Drescher (2009b) observe que pour les caractéristiques morphologiques et syntaxiques de la norme endogène, des formes fossilisées de l'interlangue, des interférences avec les langues locales / autochtones ainsi que des manifestations générales de l'oralité s'entremêlent.

est souvent rapproché du français ivoirien. Pour ce qui est des variétés nord-américaines, les français parlés en Nouvelle-Angleterre (Szlezák) et en Acadie (Kasparian) font chacun l'objet d'une analyse minutieuse. S'y ajoutent l'étude de Jones sur le français parlé dans les îles anglo-normandes qui – pour des raisons historiques – est proche des variétés nord-américaines, et celle de Pustka, consacrée au français guadeloupéen, qui s'ouvre sur les études créoles. Enfin, l'article de Véronique sur le français des arabophones marseillais aborde la problématique de la variation dans une perspective acquisitionnelle, aspect capital aussi pour la description des variétés africaines, souvent influencées par des phénomènes fossilisés d'interlangue. Un dernier article, celui de Pfänder / Skrovec, adopte une perspective panlectale puisqu'il est centré sur la recherche d'universaux propres à plusieurs variétés de français, appelés « francoversaux ».

Dans sa contribution intitulée « *Ce n'est même pas possible*. Syntaxe et fonctions de *même* en français burkinabè », **Sabine Klaeger** examine la distribution et les fonctions de *même* dans cette variété dans une perspective différentielle. *Même* est un mot polyvalent qui connaît en français hexagonal standard des emplois comme adjectif et comme adverbe. La fréquence élevée de *même* dans certaines variétés africaines du français constitue le point de départ de l'analyse. Ce fait est signalé dans la plupart des inventaires des français africains et confirmé en ce qui concerne le français burkinabè par les données examinées ici. L'analyse empirique se base sur un corpus d'émissions radiophoniques avec participation du public qui donne accès à une parole dialogique et spontanée où prédomine l'argumentation. Klaeger formule l'hypothèse que les emplois de *même* en français burkinabè – d'un niveau surtout basi- et mésolectal – diffèrent de ceux du français standard, et ce, non seulement quant à sa fréquence, mais aussi pour ses valeurs sémantico-pragmatiques puisque l'on rencontre des emplois modaux de l'adverbe absents des variétés hexagonales. L'analyse empirique montre que *même* – qui peut être également redoublé – sert en français burkinabè avant tout à la mise en relief. Par ailleurs, il entre fréquemment dans des constructions négatives où il souligne la subjectivité du locuteur et fonctionne davantage comme particule modale épistémique, alors que dans les combinaisons avec *là* (*là-même*), il semble signaler la visée argumentative du locuteur. En conclusion, l'auteure constate que l'on observe en français burkinabè une polyfonctionnalité accrue des emplois de *même* qui semble constituer une des différences majeures par rapport au français hexagonal. *Même* fait partie de ces mots du discours qui expriment non seulement les attitudes du locuteur, mais articulent aussi les enchaînements discursifs et représentent par là-même de véritables charnières de la syntaxe conversationnelle.

Sous le titre « *Pourquoi on doit seulement speak comme les white?* – Appropriation vernaculaire du français chez les jeunes au Cameroun », **Carole de Féral** traite d'une variété connue sous deux désignations différentes : le *camfranglais* ou – terme préféré par l'auteure car il s'agit de l'auto-désignation employée par les locuteurs mêmes – le *francanglais*. Il s'agit là d'un français local largement influencé par l'anglais, le *pidgin English* et certaines langues nationales camerounaises. La difficulté de définir cette variété sur la base de critères exclusivement linguistiques conduit l'auteure à partir des représentations des locuteurs et à prendre comme francanglais toute production langagière considérée comme telle par les Camerounais francophones. Même si l'on peut relever des particularités morphosyntaxiques qui concernent notamment le genre ou la conjugaison des verbes, le francanglais est avant tout un ensemble de ressources lexicales. Car, comme le montre de Féral à partir d'exemples tirés de corpus variés, l'emploi d'un mot considéré comme francanglais n'est jamais obligatoire ; il relève plutôt du choix du locuteur et constitue de la sorte un phénomène de style analysable seulement au niveau discursif. Aussi plaide-t-elle pour une approche contextuelle qui ne se contente pas de discuter l'appartenance potentielle de phénomènes isolés et avant tout lexicaux au francanglais, mais qui prenne en compte leur emploi au sein d'un énoncé ou d'une séquence d'énoncés. En résumé, il apparaît que le francanglais constitue une forme d'appropriation du français qui permet aux jeunes francophones camerounais de symboliser une appartenance nationale. Des divergences significatives semblent cependant exister dans la perception de ce parler : alors que les membres de la communauté, qu'ils soient locuteurs ordinaires ou linguistes, estimeraient que le francanglais représente une langue à part, les linguistes non camerounais y verraient plutôt une variété du français.

L'article de **Jean-Benoît Tsofack** intitulé « Dire, parler, écrire 'entre les langues' ou le parler 'plurilingue' dans un journal camerounais pour jeunes » traite également du français camerounais, influencé par l'anglais, en maintenant cependant l'étiquette de *camfranglais*. L'auteur situe son travail dans le champ de la sociolinguistique urbaine. Il se propose de voir comment la culture urbaine plurilingue conditionne de nouvelles pratiques et identités linguistiques chez les jeunes. L'article dépasse en quelque sorte le cadre thématique du présent volume délimité par la syntaxe de l'oral en ce qu'il se base sur un corpus écrit, tiré d'une revue camerounaise pour jeunes. Ses données permettent cependant de voir jusqu'à quel point les variétés non-standard confinées généralement à l'oral pénètrent dans le domaine de la scripturalité. L'auteur fait appel à la théorie de l'énonciation et met l'accent sur une forme d'hétérogénéité énonciative montrée. Celle-ci peut se manifester à l'écrit par des ruptures graphiques (guillemets, italiques, etc.) d'une part, des figures d'ajout (discours rapporté, emprunts, néologismes, etc.) d'autre part. Les analyses montrent que – quant à ses fonctions – le camfranglais est une langue de connivence qui signale une identité à la fois jeune et urbaine. En ce qui concerne sa 'grammaire', il semble être en construction permanente. Alors que cette observation n'est pour le moment pas encore validée par une analyse morphosyntaxique du camfranglais, elle rejoint dans une certaine mesure les résultats de Ploog (dans ce volume) pour ce qui est de la dynamique langagière du nouchi ivoirien. En mettant l'accent sur la presse pour jeunes, l'analyse contribue également à une meilleure connaissance des processus d'hybridation à l'écrit.

La contribution de **Katja Ploog** propose un modèle pour décrire « L'ambiguïté constructionnelle dans la dynamique langagière (l'exemple du nouchi) ». L'étude se base sur un corpus oral de nouchi, variété non-standard de français parlée avant tout dans la métropole économique de la Côte d'Ivoire, Abidjan. Le but de l'auteure est de montrer comment des ressources du non-standard qui sont typiques de la production orale participent à la naissance de constructions linguistiques originales. Le cadre théorique s'inspire à la fois de la grammaire émergente et d'une approche socio-historique et interactive du changement linguistique telle qu'elle est appréhendée dans la notion de *dynamique langagière*. En partant du postulat que les régularités structurelles naissent et sont façonnées par le discours, que les formes grammaticales n'existent donc pas a priori, mais qu'elles sont négociées dans l'interaction, l'auteure centre son analyse sur différentes figures de l'ambiguïté constructionnelle en nouchi pour montrer leur rôle dans la dynamique langagière. En préférant la notion d'*élaboration* à celle d'*émergence*, elle souligne le fait que les constructions langagières sont le résultat de l'activité discursive du locuteur-auditeur dans l'interaction. Dans la suite de l'article sont discutés trois cas d'ambiguïté constructionnelle tous dus au fait qu'une forme possède plusieurs fonctions. Il s'agit de la *polyvalence syntaxique* (illustrée par les différents emplois de *que*), de l'*homonymie constructionnelle* (exemplifiée par la forme /la/ en position préverbale et postnominale) et du *chevauchement syntagmatique*, où deux entités syntagmatiques se recoupent par au moins un de leurs constituants. Les analyses montrent que l'ambiguïté constructionnelle est un vecteur majeur de l'élaboration et qu'elle participe par là à la dynamique langagière observable à Abidjan.

Oumarou Boukari consacre sa réflexion à la question suivante : « Le français populaire ivoirien : une langue à tons ? » Ce parler – appelé également *français abidjanais* ou encore *nouchi* (*cf.* Ploog dans ce volume) – est un pidgin né du contact entre le français et les langues locales ivoiriennes (notamment le dioula, le baoulé, le bété et le sénoufo) qui sont toutes des langues à tons. Elles influencent le français populaire ivoirien (*fpi*) non seulement aux niveaux phonétique, lexical, morphosyntaxique et discursif, mais aussi au niveau prosodique. Ce sont les deux derniers niveaux qui retiennent l'attention de Boukari. Après avoir contrasté les systèmes prosodiques en présence, l'auteur se demande si la tonalité, trait phonologique majeur des langues en question, n'est pas exploitée dans le processus d'appropriation, et plus particulièrement d'ivoirisation, du français. Il centre donc son étude sur les réalisations prosodiques de certaines particules discursives empruntées directement aux langues locales et propres au *fpi*. À partir d'un corpus constitué d'épisodes d'un célèbre téléfilm ivoirien dont les interactions sont inspirées du théâtre d'improvisation et partant, proches de données authentiques, l'auteur passe en revue différentes réalisations prosodiques de ces quatre particules. Il s'avère que les oppositions tonales sont effectivement à l'origine de valeurs pragmatico-discursives différentes. En outre, les variations tonales constituent des paires minimales parfaites, ce qui semble confirmer l'hypothèse de départ selon laquelle le *fpi* serait une langue à tons. Cette analyse qui examine les corrélations entre le système prosodique du *fpi* d'une part et les valeurs pragmatico-discursives de certaines particules d'autre part se situe à l'interface entre prosodie et discours et apporte une contribution originale à l'étude de la syntaxe conversationnelle.

L'article d'**Edith Szlezák** est consacré aux « Aspects morphosyntaxiques des variétés du français canadien parlées au Massachusetts ». Ces variétés du français nord-américain, assez mal connues jusqu'ici, comptent parmi les variétés de français menacées d'extinction : le nombre des locuteurs est en déclin depuis les années trente du XXe siècle ; selon les statistiques, il y a encore à peu près 84.000 francophones au Massachusetts, dont la majorité sont des semi-locuteurs. Les caractéristiques morphosyntaxiques présentées ici – le pronom personnel sujet de la troisième personne, les pronoms relatifs, les déterminants démonstratifs, quelques conjonctions de coordination et de subordination – démontrent que le français parlé au Massachusetts correspond largement aux français québécois et acadien. Ces variétés ont subi certains processus évolutifs internes dont les conséquences sont des restructurations sur le plan morphosyntaxique. Deux facteurs supplémentaires s'y ajoutent : l'étiolement linguistique et l'influence de l'anglais. Outre le fait que la syntaxe du français du Massachusetts est profondément influencée par la langue dominante, l'emprunt de certains marqueurs discursifs anglais ayant des équivalents français souligne la domination de cette langue dans le domaine pragmatique.

L'étude de **Sylvia Kasparian**, intitulée « *C'est chrestement compliqué c'te shit 'citte* » a pour but d'analyser l'utilisation des jurons dans les parlers acadiens du Nouveau-Brunswick, seule province officiellement bilingue du Canada. Sur la base d'un large corpus, l'auteure analyse le comportement jurologique dans les trois grandes régions acadiennes du Nouveau-Brunswick : le Sud-Est, le Nord-Est et le Nord-Ouest. Étant donné que les jurons sont devenus des marqueurs identitaires pour les Canadiens francophones, il n'est guère surprenant que la majorité des Acadiens en utilisent, notamment les jeunes. Ce qui surprend, cependant, c'est le choix de la langue : bien que la plupart d'entre eux déclarent utiliser les deux langues dans le discours quotidien, l'utilisation de gros mots et de jurons est beaucoup plus élevée en anglais qu'en français, surtout chez les jeunes de la région du Sud-Est. L'étude montre que le lexique des jurons et gros mots des Acadiens, ainsi que ses représentations, sont en profonde évolution et que l'âge, l'époque et la région sont des facteurs importants pour ce qui est du comportement jurologique de cette population. Cet article, d'une orientation sociolinguistique prononcée, invite à poser les questions suivantes : pourquoi les locuteurs acadiens ont-ils massivement recours à la langue anglaise pour les gros mots qui, comme d'ailleurs les marqueurs discursifs, ont une fonction emphatique considérable ? Dans quelle mesure le prestige de l'anglais joue-t-il un rôle pour l'emprunt de ces classes de mots ? En quoi leur comportement syntaxique favorise-t-il l'emprunt et quelles en sont les spécificités ? Dans quelle mesure jurons et marqueurs discursifs sont-ils à cheval entre lexique et grammaire ?

L'analyse de **Mari C. Jones** est consacrée au français parlé aux Îles Anglo-Normandes, fortement influencé par l'anglais. Méthodologiquement, cet article s'inscrit dans les recherches sur le contact des langues : selon l'auteure, la longue interaction entre le jersiais et l'anglais à Jersey a fait en sorte que les traits de contact se manifestent en abondance au sein du dialecte moderne. Elle distingue entre transferts manifestes, entraînant un éloignement de la norme établie sur le plan qualitatif (par exemple les calques du type *C'est toute de la musique su' la radio*), et transferts voilés, aux conséquences plutôt quantitatives. Ainsi, le jersiais se sert de trois prépositions pour traduire le sens de *avec* du français standard. Sur la base d'un corpus du parler de Jersey, Jones analyse une série d'exemples de transferts syntaxiques et en tire la conclusion que le transfert voilé est beaucoup plus difficile à prouver que son homologue manifeste. Étant donné que certains phénomènes sont aussi attestés en normand continental, non influencé par l'anglais, on pourrait en déduire qu'il s'agit là plutôt de simplifications internes que de transferts linguistiques.

Dans son article intitulé « La subordination sans subordonnant en français guadeloupéen – créolisme ou pseudo-créolisme ? », **Elissa Pustka** aborde une question de première importance quant au cadre thématique général : dans quelle mesure la syntaxe du français parlé en Guadeloupe est-elle influencée par le 'substrat' créole ? En français guadeloupéen, certaines subordonnées n'ont pas de subordonnant (type : *le maître dit aux élèves la promenade est terminée*), ce qui laisse supposer une influence du créole, où la subordonnée n'est traditionnellement pas introduite par un subordonnant. Dans son analyse méticuleuse, Pustka se demande d'abord dans quelle mesure les complétives sans subordonnant, qu'elle situe au milieu du continuum entre agrégation et intégration, se distinguent des propositions indépendantes ; en deuxième lieu, elle analyse ce phénomène dans le français régional de la Guadeloupe. L'analyse du corpus montre non seulement que le français guadeloupéen ne se distingue guère du français hexagonal non-standard (français populaire, français parlé parisien), mais aussi que ce phénomène est bien attesté dans de nombreuses variétés non-hexagonales du français non influencées par un créole, comme le français louisianais. En conclusion, l'auteure souligne qu'il est difficile de déterminer s'il s'agit, dans ce cas précis, d'un créolisme ou non. L'article démontre, cependant, de façon exemplaire (a) que la syntaxe du français oral présente au sein de la francophonie des concordances surprenantes et (b) qu'une meilleure connaissance des variétés non-hexagonales est essentielle pour mieux comprendre les processus évolutifs internes du français.

Georges-Daniel Véronique analyse « Quelques aspects de l'organisation syntaxique et discursive du français parlé d'arabophones à Marseille ». Pour saisir de plus près le processus de la vernacularisation de ce français non-standard d'un groupe spécifique d'immigrants, l'auteur décrit le comportement syntaxique des présentatifs *c'est* et *il y (en) a* ainsi que celui de quelques connecteurs en rapport avec des structurations informationnelles et discursives. L'une des questions de son étude est la suivante : dans quelle mesure les catégories grammaticales de cette variété du français sont-elles façonnées par l'existence de catégories sémantactiques propres à la langue maternelle ? Au cours de l'analyse, l'auteur montre que les différences entre le français des alloglottes et celui des natifs s'inscrivent bien au niveau morphosyntaxique plutôt que dans le domaine de la hiérarchisation de l'information. Ainsi, dans les parlers observés, les frontières entre les classes de mots sont extrêmement floues ; l'ordre des mots suit – comme d'ailleurs dans quelques langues créoles – le schéma *topic – focus* et les présentatifs *c'est* et *il y a* – tout en se distinguant par leurs valeurs sémantiques et énonciatives – sont utilisés pour introduire les *topics*. En conclusion, Véronique constate qu'il n'existe ni une sémantaxe différente qui façonnerait les productions des arabophones en français, ni un mode de hiérarchisation de l'information différent de celui des natifs. Dans leur instabilité, les pratiques langagières des migrants arabophones qui, dans leur mode de constitution, ressemblent à des interlangues, témoignent non seulement d'un processus d'appropriation mais aussi, le cas échéant, d'une élaboration linguistique.

La contribution de **Stefan Pfänder** et **Marie Skrovec**, dont le titre est « *Donc,* entre grammaire et discours : pour une reprise de la recherche sur les universaux de la langue parlée à partir de nouveaux corpus », s'inscrit dans le cadre d'une analyse des universaux du français entre grammaire et discours. Les auteurs présentent une (ré)analyse du marqueur discursif *donc* basée essentiellement sur deux nouveaux corpus francophones : le corpus Thyssen–EK et CIEL-F, ce dernier étant un corpus « écologique », qui documente différents types de configurations situationnelles. Cette approche comparative s'inscrivant méthodologiquement dans la linguistique de corpus permet non seulement une analyse de la syntaxe orale dans son milieu naturel, mais aussi l'identification des constructions émergentes en français global. Étant donné que la fonctionnalité de *donc* va de la grammaire au discours – outre sa fonction logico-sémantique de connecteur de conséquence, *donc* a aussi une fonction interactionnelle et sert à structurer le discours à différents niveaux langagiers –, les auteurs ont pour but de tester cette hypothèse en examinant les deux corpus mentionnés ainsi que d'autres corpus de plusieurs variétés de français d'outre-mer. En conclusion, ils constatent que *donc* est, en effet, un marqueur polyfonctionnel, dont les fonctions sont, dans la plupart des cas, amalgamées : il n'est que rarement possible d'assigner à ce marqueur une fonction exclusivement sémantique ou interactionnelle, le lien entre discours et grammaire semble donc être bidirectionnel. Dans une perspective comparative, les auteurs prouvent non seulement que cet emploi de *donc* est réparti dans toute la francophonie, mais aussi qu'en raison de l'oralité, certains phénomènes syntaxiques sont universels.

Pour conclure, nous espérons vivement que cette introduction ainsi que les articles réunis dans le présent volume contribueront non seulement à dresser le bilan des recherches existantes sur les variétés non-hexagonales dans le domaine de la syntaxe de l'oral, mais qu'ils encourageront aussi les mises en parallèles entre les variétés nord-américaines et africaines du français, qu'ils prépareront le terrain pour d'autres études comparatives, qu'ils stimuleront de futures recherches et ouvriront de nouvelles pistes dans ce domaine fascinant situé à cheval entre la grammaire et l'interaction.

5. Références bibliographiques

Bagola, B. (éd. 2009), *Français du Canada – Français de France. Actes du 8ᵉ Colloque international de Trèves, du 12 au 15 avril 2007*, Tübingen.

Baronian, L. / F. Martineau (éds. 2009), *Le français d'un continent à l'autre. Mélanges offerts à Yves Charles Morin*, Québec.

Bauche, H. (1946), *Le langage populaire*, Paris.

Bavoux, C. / L.-F. Prudent / S. Wharton (éds. 2008), *Normes endogènes et plurilinguisme. Aires francophones, aires créolophones*, Paris / Lyon.

Berruto, G. (2004), « The problem of variation », *The Linguistic Review*, 21 (3/4), 293-322.

Biloa, E. (2003), *La langue française au Cameroun*, Bern.

Blanche-Benveniste, C. (1997), *Approches de la langue parlée en français*, Paris.

Boudreau, A. / I. Violette (2009), « Savoir, intervention et posture en milieu minoritaire : les enjeux linguistiques en Acadie du Nouveau-Brunswick », *Langage & Société*, 129, 13-28.

Boutin, B. A. (2008), « Norme endogène ivoirienne et subordination », dans : Bavoux, C. *et al.* (éds.), 61-84.

Brasseur, P. (éd. 1998), *Français d'Amérique. Variation, créolisation, normalisation*, Avignon.

Brasseur, P. / Falkert, A. (éds. 2005), *Français d'Amérique : approches morphosyntaxiques*, Paris.

Calvet, L.-J. (2000), « Les mutations du français. Une approche écolinguistique », *Le français moderne*, 68/1, 63-78.

Certeau de, M. / D. Julia / J. Revel (1975), *Une politique de la langue. La Révolution française et les patois : l'enquête de Grégoire*, Paris.

Chaudenson, R. (1998), « Variation, koïnéisation, créolisation : français d'Amérique et créoles », dans : Brasseur, P. (éd.), 163-179.

Chaudenson, R. (2001), *Creolization of language and culture*, Revised in collaboration with Salikoko S. Mufwene, London.

Chaudenson, R. (2005), « Français marginaux et théorie de la créolisation : les cas des marques personnelles », dans : Brasseur, P. / A. Falkert (éds.), 7-14.

Chaudenson, R. / R. Mougeon / É. Beniak (1993), *Vers une approche panlectale de la variation du français*, Paris.

Corbett, N. (1990), *Langue et identité. Le français et les francophones d'Amérique du Nord*, Québec.

Coseriu, E. (1980), « 'Historische Sprache' und 'Dialekt' », dans : Göschel, J. / P. Ivic / K. Kehr (éds.), *Dialekt und Dialektologie*, Wiesbaden, 106-116.

Coveney, A. / M.-A. Hintze / C. Sanders (éds. 2004), *Variation et francophonie. Mélanges en hommage à Gertrud Aub-Buscher*, Paris.

Cuervo, R. J. (1901), « El castellano en América », *Bulletin Hispanique*, 3, 35-62.

Drescher, M. (2001), « Pragmalinguistik », dans : Holtus, G. *et al.* (éds.), 147-173.
Drescher, M. (^{2}2008 [2002]), « Diskursstrukturen », dans : Kotschi, Th. *et al.* (éds.), 321-332.
Drescher, M. (2008), « La diaspora africaine au Canada : le cas des francophones à Montréal et à Toronto », *Zeitschrift für Kanada-Studien*, 28/2, 28-66.
Drescher, M. (2009a), « 'Sacres' québécois et 'jurons' français : vers une pragmaticalisation des fonctions communicatives », dans : Bagola, B. (éd.), 177-185.
Drescher, M. (2009b), « Französisch in Westafrika zwischen endogener und exogener Norm : das Beispiel Burkina Faso », dans : Stolz, Th. *et al.* (éds.), *Romanisierung in Afrika. Der Einfluss des Französischen, Italienischen, Portugiesischen und Spanischen auf die indigenen Sprachen Afrikas*, Bochum, 41-80.
Drescher, M. / B. Frank-Job (éds. 2006), *Les marqueurs discursifs dans les langues romanes : approches théoriques et méthodologiques*, Francfort s. l. M.
Dufter, A. / E. Stark (2002), « La variété des variétés : combien de dimensions pour la description ? Quelques réflexions à partir du français », *Romanistisches Jahrbuch*, 53, 81-108.
Dufter, A. / J. Fleischer / G. Seiler (2009), « Introduction », dans : Dufter, A. / J. Fleischer / G. Seiler (éds.), *Describing and Modelling Variation in Grammar*, Berlin / New York, 1-18.
Falkert, A. (2007), *Le français acadien des Îles-de-la-Madeleine. Étude de la variation phonétique*, Thèse de doctorat, Université de Regensburg.
Farenkia, B. M. (2006), *Beziehungskommunikation mit Komplimenten. Ethnographische und gesprächsanalytische Untersuchungen im deutschen und kamerunischen Sprach- und Kulturraum*, Frankfurt a. M.
Farenkia, B. M. (éd. 2008), *De la politesse linguistique au Cameroun*, Francfort s. l. M.
Feussi, V. (2008), *Parles-tu français ? Ça dépend... Penser, agir, construire son français en contexte plurilingue : le cas de Douala au Cameroun*, Paris.
Fischer, K. (2007), « Konstruktionsgrammatik und Interaktion », dans : Fischer, K. / A. Stefanowitsch (éds.), *Konstruktionsgrammatik*, 1 : *Von der Anwendung zur Theorie*, Tübingen, 133-150.
Frei, H. (1929), *La grammaire des fautes*, Genève.
Gadet, F. (2007), « La variation dans tous les français », dans : Gadet, F. / E. Guérin (éds.), *Études de syntaxe : français parlé, français hors de France, créoles, LINX*, 57, 155-164.
Gadet, F. (2009a), « Introduction », dans : Gadet, F. / K. Bleeching / N. Armstrong (éds.), *Sociolinguistic variation and contemporary French*, Amsterdam / New York, 115-120.
Gadet, F. (2009b), « What can be learnt about the grammar of French from Corpora of French spoken outside », dans : *Third International Conference 'Grammar & Corpora'*, Mannheim, 22-24 septembre 2009.
Gadet, F. / M. Jones (2008), « Variation, Contact and Convergence in French spoken outside France », *Journal of language contact*, Thema 2, 238-248. (www.jlc-journal.org)
Gadet, F. / R. Ludwig / S. Pfänder (2008), « Francophonie et typologie des situations », *Cahiers de linguistique. Revue de Sociolinguistique et de Sociologie de la langue française*, 34/2, 143-162.
Heine, B. / T. Kuteva (2005), *Language Contact and Grammatical Change*, Cambridge.
Heine, B. / T. Kuteva (2006), *The Changing Languages of Europe*, Oxford.
Holtus, G. / M. Metzeltin / Chr. Schmitt (éds. 1990 ; 2001), *Lexikon der Romanistischen Linguistik*, V/1 (1990) ; I/2 (2001), Tübingen.
Hopper, P. J. (1998), « Emergent Grammar », dans : Tomasello, M. (éd.), *The New Psychology of Language. Cognitive and Functional Approaches to Language Structure*, Mahwah N.J. / London, 155-175.
Koch, P. / W. Oesterreicher (1990), *Gesprochene Sprache in der Romania*, Tübingen.
Koch, P. / W. Oesterreicher (2001), « Gesprochene Sprache und geschriebene Sprache / Langage parlé et langage écrit », dans : Holtus, G. *et al.* (éds.), 584-627.
Kortmann, B. / K. Burridge / R. Mesthrie / E. W. Schneider / C. Upton (éds. 2004), *A Handbook of Varieties of English*, 1 : *Phonology* ; 2 : *Morphology and Syntax*, Berlin / New York.
Kotschi, Th. / I. Kolboom / E. Reichel (éds. ^{2}2008), *Handbuch Französisch*, Berlin *et al.*
Labov, W. (1972), *Sociolinguistic Patterns*, Philadelphia.

Lafage, S. (1990), « Regionale Varianten des Französischen außerhalb Frankreichs : Afrika », dans : Holtus, G. / M. Metzeltin / Chr. Schmitt (éds.), 767–787.
Lüdi, G. (1992), « French as a pluricentric language », dans : Clyne, M. (éd.), *Pluricentric languages. Differing norms in different countries*, Berlin / New York, 149-178.
Ludwig, R. (1986), « Mündlichkeit und Schriftlichkeit. Felder der Forschung und Ansätze zu einer Merkmalsystematik im Französischen », *Romanistisches Jahrbuch*, 37, 15-45.
Manessy, G. (1994a), « Pratique du français en Afrique noire francophone », *Langue française*, 104, 11–19.
Manessy, G. (1994b), *Le français en Afrique Noire. Mythe, stratégies, pratiques*, Paris.
Manessy, G. (1995), *Créoles, pidgins, variétés véhiculaires. Procès et genèse*, Paris.
Martel, P. / H. Cajolet-Laganière (1996), *Le français québécois : usages, standard et aménagement*, Québec.
Mensching, G. (2008), « Nähesprache vs. Distanzsprache. Überlegungen im Rahmen der generativen Grammatik », dans : Stark, E. *et al.* (éds.), 1-29.
Meyer, S. / J. Erfurt (2003), « Haitianer in Montréal : Spracherwerb und Erwachsenenalphabetisierung zwischen Integration und Marginalisierung », dans : Erfurt, J. *et al.* (éds.), *Mehrsprachigkeit und Migration. Ressourcen sozialer Identifikation*, Frankfurt a. M. *et al.*, 165-179.
Mougeon, R. / É. Beniak (éds. 1989), *Le français canadien parlé hors Québec. Aperçu sociolinguistique*, Sainte-Foy.
Mufwene, S. (2001), *The ecology of language evolution*, Cambridge.
Naguschewski, D. (2003), *Muttersprache als Bekenntnis. Status und Ideologien des Französischen im frankophonen Afrika*, Leipzig.
Naguschewski, D. (^{2}2008), « Das Französische in Afrika », dans : Kotschi, Th. *et al.* (éds.), 119–126.
Neumann-Holzschuh, I. (2008), « À la recherche du 'superstrat' : What North American French can and cannot tell us about the input to creolization », dans : Michaelis, S. (éd.), *Roots of Creole Structures. Weighing the contribution of substrates and superstrates*, Amsterdam / Philadelphia, 357-383.
Neumann-Holzschuh, I. (2009a), « Les marqueurs discursifs 'redoublés' dans les variétés du français acadien », dans : Bagola, B. (éd.), 137-155.
Neumann-Holzschuh, I. (2009b), « Contact-induced structural change in Acadian and Louisiana French. Mechanisms and motivations », *Langage et Société*, 129, 47-68.
Neumann-Holzschuh, I. (2009c), « Les études canadiennes en linguistique – état de la recherche », dans : Ertler, K. D. / H. Lutz (éds.), *Canada in Grainau / Le Canada au Grainau. A multidisciplinary Survey of Candian Studies after 30 Years / Tour d'horizon multidisciplinaire d'Études canadiennes, 30 ans après*, Frankfurt a. M. *et al.*, 19-36.
Neumann-Holzschuh, I. (2009d), « La diaspora acadienne dans une perspective linguistique », dans : Mathis-Moser, U. / G. Bischof (éds.), *Acadians and Cajuns. The Politics and Culture of French Minorities in North America / Acadiens et Cajuns. Politique et culture des minorités francophones en Amérique du Nord*, Innsbruck, 107-122.
Papen, R. / G. Chevalier (2006), *Les variétés de français en Amérique du Nord. Évolution, innovation et description. Revue canadienne de linguistique appliquée / Canadian Journal of Applied Linguistics*, 9/2 = *Revue de l'Université de Moncton*, 37/2.
Ploog, K. (2002a), *Pour une description syntaxique du non-standard. Le français à Abidjan*, Paris.
Ploog, K. (2002b), « Pour une analyse syntaxique de corpus non-standard : structures prédicatives et trous structuraux », dans : Pusch, C. D. / W. Raible (éds.), 409-422.
Ploog, K. (2004), « Variation et changement syntaxique en (français) abidjanais », dans : Coveney, A. *et al.* (éds.), 87-102.
Ploog, K. / B. Rui (éds. 2005), *Appropriations du français en contexte multilingue. Éléments sociolinguistiques pour une réflexion didactique à propos de situations africaines*, Besançon.
Poirier, C. (1980), « Le lexique québécois : son évolution, ses composantes », *Stanford French Review*, IV/1-2, 43-80.
Poirier, C. (1987), « Le Français 'régional'. Méthodologies et terminologies », dans : Niederehe, H.-J. / L. Wolf (éds), *Français du Canada – Français de France*, Tübingen, 139-176.

Poirier, C. (éd. 1985), *Dictionnaire du français québécois. Volume de présentation*, Québec.
Poirier, C. (éd. 1998), *Dictionnaire historique du français québécois. Monographie lexicographique de québécismes*, Sainte-Foy.
Pöll, B. (2001), *Francophonies périphériques. Histoire, statut et profil des principales variétés du français hors de France*, Paris.
Pöll, B. (2005), *Le français langue pluricentrique ? Études sur la variation d'une langue standard*, Francfort s. l. M. *et al.*
Pöll, B. / E. Schafroth (éds. 2010), *Normes et hybridation linguistiques en francophonie*, Paris.
Pusch, C. D. / W. Raible (éds. 2002), *Romanistische Korpuslinguistik. Korpora und gesprochene Sprache*, Tübingen.
Queffeléc, A. (éd. 1998), *Alternances codiques et français parlé en Afrique*, Aix-en-Provence.
Schneider, E. (2007), *Postcolonial English. Varieties around the world*, Cambridge.
Stäbler, C. K. (1995), *Entwicklung mündlicher romanischer Syntax. Das* français cadien *in Louisiana*, Tübingen.
Stark, E. / R. Schmidt-Riese / E. Stoll (2008), « Einleitung », dans : Stark, E. *et al.* (éds.), xi-xxix.
Stark, E. / R. Schmidt-Riese / E. Stoll (éds. 2008), *Romanische Syntax im Wandel*, Tübingen.
Valdman, A. / J. Auger / D. Piston-Hatlen (éds. 2005), *Le français en Amérique du Nord : état présent*, Saint-Nicols.
Vincent, D. (1993), *Les ponctuants de la langue et autres mots du discours*, Québec.
Wehr, B. / H. Thomaßen (éds. 2000), *Diskursanalyse. Untersuchungen zum gesprochenen Französisch*, Frankfurt a. M. *et al.*
Wiesmath, R. (2002), « Présence et absence du relatif et conjonctif *que* dans le français acadien : tendances contradictoires », dans : Pusch, C. D. / W. Raible (éds.), 393-408.
Wiesmath, R. (2003), « La particule *là* dans le parler acadien du Nouveau-Brunswick / Canada », dans : Kriegel, S. (éd.), *Grammaticalisation et réanalyse. Approches de la variation créole et française*, Paris, 285-302.
Wiesmath, R. (2006), *Le français acadien. Analyse syntaxique d'un corpus oral recueilli au Nouveau-Brunswick / Canada*, Paris.

Sabine Klaeger (Université de Bayreuth, Allemagne)

Ce n'est même pas possible.
Syntaxe et fonctions de *même* en français burkinabè

1. Introduction

L'unité *même*, surtout dans sa forme négative *même pas*, a une fréquence extrêmement élevée dans le français parlé en plusieurs régions de l'Afrique subsaharienne, entre autres au Burkina Faso. Tout un chacun qui a passé du temps en Afrique francophone l'a déjà pu constater (« il y a même pas de problème ! »),[1] les inventaires lexicaux pour l'Afrique francophone l'affirment aussi. Il est très probable que l'on peut considérer la fréquence élevée de *même* comme phénomène panafricain. Faute de données, je ne parlerai ici que de son rôle en français burkinabè.

Comme je vais le démontrer, *même* fait partie des éléments qui distinguent la variété burkinabè du français hexagonal et qui demandent une analyse pragmatique qui va au-delà d'un simple classement dans un inventaire lexical différentiel.[2] En outre, il semble prometteur d'en étudier les différentes fonctions qui vont au-delà de son rôle adverbial, notamment celle de particule modale.[3]

Dans ma contribution, je me pencherai d'abord sur les fonctions de *même* telles qu'elles sont décrites dans les dictionnaires, les grammaires et les études sur ce lexème en français hexagonal (2.), pour ensuite présenter les occurrences de *même* dans les inventaires lexicaux différentiels de l'Afrique francophone (3.). En m'appuyant sur des enregistrements d'émissions radiophoniques ouagalaises, j'analyserai ensuite *même* dans différents contextes en proposant quelques hypothèses sur ses fonctions et ses valeurs sémantique et pragmatique (4.).

Le corpus que j'utilise se compose de six émissions radiophoniques, diffusées entre 2002 et 2004, dont cinq du canal *Arc-en-Ciel* et une du canal *Salankoloto*, deux stations de radio à Ouagadougou. Chaque émission dure une heure. Il s'agit de 'phone-ins', c'est-à-dire d'émissions avec la participation des auditeurs qui peuvent appeler pour donner leur avis sur un sujet qui est d'habitude 'émotionnellement chargé' (amour, sexe, problèmes sociaux, etc.), pour discuter avec l'animateur qui se trouve soit seul, soit avec des invités dans le studio. Il s'agit donc d'un contexte argumentatif, dans lequel les interactants essaient de mettre en avant leur point de vue sur le thème traité. Ceci s'est avéré fructueux pour l'analyse de *même* dans l'interaction.

---

[1] Sur la formule *il y a pas de problème*, cf. Klaeger (2010).
[2] *Cf.* Manoliu-Manea (1985, 1, c'est elle qui souligne) : « [...] there are several words such as Fr. *même*, *mais*, *encore*, etc. [...] which cannot be described either in terms of componential analysis (lexematics) or in terms of semantic generative approaches. Their content concerns speakers' world of beliefs, their anti-universe, their expectations ».
[3] *Cf.* Moseng Knutsen (2002, 558) à propos de son étude sur la particule *là* en français abidjanais : « [...] il me paraît de plus en plus évident qu'une grande partie de la variation observée en français abidjanais [...] peut être expliquée à partir d'un cadre pragmatique ou discursif, ce qui, à ma connaissance, n'a jamais été fait de façon systématique en ce qui concerne le français abidjanais ».

2. Fonctions de *même* dans les travaux sur le français hexagonal écrit

Faute d'études sur l'utilisation de *même* en français parlé[4] et dans des variétés non-hexagonales, je m'appuie d'abord sur des descriptions de sa fonction et de sa distribution syntaxique en français écrit.

2.1. Généralités
Nous pouvons distinguer trois emplois de base de *même* :

(1) *le même jour*

(2) *le jour même*

(3) *même le jour*

(1) *Même* 1 : Dans le premier cas, *même* est adjectif dans un syntagme nominal, **pré**déterminant, utilisé après l'article défini ou le pronom démonstratif. Martin (1975, 229) parle dans ce cas de « *même* comparatif » qui exprime « l'idée d'identité ». Ceci correspond à ce que disent le TLFI (2009, *même*), qui parle d'un « morphème de la comparaison par identification », et Anscombre (1973, 41) qui le nomme « même spécifiant ». Ceci n'est pas le *même* qui nous intéresse ici.

(2) *Même* 2 : Dans le deuxième cas, *même* est adjectif dans un syntagme nominal, **post**déterminant, utilisé après un substantif ou un pronom. Martin le nomme « même restrictif » parce que

> ce qui est dit n'est vrai que si le substantif est pris dans son sens le plus restreint […] *Même* 2 circonscrit de façon étroite le sens du substantif ; il l'enferme dans ses limites propres, élimine toute contiguïté possible de signification […]. (Martin : 1975, 229)

Le TLFI (2009, *même*) parle dans ce cas d'un « rapport d'ipséité » et distingue deux utilisations :

> A. « Marque que l'être évoqué est spécifiquement en cause, à l'exclusion de tout autre »

Même se trouve ici soit après un pronom personnel (*lui-même*, *elle-même*, etc.), soit comme épithète après un nom, très souvent dans des énoncés de type argumentatif. Le TLFI donne *précisément* comme synonyme ; dans les exemples qu'il mentionne, *même* souligne soit ce qui est décisif, soit ce qui est paradoxal.[5] Grevisse ([13]1993, 952) parle de « valeur d'insistance (*cf.* lat. *ipse*) », Anscombre (1973, 41) de « même d'exclusion ».

> B. « Renchérit sur ce qui vient d'être dit (équivalent de l'emploi adv. […]) »

La position de ce *même* 2B est la même que celle de *même* 2A. Si ce *même* est à considérer comme adjectif ou comme adverbe (et donc s'il faut p. ex. l'accord ou pas), n'est pas toujours facile à décider : « Lorsque *même* a cette valeur renchérissante, il y a possibilité

---

[4] Les travaux sur *même* (p.ex. Anscombre : 1973 ; Culioli : 2002 ; Forsgren : 1993 ; Garrido : 1993 ; Martin : 1975 ; Mehdaoui : 2002) se basent sur des exemples construits ; une exception est Chu (1993) qui travaille avec un corpus écrit.

[5] « [Souligne ce qui est décisif.] Un défaut tenant au cadre même du livre (FLAUB., Corresp., 1872, p. 422). Et il ferma la bouche de Bourdoncle, au nom des intérêts mêmes de la maison (ZOLA, Bonh. dames, 1883, p. 730) […]. [Souligne ce qui est paradoxal.] Chercher un secours dans la source même du mal (BAUDEL., Paradis artif., 1860, p. 439). Les producteurs viticoles, ruinés par l'abondance même du produit (JAURES, Ét. soc., 1901, p. 10) » (TLFI 2009, *même*).

d'hésitation sur son statut d'adj. ou d'adv., et donc sur la présence de la marque de nombre » (TLFI 2009, *même*).
(3) *Même* 3 : Dans le troisième cas, *même* est adverbe en dehors du syntagme nominal, sa position est flexible, *cf. Même Pierre est revenu. – Il est même revenu. – Et même, il est revenu.* Grevisse (⁸1964, 396) remarque :

> *Même* est adverbe et invariable quand il marque l'extension : il [...] indique la gradation, soit entre des termes semblables d'une proposition, soit entre deux propositions ; parfois le terme extrême de cette gradation est seul exprimé [...].

Martin et les dictionnaires parlent ici de « même renchérissant » ou « argumentatif ». Sur quoi *même* porte est souvent difficile à décider.

Ce sont ces deux derniers emplois, donc *a priori* non-adjectivaux, qui m'intéresseront dans le cadre de cette étude. Dans les travaux sur *même*, on trouve diverses désignations pour ce *même* non-adjectival, selon l'approche de l'auteur – ainsi p. ex. « adverbial contextuel », « particule de portée », « adverbe de gradation » ou « connecteur de co-orientation ». Dans le prochain paragraphe, je donnerai un bref aperçu de ces travaux.

2.2. *Même* non-adjectival

Pour décrire la fonction de *même*, Nølke (1983, 18) introduit le terme *adverbial contextuel*.[6] Celui-ci serait « le véhicule par excellence du regard du locuteur » (Nølke : 1993, 13) et se distinguerait d'autres adverbes par sa fonction sémantique, en liant la phrase avec des éléments extérieurs qui ne changeraient rien dans sa dénotation. Sa fonction serait donc purement pragmatique, il donnerait des « indications[7] pour *l'emploi* de la phrase » (1993, 13 ; c'est lui qui souligne).

Blumenthal (1990, 43), de son côté, distingue entre « adverbes internes » et « adverbes externes à la proposition », il constate donc « deux classes à part » (1990, 49) qu'il appelle – en s'appuyant sur Nølke (1983) – *paradigmatisants* et *énonciatifs*.[8] Il définit les *adverbes paradigmatisants* comme suit :

> Ils présupposent une affirmation analogue à la proposition dans laquelle ils se trouvent, mais avec permutation 'paradigmatique' d'un élément. (Blumenthal : 1990, 49)

Parmi eux se trouvent par exemple *aussi*, *même* et *surtout*. Dans une phrase comme *Même Pierre est venu*, *même* présupposerait qu'au moins une autre personne que Pierre serait venue :

---

6   Il justifie le choix de ce terme (au lieux du terme *adverbe contextuel*) comme suit (Nølke : 1983, 15 ; c'est lui qui souligne) : « On est néanmoins, en gros, d'accord pour faire une distinction entre les adverbes de phrase et les adverbes verbaux (ou de constituant). Cette distinction concerne plutôt les types de compléments, et dans la tradition anglaise, on parle, en fait, souvent de 'adsentences' et 'adverbials'. Je parlerai par conséquent dans tout ce qui suit de *adverbiaux de phrase* et *adverbiaux verbaux*. »

7   Anscombre / Ducrot (1988) utilisent, de leur côté, le terme d'*instructions* (*cf.* ci-dessus), tout comme Garrido (1993, 252) : « La signification de 'même' contient l'instruction de chercher ou d'introduire dans le modèle du texte tel ou tel type d'information qui justifierait l'expectative ; en même temps, cette expectative est contredite. C'est dans ce sens que l'on peut dire que la signification de 'même' porte sur une information contextuelle, c'est-à-dire pragmatique, qui est gérée par le jeu entre expectative et refus de l'expectative qui constitue la signification de 'même' ».

8   Malheureusement, il ne définit pas ce qu'il entend par *adverbes énonciatifs*. Ceux-ci semblent pourtant corréler avec ce que l'on trouve dans d'autres travaux sous le nom d'*adverbes d'énonciation* ou *speech act adverbs* qui expriment « la 'manière de dire' [...], qui sont liés au locuteur et ne modifient pas la phrase, mais une proposition superordonnée implicite » (Naegeli-Frutschi : 1987, 3).

> Cet adverbe établit une relation d'équivalence entre deux arguments appartenant au même paradigme. Relation dans laquelle *même* (*Même Pierre est venu*.) introduit une valorisation de l'argument asserté, sur lequel porte, en plus de la relation avec le paradigme, une relation oppositive avec l'attente du locuteur : la venue de Pierre était plutôt inattendue. L'adverbe *même* est donc doublement relationnel. (Blumenthal : 1990, 49)

C'est dans les travaux d'Anscombre (entre autres 1973), Ducrot (1980a ; b), Ducrot *et al.* (1980) et d'Anscombre / Ducrot (entre autres 1988) que le rôle de *même* dans l'argumentation est le plus profondément étudié. D'après Ducrot (1980a, 12), le locuteur l'utilise dans une phrase comme *Même Pierre est venu* en tant que « variable argumentative » :

> il utilise cette venue pour justifier une certaine conclusion, laissant entendre que cette venue vient encore plus à l'appui de cette conclusion que ne l'aurait fait la venue de telle ou telle autre personne.

Il donne donc une instruction pour l'interprétation de son énoncé. La présupposition ou l'implicature conversationnelle serait que l'arrivée de Pierre est plus significative que l'arrivée de tout autre personne. *Même* est dans ce cas marqueur de ce que Ducrot (entre autres 1980b) appelle une « échelle argumentative ».

Même fonctionne comme « connecteur de co-orientation » (Bassano : 1991, 153), il lie « deux énoncés orientés vers une conclusion commune, ou identique ».[9] Le locuteur invoque

> explicitement ou implicitement […] un certain nombre d'arguments dont l'un, qu'il met en relief à l'aide de *même*, lui paraît avoir plus de force que les autres […]. (Anscombre / Ducrot 1971, cité d'après Anscombre / Ducrot : 1988, 58).

La présupposition change selon la portée de *même* (*cf. Même Pierre aime les haricots* et *Pierre aime même les haricots*). Pourtant, décider sur quoi *même* porte, on l'a déjà dit, n'est pas toujours aisé.

Tandis que les études mentionnées ci-dessus mettent en avant la présupposition engendrée par *même* et analysent la valeur pragmatique qui en découle, d'autres sont centrées sur sa fonction en tant qu'« adverbe de gradation », « particule de portée » ou « particule de focalisation ».[10] Ainsi, Grevisse (^{8}1964) met en avant le rôle de *même* comme adverbe de gradation (qui est directement lié à sa fonction dans des contextes argumentatifs) :

> *Même* est **adverbe** et invariable quand il marque *l'extension* : il signifie alors « aussi, de plus, jusqu'à » (lat. *etiam*) et indique la gradation, soit entre des termes semblables d'une proposition, soit entre deux propositions ; parfois le terme extrême de cette gradation est seul exprimé. (Grevisse : ^{8}1964, 396 ; c'est lui qui souligne)

Benazzo (2000, 28), dans son étude sur *même* en tant que particule additive et scalaire, situe ses analyses à l'interface entre syntaxe, sémantique et pragmatique :

> […] la présupposition engendrée par la particule change en fonction du constituant dans sa portée ; la détermination exacte de ce constituant ressort du contexte mais elle est également soumise à des contraintes syntaxiques plus ou moins fortes.

---

9   Cet effet de co-orientation est aussi souligné par Culioli (2002, 20) qui parle d'un « ajout co-orienté » introduit par *même*.

10 Les particules de focalisation « servent à mettre en relief un élément de l'énoncé situé dans leur base d'incidence » (Fernandez Bravo : 2000, 320).

Morel voit un effet de concessivité lorsque l'on utilise *même* pour souligner la valeur universelle d'un fait / d'un argument :

> Sous l'extrême variété de ses emplois, *même* ne peut pas être dissocié de l'étude de la *concession*. […] En effet, si la fonction primordiale de *même* est bien d'introduire une généralisation, de quelque nature qu'elle soit, dans la proposition où il se trouve inséré, il a également toujours pour effet de focaliser l'attention sur un élément extrême (actant, circonstant ou qualification) qui devrait normalement être associé à la négation de la proposition. (Morel : 1980, 590, cité d'après Mehdaoui : 2002, 120 ; c'est lui qui souligne)

En résumé, l'on peut dire que *même* porte, dans une fonction argumentative, sur des informations contextuelles, pragmatiques. Il a « la fonction d'indiquer la façon dont ces informations doivent être intégrées dans les connaissances de l'auditeur » (Garrido : 1993, 249) : il met en relief ce qui est à considérer comme l'élément le plus significatif dans une argumentation. C'est pour cela que j'aimerais parler de *même* comme *particule de mise en relief* dans ce cas-là.

Tous les travaux sur *même*, je l'ai déjà mentionné, s'appuient sur des exemples construits ou, dans un cas, tirés de textes écrits ; il n'existe pas d'étude sur l'emploi de *même* qui travaillerait avec un corpus d'interactions authentiques. Ceci est une des raisons pour lesquelles ses autres fonctions, notamment son rôle de particule modale, n'ont pas encore été décrites. La deuxième raison est que ces fonctions n'apparaissent probablement (faute d'études, je formulerais cela d'une manière prudente) que dans des variétés non-hexagonales du français.

Avant de procéder aux analyses, j'aimerais présenter le traitement de *même* dans les inventaires des particularités lexicales du français en Afrique.

3. *Même* dans les inventaires des particularités lexicales du français en Afrique

Dans l'inventaire de Prignitz (1996, vol. 2, *même*), nous trouvons l'entrée suivante :

> même : adverbe ou particule intensive.
> Pour moi c'est du bluff tout ça. Consensus ? C'est où même ?

Prignitz ne précise pas si elle intègre *même* dans son inventaire à cause de son positionnement syntaxique en tant que particule intensive à la fin d'une phrase interrogative ou pour des raisons de fréquence. Lafage (1985-1986, *même*), dans son *Inventaire des particularités lexicales du Français en Haute-Volta*, est plus explicite :

> même, adv.
> Employé comme renforcement expressif ou, parfois, sans signification particulière. Usuel, connot. fam. ou plaisante chez les lettrés
> 1 – bien même
> Bien sûr, évidemment, oui. « *Tu crois que les prix, ça va monter encore ?* » – « *Bien même !* » (convers. Bobo.).
> 2 – c'est qui même
> Qui est-ce ? « *Ton tailleur, c'est qui même ?* » (convers. Ouaga.)
> 3 – c'est quoi même
> Qu'est-ce que c'est ? « *Son travail, c'est quoi même ?* » (convers. Koudougou)

4 – même pas
Non. « *Tu viens au cinéma avec nous ?* » – « *même pas !* » (convers. Bobo.)
5 – trop même
Beaucoup. « *Tu aimes ma sauce ?* » – « *Trop même !* » (convers. Ouaga.)

En regardant les exemples, l'on constate que *même* est ici utilisé dans des expressions figées, récurrentes dans leur forme. Ceci est confirmé par les entrées de *même* dans des inventaires pour d'autres pays africains où l'on trouve quasi les mêmes types d'expression (*trop même, quoi même,* etc.).[11] *Même* se trouve dans les exemples (à l'exception de 4, avec négation) derrière un pronom ou un adverbe, comme on l'a déjà vu dans l'inventaire de Prignitz. *Qui même* et *c'est quoi même*, qui ont une place à part dans l'inventaire pour la Côte d'Ivoire (Lafage : 2002), y sont désignés comme « pronom interrogatif » et « locution interrogative ».[12] Tandis que Lafage le paraphrase par « qu'est-ce que c'est », Janin (2004, 157) propose « qu'est-ce qu'il y a ? ». *Même* semble donc, dans ce cas-là, avoir perdu sa fonction enchérissante, son contenu sémantique, le syntagme figé *c'est quoi même* semble être devenu une routine conversationnelle. Je dis bien *semble*, car pour une analyse approfondie il manque dans les exemples des inventaires a) le contexte dans lequel l'énoncé est prononcé et b) ses caractéristiques prosodiques.

Un exemple de *quoi même* se trouve dans mon corpus. Le contexte est comme suit : un homme (VM) et son épouse (VF) se disputent à propos du repas qu'elle a préparé et qu'il refuse de manger, ce qui énerve cette dernière :[13]

---

11 *Cf.* p.ex. pour la Centrafrique : « Le Secrétariat Général des Postes a été vidé. Alors, comme dirait l'autre, c'est quoi même ? » (*Base de données lexicographiques panfrancophone*, ici : [http://www.bdlp.org/vedette.asp?base=bdlp_centrafrique&no=518724&rubrique=], 27 juillet 2009).

12 « qui même, pr. interr. V. MEME*. C'est qui même qui a dit ça ? (Etudiante, Abidjan, 1986). », « quoi, (c'est --- même ?), loc. interr. V. CEST QUOI MEME ?* […] à cause de l'Ecole tu veux te tuer ? L'Ecole c'est quoi même ? […]. Konaté, 1987 : 46. » (Lafage 2002, *qui même, quoi même*). *Cf.* aussi l'écrivain Yves Pinguilly dans une interview : « Impossible de faire un personnage d'Abidjan dire : *Mais qu'est-ce que cela ?* Dans n'importe quel quartier de la ville (sauf à la Riviéra peut-être ?), on dira : *C'est quoi même ça ?* Moi, en utilisant : *C'est quoi même ça ?*, je fais simplement un effet de réel […] » (Ceysson : 2005, sans page).

13 Les interactions ont été transcrites selon les conventions suivantes :
Sigles	AN = animateur, AH = un auditeur mâle, AF = une auditrice ; IH et IF = des invités
(-) (--) (---)	pause inférieure à une seconde (très courte, moyennement courte, courte)
VEUX	segment accentué
: :: :::	allongement d'un son, selon la durée
là=même	enchaînement rapide de deux mots
l'ess/	auto-rupture
? . -	intonation montante / descendante / suspendue
, ;	intonation légèrement montante / descendante
↑	intonation initiale élevée
<<VITE>xx>	commentaire valable pour xx
pay[er [il y a pas	chevauchement
(xxx)	passage incompréhensible ; le nombre de *x* marque le nombre approximatif de syllabes incompréhensibles
(?y a d'autres)	transcription incertaine

(1) VM[14]   je vais te dire (--) ça là c'est pas? de sauce (-) je je je veux PAS (-) je veux
         PAS manger ça/(-) je veux [pas
    VF   [écoute (-) tu vas manger le repas-là (-) VOILA (-)
         c'est QUOI? **même**

C'est quoi même, avec accentuation et intonation montante sur *quoi*, exprime ici bien plus qu'une locution interrogative 'neutre' : la locutrice montre son énervement vis-à-vis du refus de son mari, en formulant d'abord une phrase impérative et en ajoutant ensuite une phrase interrogative que l'on pourrait paraphraser par « mais qu'est-ce que ça veut dire ? ». *Même* renforce l'exclamation *c'est quoi* et n'a pas perdu sa fonction enchérissante ici.

Quant à *trop même* au Togo, Lafage (1985, 275) formule l'hypothèse que son emploi serait dû à la confusion des deux fonctions du mot éwé *Nútó* qui est particule adnominale d'insistance et adverbe de quantité. Cette explication me semble peu probable, vu que l'expression est utilisée dans bien d'autres pays avec d'autres langues substrat. En tout cas, *trop même* exprime une idée d'exagération, le *même* fonctionnant comme intensificateur, quelquefois derrière un adjectif :

> Il se pourrait que des marques morpho-syntaxiques particulières au français régional jouent un rôle d'« intensificateur » pour transformer l'énoncé déclaratif en exclamation. […] « C'est vraiment bon » / *« C'est trop bon même !! » (c'est exquis !!). C'est généralement « trop », emphatisé en « trop même », qui joue ce rôle d'intensificateur. (Lafage : 1985, 374)

L'on pourrait dire que *trop même* est une forme elliptique qui implique une gradation ; en français hexagonal, on ne le trouve que dans des énoncés où il marque une gradation dont la première partie est généralement explicitement formulée. Métrich / Faucher / Courdier (2002, 157) parlent dans ce cas d'une « adjonction » :

> Il s'y connaissait en bagnoles, très bien même.
> Et ça ne me plaisait qu'à moitié. Qu'au quart, même.

Ni *trop même*, ni *même pas* dans le sens de « non », ni *qui même* se trouvent dans mon corpus ; *quoi même*, comme je l'ai déjà dit, n'apparaît qu'une seule fois. Ceci s'explique probablement par le fait que, dans mes données, l'on a – avec des exceptions – affaire à des locuteurs lettrés,[15] tandis que, même si Lafage ne l'exprime que de façon négative (« connotation familière ou plaisante chez les lettrés »), les exemples qu'elle donne s'entendent plutôt chez des non-lettrés. Je dis *probablement* parce que l'exemple de l'étudiante qui utilise *qui même* et le constat de Pinguilly à propos de *quoi même* (*cf.* note de bas de page 12) contredisent cette hypothèse. Pour être sûr qu'il existe une corrélation entre l'utilisation de ces formes et le niveau de compétence des locuteurs, il faudrait plus de données, une connaissance exacte du profil sociolinguistique des locuteurs et une approche quantitative.

Mais la fréquence élevée de *même* dans les variétés africaines du français ne se borne pas à son emploi dans les cas que Lafage cite dans l'inventaire pour le Burkina Faso.

---

14 Il s'agit d'un extrait de la bande d'annonce d'une des émissions ; VH = voix masculine, VF = voix féminine.
15 Faute d'informations sociodémographiques sur les locuteurs, je fais des hypothèses concernant leur niveau de compétence à partir de l'ensemble des traits phonétiques et morphosyntaxiques de leurs énoncés, me rendant bien compte que cela peut être problématique, car les locuteurs peuvent avoir un répertoire qui s'étend sur plusieurs registres.

Dans celui pour la Côte d'Ivoire, elle distingue son utilisation derrière un pronom ou un autre adverbe et son emploi comme « renforcement expressif » en général :

> **même,** *adv. fréq., oral, écrit, tous milieux.*[16]
> 1- Adv. de renforcement expressif, d'emploi extrêmement fréq. surtout dans le méso [sic] ou le basilecte. Il suit toujours le mot à mettre en relief. *Zéro franc même, je ne vous paierai pas !* […]. *J'ai alors commencé à trembler, fort, très fort même.*[17] […] *Hé cousin ! A chez nous* village, c'est trop chaud* même ! On a dansé, on a rigolé, on a bouffé jusqu'àààààà*, on peut plus même !* […]. *Vous êtes pour qui même dans tout ça ?* […] *farce savante et triviale, farce oseille et miel, farce de Bidjan-là-même* […].
> SYN. : dè*.[18] […] (Lafage : 2002, *même*)

Mes données confirment que cet emploi de *même* comme renforcement expressif ne se trouve pas exclusivement dans le méso- ou le basilecte, mais dans « tous milieux ». L'exemple suivant démontre son utilisation par un locuteur lettré qui est professeur à l'université de Ouagadougou :

(2) AH8 effectivement il s'agit d'une blessure MENtale **MÊme**;
 AN hay?a.
 AH8 cousue? **MÊme** par la recherche (-) OBstinée et SAdique (-) du gain facile;
 AN ouais.
 AH8 OUI (---) c'est : tout à fait une mentalité de prostitution: de paralléli:sme (--) à la culture africaine **MÊme**– (---) et **MÊme,** une imitation:? (-) aveuglée et CHAOtique

En tout, j'ai trouvé 114 occurrences de *même* non-adjectival dans mon corpus. Dans le paragraphe suivant, je montrerai quelles fonctions il peut remplir, quelle peut être sa valeur pragmatique. Je le décris d'abord comme particule de mise en relief qui peut être la même qu'en français hexagonal ; ensuite comme particule de mise en relief dans des énoncés qui me semblent caractéristiques pour la variété burkinabè (ou pour le français en Afrique ?) : d'abord comme particule de mise en relief répétée, puis dans des exemples où celle-ci apparaît en combinaison avec la particule *là* et ensuite dans des constructions avec négation. Le dernier paragraphe des analyses est consacré à *même* en tant que particule modale dans des constructions interrogatives.

J'utilise une approche qualitative et 'ascendante' qui vise à « caractériser le fonctionnement pragmatique d'une unité donnée, à travers ses emplois en contexte » (Chanet : 2004, 87).

---

16 Dans l'entrée pour la Centrafrique dans la *Base de données lexicographiques panfrancophone,* nous trouvons la mention « très fréquent » au Bénin, au Burkina Faso, en Côte d'Ivoire, au Niger, au Tchad et au Togo ; ceci pour l'oral et pour tous les milieux.

17 Ce deuxième exemple marque une gradation et ne se distingue pas de ce que pourrait dire un locuteur hexagonal.

18 *Dè,* emprunté au mandenkan, est aussi utilisé au Burkina Faso, comme « particule exclamative […], placée à la fin d'un énoncé pour en renforcer l'assertion » (Prignitz : 1996, vol. 2, *dè*). Voici un exemple de mon corpus où il est employé dans cette fonction : *bon on doit se pardonner mais sauf . sauf ça dè.* Masiuk (1986) décrit son utilisation comme particule de focalisation et comme particule énonciative en bambara de Bamako. Certaines fonctions de *dè* qu'elle décrit montrent des ressemblances avec les fonctions qu'a *même* dans mes données, mais de là à prétendre que *dè* serait un synonyme de *même* me semble trop simple quand on considère la polyfonctionnalité des particules et le besoin de décrire leur emploi selon le contexte.

4. Analyses

4.1. *Même* particule de mise en relief dans l'argumentation

L'emploi de *même* dans des contextes argumentatifs comme il est décrit dans les œuvres sur le français hexagonal se trouve aussi dans les énoncés des locuteurs burkinabè. Dans l'exemple (3), le locuteur IH3 plaide pour un traitement offensif du sujet 'sexualité' vis-à-vis des enfants ; il liste ses arguments dont il marque le plus fort avec *même*, ainsi que le locuteur AH2 dans l'exemple (4). La nature des arguments les plus forts se distingue légèrement, ce qui explique les différentes positions de *même* dans les deux énoncés :

(3) IH3 bon il faudrait bien sûr? (-) que les enfan:ts sachent ce que c'est, (---) l'ensemble du corps? toutes les parties du corps? eh:: généralement **MÊme** le sexe il faut en parler;

(4) AH2 maintenant vous savez que (-) avec l'influence des médias? (---) ne pas parler de ça à l'enfant ça veut dire que: l'interdire de regarder la télé: écouter la radio bien sortir **MÊ,me** (--) alors (?que) c'est pas possible

Dans (3), la valeur concessive domine et « seul l'élément discordant *à priori* exclu est explicité dans le groupe *même x* » (Morel : 1996, 31 ; c'est elle qui souligne) ; *même* se trouve devant l'élément sur lequel il porte. Dans (4), l'effet de gradation, la focalisation sur l'élément extrême d'une classe déjà évoquée par les noms qui le précèdent, est plus fort ; ici, nous constatons la postposition de *même*.

Tandis que cet emploi de *même* comme particule de mise en relief n'a rien de particulièrement burkinabè, la répétition de *même* dans un énoncé argumentatif me semble un trait spécifique de cette variété non-hexagonale du français.

4.2. *Même* particule de mise en relief répétée

La répétition de la particule *même* apparaît surtout dans des passages où les locuteurs 's'échauffent' sur un sujet. La distribution syntaxique de ce *même* répété est variable, le point important est qu'il apparaît plusieurs fois dans l'énoncé.
Dans (5), IF s'indigne sur l'homosexualité :

(5) IF je disais au début par rapport aux (-) aux animaux; (-) **MÊme** les animaux **même** sa:vent que non, (---) MÂle et MÂle ne vont pas ensemble

MÊme les animaux même est prononcé d'un seul trait, sans pause, sans hésitation ; il forme une unité mélodique, il ne s'agit pas d'un faux démarrage. En répétant la particule *même*, la locutrice ne marque pas seulement son argument ; elle donne une instruction claire à son interlocuteur de comprendre ce qu'elle formule comme l'expression profonde de son agacement et de son dégoût.

Les exemples (6) et (7) montrent les mêmes caractéristiques prosodiques. Dans (6), le locuteur exprime son indignation à propos d'une émission à la télé dans laquelle on avait montré la fête de mariage de deux hommes. Dans (7), la locutrice souligne son refus du style vestimentaire des jeunes filles à Ouagadougou en employant trois fois la particule *même* :

(6) IH j'aurais préféré=**même** que le cable=**même** n'existe pas en afrique ↑ici? (---) ↑hein?

(7)   AH7   mais ici-là nous on s'habille trè:s MAL. et puis, (-) quand tu t'habilles=**même** c'est **MÊ**me pas joli **même** à voir

Par l'utilisation répétée de *même*, les locuteurs soulignent leur refus, leur indignation. La particule met ainsi en relief le contenu global de l'énoncé. Ce n'est pas un hasard que la fréquence de *même* est très élevée « dans les parties où le locuteur semble entretenir un lien affectif à ce qu'il raconte » (Moseng Knutsen : 2002, 558, à propos de *là*) : ceci montre que la prise de position du locuteur est en cause.

4.3. -là même
Dans bien des cas, *même* suit à un *là*. Voici trois exemples pour illustrer ce phénomène :

(8)   AH8   si c'était moi? (---) euh (-) je demanderais à la: à la femme=**là**=**même** de ramasser ses bagages avant de (xxx) ça

(9)   AF2   elle part acheter des des minis ou quoi=**là**=**même** (?pour) les donner à sa fille

(10) IF   si c'était vous=**là**=**même**; quand vous faites=**là**=**même** (x) ↑c'est pas qu'on demande pas pardon

Nous voyons ici que *même* peut être attaché – de par la prosodie, je dirais même agglutiné – à un *là* postposé à un constituant nominal (*femme là*) ou pronominal (*quoi là, vous là*) ou à un *là* anaphorique (dans la construction *faites là*, *là* réfère à l'acte de trahison autour duquel la discussion tourne et qui est présupposé à ce moment de la conversation). *Là* ne porte pourtant pas sur l'élément antéposé, mais sur l'unité syntagmatique précédente ; *cf.* Moseng Knutsen / Ploog (2005, 476) :

> LA peut marquer des propositions entières enchâssées, relatives ou 'circonstantielles'. [...] LA peut en réalité marquer tous types de syntagmes, à l'exclusion des noyaux verbaux indépendants. Ces observations nous conduisent à poser pour ce LA en position de clôture le statut d'un marqueur de syntagme, plus que celui d'un déterminant (nominal).

Les travaux sur la fonction discursive de *là* dans différentes variétés du français sont abondants et mériteraient d'être pris en considération ici ; faute d'espace, je me limiterai à constater que, dû entre autres à la polyvalence structurelle et référentielle de *là*, celui-ci « has become [...] a kind of *favorite form* for structuring » (Ploog : 2008, 267 ; c'est elle qui souligne).

Que ce *là* soit souvent combiné avec d'autres particules, a déjà été constaté, pour le français hexagonal comme pour d'autres variétés :

> En plus, il n'est pas rare de trouver *là* en combinaison avec d'autres marqueurs discursifs qui influent d'une manière ou d'une autre sur sa valeur. (Große : 2006, 130)

La combinaison avec *même* me semble pourtant spécifique pour le français burkinabè (ou les variétés francophones en Afrique ?). La question est de savoir de quelle manière *même* influe sur la valeur de *là*. Ploog (2008, 262) suppose que

> [p]reserving the general feature of actualization, LA developed the tendency to mark phrases (even whole clauses) with thematic character, within a complex argumentation.

Avec *là*, le locuteur ponctue son argumentation, il l'utilise comme appui à son mouvement argumentatif. En le combinant avec *même*, il donne l'instruction à son interlocuteur que ce qu'il est en train de développer est à comprendre comme un discours argumentatif. Il ne s'agit pas ici de marquer l'argument le plus fort, mais d'une modalisation de l'énoncé.

Cet emploi généralisant de *même* comme marqueur argumentatif se montre aussi dans les énoncés négatifs.

4.4. *Même* dans des constructions avec négation

Les occurrences de *même* dans des énoncés négatifs (en tout 31 exemples sur 114) se trouvent souvent dans des constructions syntaxiques spécifiques qui de par leur récurrence ont un caractère de formule figée. Les constructions typiques sont :

a) présentatif *c'est* (avec ou sans particule de négation *n'*) + *même* + particule de négation *pas* + adjectif / adverbe / participe qualificatif ou substantif :[19]

(11) AH8 parce que; (.) c'est c'est (.) ce n'est **même**? pas possible;

(12) AF2 disons je me dis que c'est **MÊme** pas nécessaire de se marier;

L'expression du subjectif et donc de l'attitude du locuteur vis-à-vis d'une situation / d'un fait se montre déjà par l'emploi du présentatif *c'est* / *ce n'est* + élément avec fonction caractérisante (*cf.* Schiller : 1992, 80). Cette construction est souvent accompagnée par d'autres moyens qui expriment l'attitude du locuteur, par exemple des particules ou adverbes modaux comme *proprement* (« C'est proprement méridional », Schiller : 1992, 81). Dans nos exemples, *même* joue le rôle de particule modale épistémique. La modalité peut déjà être exprimée par l'utilisation d'un verbe modal comme *falloir* (b) ou *devoir* / *pouvoir* (c) :

b) verbe impersonnel *il faut* + *même* + particule de négation *pas* + (syntagme introduit par) infinitif / syntagme introduit par la conjonction *que* :

(13) AH16 moi je crois que: (.) ce qu'il faut dire là; [(.) faut **MÊme** pas que ça là ça va
     AN   [hmhm?
                venir
     AN   faut **MÊme** pas que ça arrive–

c) forme impersonnelle (3ᵉ ou 2ᵉ pers. sing.) des verbes modaux *devoir* ou *pouvoir* (avec ou sans particule de négation *ne*) + *même* + particule de négation *pas* + (syntagme introduit par) infinitif :

(14) AH10 donc tu gardes ça pou/pour toi, tu ne dois pas faire [(xxx)
     AN   [tu ne dois pas parler;
     AH10 tu ne dois **MÊme** pas parler de ça;

Comme le montrent les exemples (13) et (14), ces constructions négatives avec *même* peuvent se trouver dans des reformulations, soit des auto-reformulations (14), soit des hétéro-reformulations (13). Dans les hétéro-reformulations, *même* peut être ajouté (13) ou supprimé (15) par l'interlocuteur :

(15) AH8 pour MOI ce n'est **MÊme** pas une preuve d'amour.
     AN   c'est PAS une preuve d'amour;

A part sa fonction d'exprimer l'attitude du locuteur, *même* me semble ici, comme je l'ai déjà dit à propos de ses occurrences en combinaison avec la particule *là*, donner l'information à l'interlocuteur que le locuteur est en train d'argumenter. Ceci confirmerait les hypothèses de Bassano (1991, 178) pour lequel la forme négative *même pas* possède ce qu'il appelle un « statut argumentatif privilégié ». Dans son étude psycholinguis-

---

19 L'exemple (7), que j'ai analysé sous un autre aspect, fait aussi partie de cette catégorie.

tique sur le développement de la compétence argumentative, il constate que la forme négative du connecteur argumentatif facilite la reconnaissance d'une orientation argumentative chez les locuteurs. Il rapproche ces phénomènes à des effets de « polarité négative » et émet l'hypothèse suivante :

> Dans de tels emplois, la particule 'même' est employée, non pas pour co-orienter deux arguments, mais plutôt pour insister sur un argument unique donné comme décisif. Ainsi, tandis que 'même' dans sa forme affirmative semble avoir comme unique fonction argumentative celle de stricte co-orientation des arguments, la forme négative 'même pas' pourrait bien assurer, outre ce rôle de co-orientation, une autre fonction argumentative plus simple, et originale : une fonction d'insistance sur le rejet du constituant nié, rejet qui prend de la sorte le statut d'un argument 'absolu'. (Bassano : 1991, 179)

C'est bien de cela qu'il s'agit dans mes exemples : marquer qu'il y a argumentation et insister sur le rejet du constituant nié qui est présenté comme absolument à rejeter, impensable, hors de toute question. Je rapprocherai cette fonction de *même* dans la phrase négative à ce que dit Prignitz (1995, 142) à propos du « jeu syntaxique de l'enchaînement des mots ponctuant le raisonnement » : celui-ci « constitue une rhétorique de l'exclamation, soulignée par l'emploi de mots intensifs ».

4.5. *Même* particule modale dans des constructions interrogatives

Même en tant que particule modale dans des constructions interrogatives peut avoir plusieurs fonctions. Il peut d'abord

> présente[r] le contenu de l'énoncé comme fondamental, universel, […] envisagé dans l'absolu, indépendamment de ses tenants et aboutissants. (Métrich / Faucher / Courdier : 2002, 215)[20]

Voici deux exemples :

(16) IH   bon moi j'ai/moi j'aimerais **même** d'abord me poser la question EST-ce que c'est nécessaire **même** de se marier;

(17) AN   est-ce que les parents **même** PEUvent s'exprimer sur la sexualité– <<VITE> est-ce que>(-) ils arrivent facilement à s'exprimer sur [la sexualité...
      IH   [bon moi je dirais oui

Dans (16), le locuteur déclare qu'avant d'entamer une discussion sur les mariages pompeux (le thème de l'émission), il veut poser la question fondamentale de savoir s'il est *même* nécessaire – *au fait* on pourrait dire en français hexagonal – de se marier. Le (deuxième) *même* en tant que particule modale souligne la fondamentalité de la question. Cet effet est renforcé par l'introduction métacommunicative *j'aimerais même d'abord me poser la question*, dans laquelle le locuteur emploie un premier *même* comme particule de mise en relief et un *d'abord* comme particule modale.[21]

Dans (17), qui est comme (3) tiré d'une discussion autour de la question de savoir si les parents doivent parler de sexualité à leurs enfants, *même* renforce le verbe modal *pouvoir* : la question fondamentale qui se pose n'est pas de savoir s'ils **doivent**, mais d'abord s'ils **peuvent** (le locuteur met l'accent sur la première syllabe) parler de sexualité.

---

20   À propos de la particule *überhaupt*, un des équivalents de *même* en allemand.
21   Nous avons déjà rencontré ce *d'abord* dans l'exemple (16) où sa fonction modale est plus apparente. Ici, sa fonction temporelle et sa fonction modale se chevauchent.

Dans d'autres constructions interrogatives, *même* souligne le désir de savoir, le désir de comprendre de la part du locuteur. Celui-ci insiste sur la grande importance qu'il attache au fait de connaître une réponse à la question qu'il pose. Cette question véhicule toujours une incompréhension de fond du locuteur qui n'arrive pas du tout à y répondre. Elle peut véhiculer des nuances d'agacement, de regret, de reproche, de dédain ou de plusieurs de ces émotions à la fois. Le locuteur adresse la question soit à un interlocuteur, soit à lui-même. Dans (18), la discussion tourne autour de la question « avouer une trahison, est-ce une preuve d'amour ? ». Le locuteur IH déclare qu'il va « prendre un exemple sur sa personne » et construit une situation hypothétique :

(18) IH [...] j'entretiens une relation euh euh euh (-) intime avec une fille? (-) et qui (-) du jour au lendemain se lève euh et vient me dire écoute euh simporé euh vraiment j'ai j'ai gâté et (-) je te demande de de des excuses (---) (?mais) seulement je vais chercher à savoir (-) qu'est-ce qui **même** l'a poussée d'abord à:: (-) à à je veux dire à pratiquer (de) ce euh (-) cet ACte (XX)

IH formule son désir de comprendre d'une manière explicite en introduisant sa question avec les mots *je vais chercher à savoir*. L'incompréhension vis-à-vis de la trahison de sa copine, le désir (ou même le désespoir) d'en apprendre la raison 'fondamentale' est véhiculée par la particule modale *même* ; l'aspect fondamental est renforcé par l'emploi de la particule modale *d'abord*. *Même* transporte en plus une nuance de reproche, de critique. En français hexagonal, on utiliserait dans ce cas p. ex. une construction avec *mais* : « mais qu'est-ce qui l'a poussée... ? ».

Dans (19), la nuance critique est plus explicite parce que la locutrice la souligne avec une prosodie correspondante. Contrairement à l'exemple précédent, *même* n'exprime pas le désir de comprendre ici. IF exprime son indignation à propos de l'opinion de l'auditrice qui vient d'appeler et qui a déclaré qu'elle allait quitter son mari si celui-ci lui avouait une trahison :

(19) IF elle dit qu'elle plie bagages, [(-) <<VITE>↑elle veut **même** quel garçon;>[(-)
 AN [oui   [hm
 TOUS des/ (-) <<VITE> TOUS les hommes-là sont comme ça–>

L'indignation de la locutrice se montre donc d'abord par la prosodie : *elle veut même quel garçon* est formulée avec une vitesse accélérée, avec une intonation initiale élevée sur le pronom *elle* et une intonation légèrement descendante à la fin de la construction. Avec ce qui est syntaxiquement construit comme une question mais prosodiquement comme une déclaration indignée, IF renvoie à une donnée qu'elle juge évidente. Elle formule cette implicature ensuite explicitement : *tous les hommes sont comme ça*. La particule modale *même* souligne son agacement, son dédain vis-à-vis des propos de l'auditrice : ce que celle-ci souhaite n'est pas fondé, n'existe pas ; *cf.* l'ex. « Qu'est-ce que tu veux, au juste ? » (Métrich / Faucher / Courdier : 1999, 206), qui montre qu'en français hexagonal, on pourrait utiliser p. ex. une construction avec *au juste* ici.

5. Conclusion

L'on se rend compte que les fonctions de *même* en français burkinabè diffèrent dans certains points de celles en français hexagonal, ou mieux : qu'en français burkinabè, *même* semble encore plus polyfonctionnel qu'en français standard / hexagonal. Dans les deux variétés, il joue un rôle fondamental dans l'argumentation. Au-delà de son emploi comme marqueur de l'argument le plus fort dans une échelle argumentative, bien décrit pour le français standard, il remplit d'autres fonctions en français burkinabè.

Nous avons vu qu'il est utilisé comme particule modale pour souligner l'attitude du locuteur vis-à-vis de la proposition. Il peut entre autres marquer l'indignation, le reproche, l'insistance sur le rejet du constituant nié. En outre, il est devenu la forme favorisée pour marquer un discours argumentatif.

6. Références bibliographiques

Anscombre, J. C. (1973), « Même le roi en France est sage. Un essai de description sémantique », *Communications*, 20, 40-82.
Anscombre, J. C. / O. Ducrot (1988), *L'argumentation dans la langue*, Liège / Bruxelles.
Base de données lexicographiques panfrancophone, Université Laval. (http://www.bdlp.org/)
Bassano, D. (1991), « Opérateurs et connecteurs argumentatifs : une approche psycholinguistique », *Intellectica*, 11, 149-191.
Benazzo, S. (2000), *L'acquisition de particules de portée en français, anglais et allemand L2. Études longitudinales comparées*. Thèse Université Paris VIII / Freie Universität Berlin. (http://sandra.benazzo.googlepages.com/publications)
Blumenthal, P. (1990), « Classement des adverbes : Pas la Couleur, rien que la nuance ? », *Langue française*, 88/1, 41-50.
Ceysson, P. (2005), « 'Écrire, c'est tout !' Yves Pinguilly répond aux questions de Pierre Ceysson », *Lire écrire à l'école (Revue en ligne)*, 5 janvier 2005. (http://www.crdp.ac-grenoble.fr/lireetecrire/spip.php?article41)
Chanet, C. (2004), « Fréquence des marqueurs discursifs en français parlé : quelques problèmes de méthodologie », *Recherches sur le français parlé*, 18, 83-107.
Chu, C.-J. (1993), *Étude de l'antéposition et de la postposition du marqueur* même. Lille (Microfiche).
Culioli, A. (2002), « A propos de *même* », *Langue française*, 133/1, 16-27.
Ducrot, O. *et al.* (éds. 1980), *Les mots du discours*, Paris.
Ducrot, O. (1980a), « Analyse de textes et linguistique de l'énonciation », dans : Ducrot, O. *et al.* (éds.), 7-56.
Ducrot, O. (1980b), *Les échelles argumentatives*, Paris.
Fernandez Bravo, N. (2000), « La traduction des particules de discours et des particules de focalisation dans le sens allemand – français comme révélateur de l'interprétation textuelle », dans : Gréciano, G. (éd.), *Micro- et macrolexèmes et leur figement discursif. Études de linguistique comparée français / allemand. Actes du colloque international CNRS URA 1035 Langue – Discours – Cognition 6-7-8 décembre 1998, Saverne,* Louvain / Paris, 315-327.
Forsgren, M. (1993), « Connecteurs argumentatifs et prédication seconde : observations sur *même* concessif », dans : Hilty, G. (éd.), 237–246.
Garrido, J. (1993), « Connecteurs et opérateurs : *même* », dans : Hilty, G. (éd.), 249-258.
Grevisse, M. ([8]1964), *Le bon usage. Grammaire française*, Paris.
Grevisse, M. ([13]1993), *Le bon usage. Grammaire française*. Paris.

Große, S. (2006), « *Alors là...j'sais pas* – les emplois de *là* dans le français moderne », dans : Drescher, M. / B. Frank-Job (éds.), *Les marqueurs discursifs dans les langues romanes*, Francfort s. l. M. *et al.*, 121-140.

Hilty, G. (éd. 1993), *Actes du XXe Congrès International de Linguistique et Philologie Romanes, Zürich 6–11 avril 1992*, 1, Tübingen.

Janin, S. (2004), *Burkina Faso*, Genève.

Klaeger, S. (2010), « *Il y a pas de problème* – Une expression et ses fonctions en français burkinabè », dans : Pöll, B. / E. Schafroth (éds.), *Normes et hybridation linguistiques en Francophonie. Actes de la section 6 du Congrès de l'Association des Francoromanistes Allemands, Augsbourg, 24-26 septembre 2008*, Paris, 67-79.

Lafage, S. (1985), *Français écrit et parlé en pays Ewé (Sud-Togo)*, Paris.

Lafage, S. (1985-1986), « Premier Inventaire des particularités lexicales du Français en Haute-Volta », *Le français en Afrique. Revue du Réseau des Observatoires du Français Contemporain en Afrique*, 6. (http://www.unice.fr/ILF-CNRS/ofcaf/6/inventaire.html)

Lafage, S. (2002), « Le lexique français de Côte d'Ivoire (Appropriation et créativité) », *Le français en Afrique. Revue du Réseau des Observatoires du Français Contemporain en Afrique*, 16+17. (http://www.unice-fr/ILF-CNRS/ofcaf/16/M.htm, 22.10.2007)

Manoliu-Manea, M. (1985), *Conventional implicature and cross language analysis of 'insinuating words'* : Fr. MÊME – Rom. CHAIR, Trier.

Martin, R. (1975), « Sur l'unité du mot *même* », *Travaux de linguistique et de littérature*, 13/1, 227-243.

Masiuk, N. (1986), « La particule de focalisation *dè* du bambara », *Mandenkan*, 11, 75-88.

Mehdaoui, M. (2002), *L'adverbe* même *en français contemporain : concession et / ou enchérissement*, Lille.

Métrich, R. / E. Faucher / G. Courdier (1999), *Les invariables difficiles. Dictionnaire allemand – français des particules, connecteurs, interjections et autres 'mots de la communication'*, 2 : bald – geradezu, Nancy.

Métrich, R. / E. Faucher / G. Courdier (2002), *Les invariables difficiles. Dictionnaire allemand – français des particules, connecteurs, interjections et autres 'mots de la communication'*, 4 : obendrein – zwar, Nancy.

Morel, M.-A. (1996), *La concession en français*, Gap.

Moseng Knutsen, A. (2002), « Le statut de *là* en français abidjanais », *Romansk Forum*, 16, 553-559. (http://www.duo.uio.no/roman/Art/Rf-16-02-2/fra/Knutsen.pdf)

Moseng Knutsen, A. / K. Ploog (2005), « La grammaticalisation de LA en français abidjanais », dans : Pusch, C.D. / J. Kabatek / W. Raible (éds.), *Romanistische Korpuslinguistik II. Korpora und diachrone Sprachwissenschaft*, Tübingen, 469-482.

Naegeli-Frutschi, U. H. (1987), *Les adverbes de phrase : leur définition et leur emploi en français contemporain*, Thèse de doctorat, Université de Zurich, Zurich.

Nølke, H. (1983), *Les adverbes paradigmatisants : Fonctions et analyse*, Copenhague.

Nølke, H. (1993), *Le regard du locuteur*, Paris.

Ploog, K. (2008), « Subversion of language structure in heterogeneous speech communities : the work of discourse and the part of contact », *Journal of language contact*, 2, 249-273.

Prignitz, G. (1995), « Exclamation et intensité en français écrit au Burkina Faso : liaison entre lexique et syntaxe », *Faits de langues*, 3/6, 131-142.

Prignitz, G. (1996), *Aspects lexicaux, morphosyntaxiques et stylistiques du français parlé au Burkina Faso (période 1980 - 1996)*, 2 vols., Lille.

Schiller, A. (1992), *Die* présentatifs *im heutigen Französisch. Eine funktionale Studie ihrer Vielfalt*, Frankfurt a. M. *et al.*

TLFI = *Trésor de la Langue Française informatisé*, 2009. (http://atilf.atilf.fr/)

Carole de Féral (Laboratoire BCL, Université Nice Sophia Antipolis, CNRS ; MSH de Nice, France)

Pourquoi on doit seulement speak comme les white ?[1] – Appropriation vernaculaire du français chez les jeunes au Cameroun

1. Introduction

Le Cameroun est le pays le plus multilingue de l'Afrique francophone, avec deux langues officielles, l'anglais et le français, qui se superposent à quelques 250 langues africaines,[2] dites *nationales*, et au *pidgin*, « pidgin élaboré » (« Extended Pidgin », Todd : 1974, 5), à base lexicale anglaise, qui est parlé dans les deux régions anglophones mais aussi dans une partie de la zone francophone, notamment à Douala, capitale économique du Cameroun, et à Yaoundé, capitale politique.

Le bilinguisme officiel du Cameroun est une des conséquences linguistiques d'une histoire coloniale complexe : colonie allemande de 1884 à 1916, une partie fut ensuite rattachée au Nigeria et administrée par la Grande-Bretagne et l'autre, par la France, jusqu'aux indépendances, en 1960. En 1961, un référendum permit la réunification d'une grande partie du Cameroun anglophone (une zone restera nigériane) avec le Cameroun francophone.

Le pidgin parlé au Cameroun peut être considéré comme une variété dialectale de ce que les linguistes anglophones ont appelé le *West African Pidgin English* (*cf.*, p. ex., Dwyer : 1966 ; Schneider : 1966 ; 1967 ; Holm : 1989) ou, plus simplement, le *West African Pidgin* (Holm : 1989). Il s'étend de la Sierra Leone à la Guinée Équatoriale et est composé de « many varieties [which] range from rudimentary pidgins to highly expanded, creole-like varieties » (Holm : 1989, 426). D'après certains auteurs (p. ex. Schneider : 1974, 22), on a tout lieu de penser que le pidgin-english, ou tout du moins une sorte d'anglais pidginisé, était utilisé dès le XVIIe siècle dans les échanges entre Européens et Africains du Golfe de Guinée. Mais c'est la multitude des langues africaines dans cette partie de l'Afrique qui rend compte de l'appropriation du pidgin-english par les Africains eux-mêmes pour leurs échanges interethniques : lorsque les Allemands arrivèrent au Cameroun en 1884, il y était si bien implanté que fut publié, en 1913, un manuel de *Neger Englisch* à l'intention des administrateurs (Mbassi-Manga : 1973). Le pidgin fut également langue d'évangélisation dans la région bamiléké au début du XXe siècle.

Étant donné l'absence d'une langue ethnique qui serait dominante dans les régions du sud et du fait que le pidgin est peu valorisé et socialement stigmatisé (*cf.* Féral : 2009, 126-134), le français assume, dans la partie francophone, une fonction véhiculaire de plus en plus importante en milieu urbain. Cette fonction véhiculaire se développe même

---

1 Intervention de 'Princesse Di' sur « Le blog du Prési ! », http://etounou.free.fr/?2007/02/22/13-le-camfranglais, 24 juin 2007.
2 Les chiffres varient entre 248 (Breton / Fohtung : 1991) et 279 (Gordon : 2005).

dans le nord, où le peul (*fulfulde*) possède pourtant une variété véhiculaire géographiquement étendue. En outre, chez de nombreux locuteurs et chez les jeunes en particulier, le français est l'objet d'une véritable appropriation vernaculaire, dont l'une des manifestations est le **francanglais**, 'parler jeune', qui met notamment à contribution certaines des langues en contact par le biais de l'emprunt. Le francanglais permet ainsi à ses locuteurs, qui sont, pour certains, capables de maîtriser un français très proche du modèle prescriptif hexagonal, de revendiquer la liberté de ne pas « speak comme les white » – pour reprendre les mots de cette internaute camerounaise cités dans le titre de ma contribution – et de poser, corollairement, une identité 'camerounaise', ce que ne peut faire aucune des langues ethniques.

Ce phénomène n'est pas sans rappeler ce qui se passe dans d'autres pays d'Afrique : p. ex., le **nouchi** de Côte d'Ivoire, qui injecte dans **le français populaire ivoirien** (qui comporte des structures plus éloignées du standard que le français au Cameroun) des emprunts à d'autres langues, en particulier le **dyula** (*cf.* p. ex. Lafage : 1992 ; 2002 ; N'Guessan : 1992 ; 2006), mais aussi le **sheng** de Nairobi (swahili avec des emprunts à l'anglais et à d'autres langues africaines en présence ; *cf.* p. ex. Ferrari : 2006). On peut observer aussi le même type de phénomène en France et ailleurs dans des communautés immigrées de seconde génération où, en l'absence de langues ancestrales partagées, la langue dominante assume non seulement une fonction véhiculaire mais aussi identitaire, grâce notamment à des emprunts aux autres langues en contact (*cf.* p. ex. Billiez : 1992 ; Goudaillier : 2001).

2. Dénominations

Si j'ai préféré, pour cette communication, contrairement à un usage établi depuis une vingtaine d'années, l'appellation *francanglais* à celle de *camfranglais*, traditionnellement utilisée par les linguistes (*cf.* p. ex. Echu : 2001 ; Essono : 1997 ; Féral : 2007 ; Mendo Ze :1992 ; Kießling : 2005 ;[3] Kießling / Mous : 2004 ; Queffélec : 2007 ; Schröder : 2007), dont moi-même jusqu'à ce jour, c'est que des enquêtes récentes (Féral : 2009 ; Feussi : 2006 ;[4] Harter : 2007) montrent que les jeunes locuteurs donnent la préférence à *francanglais* (qui est, en fait, une sorte de verlanisation de *camfranglais*), qu'ils ont tendance à utiliser spontanément même lorsque l'enquêteur emploie lui-même *camfranglais* (ce que l'on peut remarquer, p. ex., dans Schröder : 2003, 79-81). D'autres noms, moins répandus que *francanglais* et *camfranglais* sont aussi utilisés : *francam(anglais)*, *argot*, *français / langage des jeunes / à la mode* (Féral : 2009). À la fin des années 1970, c'est l'appellation *français makro* (*makro*[5] « voyou » en français du Cameroun), pour se référer à des pratiques similaires, qui était utilisée par les locuteurs eux-mêmes, sans connotation péjorative particulière, sans doute en référence au milieu dans lequel était née cette forme de français, adoptée ensuite par les élèves et étudiants de Douala et de Yaoundé.

---

3   L'auteur note cependant l'utilisation par les adolescents de l'appellation *francamglais* [sic].
4   C'est dans cet article qu'un chercheur reprend à son compte pour la première fois l'appellation *francanglais*.
5   Transcription phonétique puisqu'il s'agit d'un usage oral.

Le passage de l'appellation *français makro* à *camfranglais / francanglais* n'est pas, à mon avis, sans incidence sur les représentations que se font les locuteurs, et même certains linguistes, de ces pratiques. Outre la disparition de la référence explicite à un groupe social marginal et stigmatisé (les *makro*) au profit de l'affichage d'une identité nationale (*cam* « Cameroun »), est créée dans le signifiant même de la nouvelle dénomination une rupture avec le français et, corollairement, un nouveau signifié dans les représentations des différents acteurs : *français makro* se réfère à 'une sorte de français' alors que dans les mots-valises *camfranglais / francanglais* s'affiche un 'mélange' des deux langues les plus prestigieuses du Cameroun : l'anglais (*camfranglais / francanglais*) et le français (*camfranglais / francanglais*). On peut ainsi être tenté de penser que l'on a affaire à un nouveau système, à une nouvelle langue (langue 'hybride' : Ntsobé / Biloa / Echu : 2008, 15) ou à de l'alternance codique anglais-français qui exigerait des locuteurs qu'ils soient bilingues en français et en anglais, ce qui est loin d'être le cas pour la plupart des jeunes Camerounais francophones, qui ne pratiquent l'anglais qu'en contexte scolaire dans des classes pléthoriques.

3. Délimitation de l'objet de description

Alors que le **francanglais** est perçu comme une évidence pour les francophones camerounais (locuteurs ou non, linguistes ou non), du fait, notamment de sa nomination (le francanglais / camfranglais 'existe' puisqu'il a un nom) et de la stigmatisation de ses locuteurs ('les jeunes'), il est pourtant impossible de définir le francanglais si l'on se base, comme je vais le montrer, sur des critères exclusivement linguistiques. M'inspirant de la définition de la notion de *bande*, qui pose le même type de problème définitoire aux anthropologues (« il y a une bande lorsque les acteurs du groupe en question se définissent comme appartenant à une bande » ; Dubet : 1991, 9 cité d'après Lepoutre : 1997, 128), je proposerai ici également une définition minimaliste :[6] est *francanglais* ce qui est considéré comme tel par les Camerounais francophones.

Malgré son caractère minimaliste, cette définition nous donne trois informations essentielles :

1. l'étude linguistique ne peut faire l'économie de celle des représentations ;
2. le francanglais est un phénomène francophone ;
3. le francanglais est un phénomène camerounais.

En effet, pour parler francanglais, il faut savoir le français (que les jeunes se sont appropriés en contexte urbain – multilingue – et qu'ils parlent généralement avec beaucoup d'aisance) et avoir à sa disposition un stock lexical (plus ou moins important selon les locuteurs et les interactions) qui va permettre de catégoriser comme francanglais du discours en français.

---

6   Avec cette nuance que les acteurs de la communauté linguistique observée ne sont pas tous des locuteurs de francanglais. Il peut donc s'agir aussi bien d'hétéro-catégorisations que d'auto-catégorisations.

4. Un lexique spécifique ?

Puisque le francanglais est en partie composé de ressources lexicales qui marquent du discours français comme francanglais, il est essentiel d'avoir à sa disposition, dans un premier temps, un inventaire de ces ressources afin d'en connaître leur nature exacte (classes grammaticales, genre et, éventuellement, étymons) et de pouvoir faire des pourcentages qui indiquent, p. ex., pour les emprunts, quelle est la langue la plus prêteuse et quelle classe grammaticale est la plus concernée. J'ai donc créé, avec l'aide d'un ingénieur en informatique du laboratoire « Bases, Corpus et Langage », une plate-forme qui permet à des chercheurs de travailler à distance pour la saisie de ces items lexicaux en vue de l'élaboration d'une base de données lexicographique. Il s'agit de puiser dans différents corpus – qui n'ont pas été créés pour les besoins de la cause et qui sont généralement de type 'écologique' –, des énoncés qui comportent des termes catégorisés par mes collaborateurs camerounais[7] comme étant du francanglais. Le corpus ainsi établi pour la base de données est composé d'entretiens, de conversations 'spontanées' mais aussi de chansons, de bandes dessinées et de forums et blogs sur internet. Pour chaque item lexical saisi (et qui peut l'être, pour le moment, plusieurs fois étant donné que chaque occurrence trouvée dans les corpus par un des collaborateurs donne lieu à une saisie), on disposera de tous les énoncés du corpus dans lesquels il est attesté (ainsi que la possibilité de connaître sa graphie originelle pour les énoncés extraits de corpus écrits). Pour cela il a fallu élaborer des conventions de transcription communes, qui respectent les principes essentiels de cohérence et d'homogénéité, principes qui n'ont jamais été respectés dans les études antérieures et qui peuvent induire le lecteur (et l'auteur !) à des erreurs d'analyse (*cf.* 6.1. ci-dessous).

Des calculs faits en septembre 2008[8] ont permis de constater que près de la moitié des items lexicaux sont des emprunts au pidgin et / ou à l'anglais (la plupart des cas sont indécidables étant donné que la grande majorité des mots pidgin sont d'origine anglaise ; *cf.* 6.1.1. ci-dessous), d'autres, peu nombreux, étant empruntés à des langues camerounaises (duala, ewondo…), ou à divers registres de français ('jeunes' ou vieillis). On trouve également des mots français qui ont subi des changements d'ordre morphologique (troncation ; verlanisation) et sémantiques (extension et glissements de sens) (*cf.* Féral : 2006b, 259-261).

Aucun de ces procédés n'est spécifique au francanglais : l'emprunt est un phénomène que l'on rencontre apparemment dans toutes les langues, même dans des communautés relativement isolées. La troncation est courante en français familier (*cf. resto* pour « restaurant », *Sécu* pour « Sécurité sociale », *bus* pour « autobus »). Les extensions et glissements sémantiques ne sont pas rares au cours de l'évolution des langues et communs dans les différents français de France et d'ailleurs. On peut citer, p. ex., *coulée* « vallée », *habitant* « paysan, cultivateur » en français des Antilles et du Québec (Thibault : 2008, 117-123) ; *écurie* « écurie » mais aussi « étable » en français vendéen (Wissner :

---

[7] Adeline Soup, enseignante à l'Université de Buéa, Elisabeth Ngo Ngok-Graux, étudiante à Aix-Marseille I, et Valentin Feussi, enseignant à l'Université de Douala, tous encore doctorants au début de cette entreprise (2006).

[8] Environ 500 saisies. Des calculs refaits en juillet 2009 (un millier d'entrées) montrent des résultats similaires. Cependant, tant que le corpus ne sera pas purgé de ses doublons et considéré comme clos, il n'est pas souhaitable de donner des pourcentages précis.

2008, 49) ; *gâter* « abîmer », « détériorer », « désorganiser », « gâcher », très courant dans de nombreux pays d'Afrique (Ifa : 2004, 162). En outre certains items lexicaux issus de ces procédés ne se trouvent pas qu'en francanglais. C'est évidemment le cas de tous les emprunts aux langues étrangères mais aussi celui de termes comme *go, blème*, ou *bachot* catégorisés comme francanglais au Cameroun. *Go* sera, en effet, perçu en France comme du français des banlieues, en Côte d'Ivoire, comme du nouchi, au Burkina Faso, comme du nouchi ou comme un simple mot 'jeune'. *Blème*, aphérèse de *problème*, est un mot utilisé en France originellement par les 'jeunes' mais qui a tendance à être maintenant employé dans le registre familier des moins jeunes. Et si *bachot* est encore usité en France, c'est par des gens (très) âgés, les jeunes (et leurs parents) lui préférant *bac*. Le francanglais ne peut donc être catégorisé comme tel que dans un contexte perçu comme camerounais.

5. Un phénomène discursif

En outre, l'appel à des mots catégorisés comme francanglais dans du discours en français n'est pas systématique, comme ce le serait si l'on passait d'une langue A à une langue B. Ce n'est pas une contrainte mais le résultat d'un choix de la part du locuteur. Une bonne illustration de ce phénomène est la chanson de Koppo, « Ma go », qui a connu un succès immense auprès des jeunes au Cameroun, dès sa sortie en 2004, et qui est devenu emblématique du francanglais.

(1) Si tu vois ma **go** (« copine »), dis lui que je **go** (« pars »)[9]
Je **go** (« pars ») chez les **watt** (« Blancs ») nous **falla** (« chercher ») les **do** (« tunes »)
La galère du **Kamer** (« Cameroun ») toi-même tu **know** (« sais »)
tu **bolo** (« travailles ») tu **bolo** (« travailles ») mais où sont les **do** (« tunes ») ?
Mon frère je te jure : je suis fatigué
J'ai tout fait j'ai tout **do** (« fait ») pour chasser le **ngué** (« pauvreté »)
J'ai **wash** (« lavé ») les voitures : il n'y avait pas **moyo** (« moyen »)
J'ai **toum** (« vendu ») les chaussures : il n'y avait pas **moyo** (« moyen »)
Le poisson, les chenilles : est-ce qu'il y avait **moyo** (« moyen ») ?
Alors j'ai **tchat** (« dit ») que c'est trop : il faut que je **go** (« parte »)

Dès la première ligne (*cf.* (2)), le chanteur, en effet, a choisi de ne faire appel qu'à deux mots francanglais alors qu'il aurait pu en utiliser quatre (*cf.* (3) : *vois* aurait pu être remplacé par les équivalents francanglais *mises* ou *mit* ; *dis* par *tchat*) :

(2) Si tu vois ma **go**, dis-lui que je **go**, (« si tu vois ma copine, dis-lui que je pars ») ;

(3) Si tu **mises / mit** ma **go**, **tchat**-lui que je **go**

Chaque mot qui aurait pu être 'traduit' en francanglais ne l'a pas été et cela n'enlève rien à l'identité francanglaise de cet énoncé.

Dans une autre chanson, « Back, back », l'alternance entre un mot francanglais et son équivalent en français courant permet à l'auteur de jouer sur les assonances.

---

9 La graphie originale a été conservée. A été rajouté l'équivalent en français courant des mots perçus comme francanglais.

(4) Back les gars, back back au mboa
    Back les filles, back back au pays

Ici, ne pas utiliser les mots francanglais *go* à la place de *fille,* et *mboa* à la place de *pays,* permet un jeu sur deux assonances : *a* et *i*. Le stock lexical francanglais qui est à la disposition du chanteur lui donne ainsi des ressources supplémentaires pour la mise en œuvre de la fonction poétique.

J'ai également formulé l'hypothèse (Féral : 2007, 267-273) que l'alternance entre un mot francanglais et son équivalent en français courant est porteuse de sens et peut avoir un rapport avec l'hétérogénéité énonciative dans certaines conversations spontanées.

Pour étudier le francanglais, il est par conséquent important de ne pas exclure de l'analyse des énoncés qui sont entièrement en français courant puisque :

- ils font partie intégrante d'un ensemble qui est perçu comme étant du francanglais (*cf*. Féral : 2007, 268s.) ;
- l'alternance entre un lexème appartenant au stock lexical de français courant et un lexème appartenant au stock lexical catégorisé comme francanglais peut être non seulement porteuse de sens mais avoir aussi un rôle aux niveaux phonétique, rythmique etc. (fonction poétique).

6. Aspects morpho-syntaxiques

D'après les calculs (temporaires) établis à partir de la base de données lexicographique de francanglais en cours d'élaboration, près de la moitié des items lexicaux sont des noms, près de la moitié, des verbes. Viennent ensuite des adjectifs et des adverbes. Les morphèmes grammaticaux sont ceux du français.

6.1. Danger et intérêt des graphies 'sauvages' pour l'étude de la morphosyntaxe

Alors que beaucoup d'études sur le camfranglais ont été publiées ces vingt dernières années, curieusement, aucune réflexion sur la transcription des corpus oraux n'a été proposée avant Féral (2006a). Outre le manque de cohérence dans les transcriptions à l'intérieur d'une même étude (on peut relever, p. ex., dans le corpus Biloa de 1999, cité par Ntsobé *et al.* : 2008, 158, trois graphies différentes, sur la même page, pour le même lexème : *no, know* et *now* « savoir » !), les graphies 'sauvages', lorsqu'elles sont le fait des linguistes – dont on attend la rigueur qu'impose leur discipline – peuvent inciter le lecteur à faire des erreurs d'interprétation.

6.1.1. Le problème des emprunts à l'anglais et au pidgin et la création d'accords inexistants

La grande majorité du lexique pidgin est d'origine anglaise. Comment alors savoir si l'emprunt a été fait directement à l'anglais ou s'il a transité par le pidgin ? S'il n'y a pas de problème pour les termes anglais qui ont subi des modifications phonétiques et / ou sémantiques notoires – p. ex. *mimba* (← angl. *remember*) « se souvenir », mais aussi « penser », *fala* (← angl. *follow* « suivre ») « chercher » –, beaucoup de cas sont indécidables, p. ex. *go* (← angl. *go*) « aller », *skul* (← angl. *school*) « école », étant donné que

Appropriation vernaculaire du français chez les jeunes au Cameroun 59

beaucoup de termes anglais sont prononcés au Cameroun de la même manière qu'en pidgin.

Comme le pidgin n'a pas d'orthographe, le linguiste peut être tenté de se servir de l'orthographe anglaise (graphie étymologisante), mais le lecteur va identifier spontanément comme anglais des emprunts au pidgin et surestimer l'apport de l'anglais au détriment de celui du pidgin. Autre conséquence, plus grave car elle touche la syntaxe : la création, par la graphie utilisée, d'un phénomène d'accord laissant implicitement supposer au lecteur que le locuteur maîtrise l'anglais et qu'il y a alternance codique.

(5) Tu n'as rien **lost** (Biloa : 2003, 276)

(6) J'ai aussi **lost** (Nguetchuing : 2004, 128)

(7) Mais est-ce qu'on **loss** le bac tchadien (corpus A. S.)[10]

Quand on lit les exemples (5) et (6), on a l'impression d'avoir affaire à des participes passés de l'anglais non seulement parce qu'ils en ont l'apparence mais aussi parce qu'on s'attend à un verbe au participe passé après l'auxiliaire *avoir*. Ce type d'énoncé, qui est conforme à la fois à la grammaire de l'anglais et à celle du français, est en fait une invention du transcripteur, une sorte d'hypercorrection, et non le reflet de la grammaire des locuteurs de francanglais. D'ailleurs, la transcription phonétique qui accompagne l'exemple (6) indique bien que la consonne finale de *lost* n'est pas prononcée ! Il s'agit, en effet, du verbe pidgin *los* [lOs] « perdre » (← angl. *lose* [lu:z] « perdre »), mais aussi « échouer à », que l'on peut voir avec une transcription phonologisante dans l'exemple (7) dans un énoncé au présent.

6.1.2. L'intérêt des graphies 'sauvages' chez les locuteurs : le nombre

Si l'on consulte les magazines pour jeunes et différents forums et blogs sur internet, on trouve bien évidemment beaucoup de variation dans la transcription des mots catégorisés comme francanglais. En outre le transcripteur ne parle pas toujours anglais ou pidgin. On doit donc s'attendre à trouver des graphies plus ou moins phonétiques, plus ou moins francisantes et plus ou moins étymologiques selon les internautes. À cela, il convient d'ajouter d'inévitables fautes de frappe, et, parfois, des transcriptions en style SMS. Néanmoins les graphies utilisées peuvent donner des indications sur les représentations qu'ont les locuteurs de l'origine des mots et de la grammaire du francanglais.

Dans l'exemple (8), on peut ainsi observer que *meuf* (verlan de *femme*, couramment utilisé par beaucoup de jeunes en France également et maintenant présent dans des dictionnaires usuels comme *Le petit Larousse*, avec la mention *familier*) est accordé en nombre, conformément à la syntaxe du français écrit, tout comme *white*, adjectif emprunté à l'anglais ou au pidgin et invariable dans ces langues.[11] En revanche, *nga* (← pidgin [gal / ŋga(l)][12] ← angl. *girl*) ne porte pas l'accord, sans doute parce qu'est utilisée, pour ce mot, une graphie phonologisante.

(8) Les **meufs** africaines sont nettement supérieures aux nga **whites**. (« Blog du Prési », http://etounou.free.fr)

---

10 Comme la transcription de ce corpus a été révisée et n'est pas publiée, il est inutile d'en donner des références plus précises.
11 *Cf.* aussi l'exemple (25) ci-dessous. Mais la citation du titre a laissé *white* invariable.
12 Certains locuteurs ont tendance, dans leur pidgin, à pré-nasaliser certaines consonnes en début de mot et à les amuïr en finale.

6.2. Le genre
Les déterminants étant ceux du français, les emprunts ou les innovations doivent respecter la contrainte liée au genre en français : être accompagnés d'un déterminant soit masculin soit féminin.

6.2.1. L'opposition du genre pour les noms [+ humain][13]
L'opposition du genre pour les noms [+ humain] est marquée

- soit lexicalement avec l'utilisation de deux noms différents (une *mater* « mère », un *pater* « père » ; un *refre* « frère », une *rese* « sœur », une *(n)ga* ou une *(n)go* « fille, copine », un *djo* « mec ») ;

- soit grammaticalement : l'opposition est alors dans les déterminants (ou éventuellement l'adjectif), le signifiant restant invariable (épicène) :

(9) Le djo est go fala une **mbindi**[14] […] (corpus Souop)[15]
« Le mec est allé chercher une petite […]. »

(10) Le **mbindi** il veut même plus go au skul (corpus Ngo Ngok-Graux)
« Le petit, il veut même plus aller à l'école. »

Mais dans l'exemple (11), *mbindi*, réalisé *bidi*, devient un flexionnel, par analogie sans doute avec *petite* :

(11) J'ai *misé* une petite **bidite**, gars, elle avait le ndombolo et les lasses
(écrit ; corpus Féral)
« J'ai rencontré une petite, mec, elle avait une de ces paires de seins et de fesses ! »

6.2.2. L'opposition du genre pour les noms [- humain]
Lorsqu'un nom francanglais est au masculin, il correspond à un nom masculin ou féminin en français. Lorsqu'il est au féminin, il correspond toujours, dans les corpus étudiés, à un nom féminin en français.

Ainsi, *bele* « ventre », *buk* « livre », *senta* « centre » sont masculins. *Skul* « école » est généralement masculin (*cf.* (12)), mais se trouve une fois au féminin (*cf.* (13)). *Night* « nuit », *house* « maison », *chambal* « chambre » sont au féminin (*cf.* (14)).

(12) Je mimba le pater qui voulait les résultats **au skul** (chanson de Koppo)
« Je pense à mon[16] père qui voulait des résultats à l'école. »

(13) **La** plus bik **skul** qui est ici au Ngola on appelle ça le lycée Leclerc (corpus Ngo Ngok-Graux)
« la plus grande école qui est ici à Yaoundé, on appelle ça le lycée Leclerc »

(14) Avant pour try une nga on lançait les cailloux sur le toit de **sa house** ou on nakait à la fenêtre de **sa chambal la night** (forum, 19 octobre 2008, sur http:/www.grioo.com/)
« Avant, pour draguer une fille on lançait des cailloux sur le toit de sa maison ou on frappait à la fenêtre de sa chambre la nuit. »

---

13   Et non [+ animé], car sont absents du corpus des noms francanglais ayant pour référents des animaux, qui ne font apparemment pas partie des préoccupations majeures des jeunes !
14   Les graphies originales des différents corpus ont été gardées dans les exemples ci-dessous.
15   Les corpus de Souop, Ngo Ngok-Graux, Feussi et Féral étant en cours de transcription, il ne leur est pas encore attribué de noms définitifs.
16   Une traduction en français courant du Cameroun (et non de France) aurait laissé les déterminants *le* devant *père* et *les* devant *résultats*.

Appropriation vernaculaire du français chez les jeunes au Cameroun 61

6.3. Le verbe
Le plus souvent, le verbe comporte les désinences du français oral.

6.3.1. Désinences
Même les emprunts reçoivent les désinences du français pour la personne, le temps (présent, imparfait), l'impératif, le participe présent.

(15) Oui nous speak**ons** le françanglais [sic] (corpus Féral, écrit)
« Oui, nous parlons le françanglais »

(16) Je vous disais tout à l'heure que je wanda, maintenant vous-mêmes vous wand**aez** non ? (corpus Ngo-Ngok-Graux)
« Je vous disais tout à l'heure que je m'étonnais, maintenant vous-mêmes vous vous étonnez, non ? »

(17) Vous ne spik**ez** pas ça every day (forum, http://www.cameroon-info.net)
« Vous ne parlez pas ça chaque jour. »

(18) Il y avait alors un djo au kwat [...] on le call**ait** Moyo (forum, 6 mars 2007, http://www.cameroon-info.net)
« Il y avait un mec au quartier [...] on l'appelait Moyo. »

(19) Il do les longs discours en wait**ant** [...] (forum, 6 mars 2007, http://www.cameroon-info.net)
« Il fait des longs discours en attendant. »

(20) Gars, punt tes tchakas et goy**ons** jouer (écrit ; corpus Féral)
« Gars, mets tes baskets et allons jouer ! »

Pour l'expression du futur, c'est le futur périphrastique que nous trouvons, marqué par le verbe *aller* :

(21) Est-ce que je **vais die** avant de go au paradis ? (Koppo : *Confessions*)
« Est-ce que je vais mourir avant d'aller au paradis ? »

(22) Je **vais do** comment les gars ? (corpus Feussi)
« Je vais faire comment les gars ? »

(23) Il tel a la mater là qu'il **va back** [...] (forum, 6 mars 2007, http://www.cameroon-info.net)
« Il dit à la 'maman'[17] qu'il va revenir. »

6.3.2. Conjugaison du premier groupe et invariabilité
En ce qui concerne le passé composé, le plus-que-parfait et (ce qui correspond à) l'infinitif, les verbes francanglais sont soumis à deux traitements différents selon que ce sont des innovations ou des emprunts :

- Les innovations lexicales issues de processus morphologiques ou sémantiques suivent la conjugaison du premier groupe : désinence [e] dans les deux cas (24).
- Les emprunts restent invariables (21, 22, 25, 26).

(24) je go mis**er** mon pater (corpus Féral, écrit)
« je m'en vais / pars voir mon père »

---

[17] C'est-à-dire : « femme ». *Maman* est couramment employé en Afrique pour se référer ou s'adresser à une personne de sexe féminin qui, par son âge, pourrait être la mère du locuteur.

(25) Mais quand tu comot à Mbeng, il faut **speak** well la langue des whites. (« Blog du Prési », http://etounou.free.fr)
« Mais quand tu pars en France, il faut parler correctement la langue des Blancs. »

(26) **Speak** plusieurs langues a toujours été un avantage […].
« Parler plusieurs langues a toujours été un avantage. » (forum, 25 février 2007, http://www.cameroon-info.net)

Ce phénomène se retrouve dans les emprunts utilisés dans les 'parlers des banlieues' en France (*cf.* Goudaillier : 2001, 29). Ajoutons que l'invariabilité est une des tendances du 'français populaire' et, plus généralement, du français parlé (Gadet : 1992, 51-56). L'invariabilité relevée ici en francanglais ne peut donc être tenue pour une spécificité.

7. Pour conclure

On ne peut, pour le moment, poser le francanglais comme un système différent du français. Les ressources lexicales catégorisées comme du francanglais et qui marquent du discours français comme étant francanglais, sont, en fait, susceptibles de se greffer sur n'importe quelle langue (et une partie de ces ressources – celles qui ne sont pas déjà du pidgin ! – se greffent effectivement sur le pidgin, comme l'attestent Nkad Mbangwana (2004), Schröder (2007) et Féral (1989) pour ce qui était encore appelé, dans les années 1970, *pidgin makro*). Cependant, on peut observer dans des études récentes dont les auteurs sont camerounais (p. ex. Echu : 2005, 25 ; Feussi : 2008, 19 ; Ntsobé / Biloa / Echu : 2008, 40) que le camfranglais / francanglais est mentionné comme une des *langues* parlées au Cameroun aux côtés de l'anglais, du français, du pidgin(-english) et des langues *nationales* (appelées *camerounaises* ou encore *locales*, selon les auteurs). Il semble donc que la discontinuité, l'opacité qui est créée par le recours à des ressources lexicales qui se distinguent de la langue courante et le fait qu'elles soient utilisées par un groupe stigmatisé (« les 'jeunes' camerounais francophones ») à des fins identitaires soient des conditions suffisantes pour que les acteurs 'ordinaires', qui n'ont pas à leur disposition les critères définitoires des linguistes, perçoivent ce phénomène comme une *langue*. Mais cette même perception semble être partagée par les linguistes lorsqu'ils font partie du même « tissu communautaire »[18] que le groupe dont ils observent les pratiques. En même temps, ces auteurs, qui posent le camfranglais / francanglais comme une langue au même titre que celles qui sont habituellement recensées au Cameroun, le définissent comme une manifestation linguistique de l'appropriation du français. Feussi (2008), p. ex., considère aussi le francanglais comme un des « pôle de français » (108-110). Il y a là une apparente contradiction qui cesse d'en être une si on dote *langue* de signifiés distincts (« système » et « façon de parler propre à un groupe »). Le francanglais est, en 2008-2009, **une façon** de s'approprier le français. Pour cela, il met notamment à contribution certaines des langues en contact. Il permet aux jeunes francophones camerounais de symboliser une appartenance nationale ce que ne peut faire aucune des langues nationales du Cameroun étant donné leur multitude :

---

18 J'emprunte cette notion à Nicolaï (2003, 5), car *tissu communautaire* permet de mettre l'accent sur l'organisation des rapports qui existent entre les locuteurs plutôt que sur les frontières qui délimitent la *communauté linguistique* et qui peuvent varier à tout moment, y compris à l'intérieur d'un même échange.

Les Lock [« Maliens »] thatent[19] leur bambara, les Senof [« Senegalais »] leur Woloff, don quand on est entre nous Camers il ne faut que les autres djos WestAf [« de l'Afrique de l'Ouest »] ya ce qu'on se tell, surout[20] que ça leur vex et on peut les moronto sans pb. (25 février 2007, forum, http://www.cameroon-info.net)

« Les Maliens parlent leur bambara, les Sénégalais, leur wolof, donc quand on est entre nous, Camerounais, il ne faut pas que les autres gars de l'Afrique de l'Ouest comprennent ce qu'on se dit, surtout que ça les irritent et on peut les (sens de *moronto* ?) sans problème. »

8. Références bibliographiques

Biloa, E. (2003), *La langue française au Cameroun*, Berne.
Billiez, J. (1992), « 'Le parler véhiculaire interethnique' de groupes d'adolescents en milieu urbain » dans : *Des villes et des langues, Actes du colloque de Dakar*, Paris, 117-126.
Breton, R. / B. Fohtung (1991), *Atlas administratif du Cameroun*, Paris / Yaoundé.
Dubet, F (1991), « Les bandes, de quoi parle-t-on ? », dans : *L'actualité des bandes*, Vaucresson, 9-18.
Dwyer, D. (1966), *An Introduction to West African Pidgin English,* East Lansing.
Echu, G. (2001), « Le camfranglais : l'aventure de l'anglais en contexte multilingue camerounais », *Écritures,* 8, 207-221.
Echu, G. (2005), *Plurilinguisme, politique linguistique et contact de langues du Cameroun,* 1, Dossier pour l'habilitation à diriger des recherches, Université de Nice-Sophia Antipolis.
IFA = Équipe IFA (2004 [1983]), *Inventaire des particularités lexicales du français en Afrique noire,* Vanves.
Essono, J.-M. (1997), « Le camfranglais : un code excentrique, une appropriation vernaculaire du français », dans : Frey, C. *et al.* (éds), *Les corpus lexicographiques, méthodes de constitution et de gestion,* Louvain-La-Neuve, 381-396.
Féral, C. de (1989), *Pidgin-english du Cameroun. Description linguistique et sociolinguistique,* Paris.
Féral, C. de (2006a), « Étudier le camfranglais : recueil des données et transcription », *Le français en Afrique,* 21, 211-218.
Féral, C. de (2006b), « Décrire un 'parler jeune' : le cas du *camfranglais* (Cameroun) », *Le français en Afrique,* 21, 257-266.
Féral, C. de (2007), « Ce que parler *camfranglais* n'est pas : de quelques problèmes posés par la description d'un 'parler jeune' (Cameroun) », dans : Auzanneau, M. (éd.), *La mise en œuvre des langues dans l'interaction,* Paris, 259-276.
Féral, C. de (2009), « Nommer et catégoriser des pratiques urbaines : pidgin et francanglais au Cameroun » dans : Féral, C. de (dir.), *Le nom des langues,* 3 : *Le nom des langues en Afrique sub-saharienne : pratiques, dénominations, catégorisations. Naming Languages in Sub-Saharan Africa : Practices, Names, Categorisations,* Louvain-la-Neuve, 119-152.
Ferrari, A. (2006), « Vecteurs de la propagation du lexique *sheng* et invention perpétuelle de mots », *Le français en Afrique,* 21, 227-236.
Feussi, V. (2006), « Le francanglais dans une dynamique fonctionnelle : une construction sociale et identitaire du francophone au Cameroun », 2006. (http://www.sdl.auf.org/-Equipes-virtuelles-)
Feussi, V. (2008), *Parles-tu français ? Ça dépend...*, Paris.
Gadet, F. (1992), *Le français populaire,* Paris.

---

19   *Thatent* (faute de frappe) : *tchatent* « parlent ».
20   *Surout* (faute de frappe) : *surtout.*

Gordon, R. G. (Jr.) (éd. ¹⁵2005), *Ethnologue : Languages of the World*, Dallas. (http://www.ethnologue.com/)

Goudaillier, J.-P. (³2001), « Comment tu tchatches ! ». *Dictionnaire du français contemporain des cités*, Paris.

Harter, A.-F. (2007), « Représentations autour d'un parler jeune : le camfranglais », *Le français en Afrique*, 22, 253-266.

Holm, J. (1989), *Pidgins and Creoles*, 2, Cambridge / New York.

Kießling, R. / M. Mous (2004), « Urban Youth Languages in Africa », *Anthropological Linguistics*, 46/3, 303-341.

Kießling, R. (2005), « 'bàk mowà mè dó' – camfranglais in Cameroon », *Lingua posnaniensis*, XLVII, 87-107.

Lafage, S. (1992), « L'argot des jeunes ivoiriens, marque d'appropriation du français ? », *Langue française*, 90, 95-105.

Lafage, S. (2002), *Le français en Afrique*, 16 : *Le lexique français de Côte d'Ivoire. Appropriation et créativité*.

Lepoutre, D. (2001 [1997]), *Coeur de banlieue, codes, rites et langage*, Paris.

Mbassi-Manga, F. (1973), *English in Cameroon : A Study in Historical Contacts. Patterns of Usage and Current Trends*, PhD Thesis, University of Leeds.

Mendo-Ze, G. (1992), *Une crise dans la crise. Le français en Afrique noire. Le cas du Cameroun*, Paris.

N'Guessan, K. J. (1992), « Le nouchi abidjanais, naissance d'un argot ou mode linguistique passagère ? », dans : *Des villes et des langues, Actes du colloque de Dakar*, Paris, 373-383.

N'Guessan, K. J. (2006), « Le nouchi et les rapports dioula-français », *Le français en Afrique*, 21, 177-192.

Nguetchuing-Timnou, H. (2004), *Le camfranglais. Approche morphosyntaxique*. Mémoire de diplôme (D.E.A.), s.l.

Nkad Mbangwana, P. (2004), « Pidgin English in Cameroon : a Veritable Linguistic Menu », dans : Echu, G. / S. Gyasi Obeng (éds.), *Africa meets Europe : Language contact in West Africa*, New York, 23-44.

Nicolaï, R. (2003), « Contact et genèse : ouvertures et perspectives pour un 'Nouveau programme' de recherche sur l'évolution des langues. », dans : *Proceedings, XVIIth International Congress of Linguists. Prague, July 24-29 2003*, CD-Rom.

Ntsobé A.-M. / E. Biloa / G. Echu (2008), *Le camfranglais : quelle parlure ? Étude linguistique et sociolinguistique*, Francfort s. l. Main.

Queffélec, A. (2007), « Le camfranglais, un parler jeune en évolution : du résolecte au véhiculaire urbain », dans : Ledegen, G. (éd.), *Pratiques linguistiques des jeunes en terrains plurilingues*, Paris, 93-118.

Schneider, G. (1966), *West African Pidgin-English*, Athens / Ohio.

Schneider, G. (1967), « West African Pidgin-English – an overview : phonology-morphology », *Journal of English Linguistics*, 1, 49-56.

Schneider, G. (1974), *Masa Troki Tok Sey...*, Athens / Ohio, multigr.

Schröder, A. (2003), *Status, Functions, and Prospects of Pidgin English. An empirical Approach to Language Dynamics in Cameroon*, Tübingen.

Schröder, A. (2007), « Camfranglais – A language with Several (Sur)Faces and Important Sociolinguistic Functions », dans : Bartels, A. / D. Wieman (éds), *Global Fragments. (Dis)Orientation in the New World Order*, Amsterdam / New York.

Thibault, A. (2008), « Français des Antilles et français d'Amérique : les diatopismes de Joseph Zobel, auteur martiniquais », *Revue de linguistique romane*, 72, 115-156.

Todd, L. (1974), *Pidgins and Creoles*, London / Boston.

Wissner, I. (2008), « Les régionalismes dans trois romans d'Yves Viollier, auteur vendéen », dans : Thibault, A. (éd.), *Richesses du français et géographie linguistique,* 2, Bruxelles, 11-72.

Jean-Benoît Tsofack (Université de Dschang, Cameroun)

Dire, parler, écrire 'entre les langues' ou le parler 'plurilingue' dans un journal camerounais pour jeunes

1. Introduction

Le Cameroun est l'un des rares pays au monde qui présente une si grande diversité linguistique et culturelle dans un espace aussi réduit (un triangle de 475000 km^2 pour 15 millions d'habitants seulement en 2000). Bien que la pratique et les usages linguistiques soient officiellement validés par le principe d'un bilinguisme officiel (français / anglais) hérité de la colonisation, celui-ci ne résout pas toujours le problème de la complexité des situations de prise de parole, des frontières entre les (variétés de) langues qui soustendent en permanence les pratiques linguistiques au quotidien[1] dans les villes en particulier. Cette caractéristique, qui fait 'l'exception camerounaise', se manifeste de manière évidente dans des situations discursives et langagières innovantes caractéristiques de la communication sociale.

L'occasion est ainsi donnée dans cet article de voir comment la culture urbaine (plurilingue et pluriculturelle) conditionne de nouvelles pratiques et identités linguistiques des jeunes qui développent de plus en plus de nouvelles compétences qu'on pourrait qualifier de *plurilingues* ou d'*interculturelles*. Autrement dit, comment l'urbanisation galopante des villes régule-t-elle *in vivo* ces différentes pratiques qui sont loin d'être homogènes, stables et prédictibles ? Comment alors caractériser ces nouvelles compétences, et pour ne pas dire ces nouvelles identités (linguistiques ou culturelles) qui se construisent progressivement au Cameroun à travers de nouveaux espaces de paroles revendiqués comme fluides, instables et révélateurs d'une culture dite urbaine ? Comment établir des frontières entre des (variétés de) langues, des discours et des paroles hétérogènes au sein des pratiques qui sont elles aussi loin d'être homogènes ? Voilà autant de pistes que cet article se propose d'explorer dans les nouveaux médias, et plus particulièrement dans le journal *100% Jeunes* au Cameroun.

Tout en me fondant sur le principe théorique de « l'hétérogénéité 'montrée' du discours » (Authier-Revuz : 1998) et du « désordre et de la complexité » (Calvet : 2007), je me propose d'une part de voir comment les jeunes qui animent ce journal dans les villes construisent des pratiques et des compétences linguistiques innovantes 'entre les langues' qu'on pourrait qualifier de « (parlers) plurilingues » (Feussi : 2008, 214), et d'autre part, de voir comment le journal gère lui-même ces pratiques de langues d'un point de vue énonciatif.

---

[1] Près de 250 selon des estimations récentes, auxquelles il faut ajouter le pidgin-english, des parlers mixtes en émergence comme le camfranglais.

Je commencerai d'abord par donner quelques indications sur la méthodologie et le corpus, le cadre théorique, puis je parcourrai les stratégies de mise en texte de l'hétérogénéité linguistique et des représentations qui en découlent, et puis enfin je poserai la nécessité de la redéfinition des frontières linguistiques dans les usages au Cameroun à travers ce que j'appelle le parler *plurilingue*.

2. De la méthodologie et du corpus

Les analyses ont pour support empirique une **observation** indirecte des pratiques linguistiques faite sur un corpus non sollicité de près de 30 numéros du journal *100% Jeunes* parus entre 2001 et 2005 et recueillis lors d'une enquête de terrain menée par moi-même en 2005 dans les villes de Dschang et Yaoundé au Cameroun. Cette approche qui privilégie la significativité des faits décrits à leur représentativité me permet d'évaluer la pertinence des usages dans le concert des langues et des cultures, révélatrice d'une nouvelle identité et d'une culture de l'urbanité socio-langagière.

Le journal a été créé en 2001 par le Comité National de lutte contre le Sida (CNLS) en vue de sensibiliser les jeunes adolescents et adultes (dont l'âge varie entre 15 et 30 ans) contre les ravages de cette maladie. Le journal se donne pour vocation d'informer, certes, mais aussi de servir comme une tribune au sein de laquelle de jeunes adolescents et adultes camerounais échangent des vues sur divers sujets qui les concernent (alcoolisme, sport, mode, musique, vie des stars ou des 'peoples', échecs scolaires, rapports intergénérationnels, etc.). Présenté sous la forme magazine (entre 17 et 20 pages en couleur), le journal tire à plus de 5000 exemplaires, et paraît mensuellement depuis sa création. Il n'est pas distribué dans les canaux officiels à travers MESSAPRESSE[2] comme les autres journaux, il est plutôt vendu à la criée dans les rues ou devant les établissements scolaires et les universités par des bénévoles (étudiants et jeunes élèves). Le journal est édité à Yaoundé et c'est à partir de là qu'il est distribué dans les grands centres urbains, et c'est difficilement qu'il atteint les zones rurales.

En dehors de l'éditorial qui est généralement signé d'un membre de l'équipe de rédaction, les autres rubriques (3 ou 4) sont généralement animées par les jeunes soit sous forme de mini-reportages, soit sous forme d'interviews. Dans l'ensemble, les articles sont signés de leurs auteurs avec mention de noms (et prénoms), adresses et parfois âge.

Même si le journal s'adresse avant tout à la catégorie sociale des jeunes et leur laisse la parole dans un style qui leur est propre, il reste que la façon dont les discours et les langues s'y énoncent est caractéristique de la complexité des situations émanant des plurilinguismes. Il est, de ce fait, intéressant de s'arrêter devant cette scénographie discursive particulière où non seulement les mots, les discours et les paroles sont mis en scène, mais où les langues sont imbriquées dans une syntaxe originale qui implique des enjeux socio-discursifs, mais également sociolinguistiques tant du point de vue des pratiques que du point de vue des représentations.

---

2   Seule société agréée au Cameroun dans la distribution des journaux nationaux et internationaux.

Dire, parler, écrire 'entre les langues'

3. Les ruptures 'montrées' du discours

L'une des approches les plus rentables de l'hétérogénéité dans le discours est celle mise au point par Authier-Revuz (1998, 63). Pour elle, en effet, il y a une hétérogénéité non directement observable de l'énonciation, mais qui est présente, « à l'œuvre de façon permanente », c'est **l'hétérogénéité constitutive**. Mais il y a aussi une hétérogénéité **manifeste** sur la chaîne discursive, « sur le fil », qui produit des **ruptures** observables, qui est ou simplement manifeste, brute ou, au contraire, **montrée** par le sujet parlant à travers des formes méta-énonciatives (Lop : 2000, 118) : commentaires, modalités 'annulatoires', corrections, etc. Il s'agit en un mot :

- des cas d''incorporation' graphique ou intonative au fil (guillemets, italique, intonations spécifiques) ;
- des 'constructions intégrées' (« le détour méta-énonciatif ») de type *ce que j'appelle x, ce qu'on pourrait appeler x*, etc. ;
- des cas de 'double construction' (incises interrompant le déroulement syntaxique).

Je vais m'intéresser au premier cas de figure, les formes de ruptures manifestes à travers les phénomènes d''incorporation' graphique que sont les guillemets et l'italique. Ces formes, comme le dit Authier-Revuz (1998, 64), impliquent une activité « d'auto-représentation » de son dire par l'énonciateur et donnent la mesure de la richesse des formes de prolifération du langage sur lui-même. L'auto-représentation met ainsi en avant le fait que l'énonciateur se représente en position de 'surplomb' par rapport à son dire, et donne accès aux représentations des sujets à propos du langage, de la langue, du sens, de la communication. En cela, les formes de rupture graphiques montrées dans le discours, dont l'ensemble forme ce qu'elle appelle la « modalisation autonymique », participent aux constructions épilinguistiques, c'est-à-dire des discours sur la pratique langagière qui mettent en avant la pratique et la représentation.

La linguistique, reconnaît Calvet (2007, 3s.) en effet, se trouve dans une contradiction entre le caractère social de la *langue*, assez généralement reconnu, et l'absence de référence au social dans les procédures de description. Elle a 'du mal' à se situer face à la complexité des situations et présente une tendance forte à vouloir ordonner ce qui semble souvent procéder du désordre.[3] Pourtant, le désordre est partout : dans les *langues* (désordre interne, fruit de la variation) et entre les *langues* (désordre externe, babélien, lié en partie mais pas seulement à la mondialisation). Cette recherche de 'la mise en ordre' nous mène parfois à simplifier considérablement les choses, voire à truquer (volontairement ou non) les données.

Or la notion de *langue* recouvre deux choses différentes : une construction abstraite produite par la linguistique d'une part, et d'autre part, les pratiques et les représentations des locuteurs. Il est de ce fait possible de considérer que les *langues* sont des comportements tendanciels, les locuteurs fluctuant sans cesse autour d'un 'noyau dur' ou entre plusieurs 'noyaux durs' (dans les situations de *plurilinguisme*, de *langues mixtes*, de *diglossie*), en se rapprochant parfois de l'un ou l'autre de ces noyaux, de ces formes tendancielles. C'est là justement l'objet même de la sociolinguistique, c'est-à-dire,

---

[3] Il y a en effet, un ordre des langues qui n'est pas mis en question, et un désordre des pratiques que l'on peut décrire par référence à cet ordre.

étudier ce que parle effectivement chacun d'entre nous, les 'mélanges' et catégorisations réalisés, les rapports entre expérience et pratiques / représentations linguistiques, comment tout cela fonctionne, etc. (Blanchet : 2007, 14s.)

4. Des ruptures aux 'ajouts'

Lorsqu'on observe la façon dont les discours sont mis en scène dans les différentes scénographies énonciatives du journal, on se rend compte qu'il est assez difficile d'isoler, d'un point de vue linguistique, les composantes de langues dans le continuum des discours qui s'énoncent ainsi de manière générale dans un français parasité d'incursions diverses. Ce, d'autant plus que dans un segment de discours en français par exemple, on ne peut établir une frontière entre ce qui serait du camfranglais[4] ou de l'argot et ce qui serait d'autres formes ou variétés de français (oral et écrit) au Cameroun. Les chercheurs (et très souvent les locuteurs eux-mêmes) éprouvent encore des difficultés à donner un nom (*francanglais, camfranglais, franglais*...) et un statut (*langue, sabir, alternance codique, langue mixte, argot, parler*...) stables à cette langue, et c'est la preuve que, même si elle est massivement revendiquée, elle a encore du mal à s'imposer et à bousculer les représentations d'un français de référence au Cameroun.

La difficulté aussi d'établir une frontière entre ce qui est camfranglais et ce qui ne l'est pas, de le différencier du français populaire, ou de lui trouver des règles de fonctionnement (syntaxiques) stables et autonomes, donne la mesure même de sa position dans le continuum des variétés de français au Cameroun. Même si Feussi (2007, 237ss.) pense et reconnaît qu'il n'y a pas de pratiques de français qui soit stable à Douala (ou au Cameroun en général) et que celui-ci se 'construit' à chaque fois dans l'interaction, il reste que les pratiques classiques qui reconnaissent un français acrolectal, un français mésolectal et un français basilectal demeurent. Il précise cependant que sans toutefois opposer ou confronter des pratiques entre elles ou les inscrire dans un continuum (la fonctionnalité sociale étant plus forte), les représentations construites par les témoins de son enquête reconnaissent et catégorisent leurs pratiques comme suit : *francanglais, français du quartier, bon français, mauvais français, français moyen*.

On peut tout de même observer que les occurrences émanant des mélanges de langues que nous considérons modestement comme du camfranglais apparaissent dans le journal *100% Jeunes* comme des formes de rupture à la fois linguistiques (le passage à une autre langue) et énonciatives. Elles apparaissent ainsi comme un fait patent d'hétérogénéité énonciative où les mots ne vont pas toujours de soi et leurs sens ne coïncident pas toujours avec ceux reconnus. Elles sont soigneusement mises en mention, 'montrées' dans le journal par des guillemets, l'italique ou toute forme de démarcation graphique.

---

4   C'est un parler en usage chez les jeunes scolarisés au Cameroun, une espèce de mélange du français, de l'anglais, du pidgin, des langues camerounaises et des langues étrangères (*cf.* aussi la contribution de C. de Féral dans ce volume).

Dire, parler, écrire 'entre les langues' 69

4.1. Les ruptures graphiques

4.1.1. Les guillemets
Les guillemets constituent la forme la plus récurrente des marquages énonciatifs dans le journal, ainsi qu'on peut l'observer dans divers exemples :[5]

(1) Une **petite** (« copine ») qui te « **hot** » (« te séduit ») pour un Oui ou pour un Non, te vante ses « **ex** » (« anciens amis, copains »), entretient une correspondance régulière avec ses dragueurs et ne fait aucun geste de sympathie à ton égard n'est pas ta « **petite** ». (n° 23, 8)

(2) « **Kapos** » (« hommes riches ») et autres sponsors n'étaient pas « **chauds** » (« motivés ») à encourager les footballeuses. Et à la piaule, les « **maters** » (« mamans ») grondaient leurs « **munas** » (« enfants ») qui voulaient se lancer dans le foot. (n° 28, 2)

La plupart de ces exemples relèvent des pratiques sociales ou dénominatives en usage par les jeunes des villes. On sait p. ex. que *kapos* désigne des hommes riches (des jeunes en l'occurrence) ou qui prétendent l'être, qui passent pour de grands séducteurs. Mais la véritable inflation dans l'univers de dénomination est celle des appellatifs féminins qu'on retrouve de manière assez récurrente, que ce soit *petite*, *munas*, etc. Dans ce même registre, on retrouve aussi de manière abondante le lexique de la séduction et de l'amour, à l'exemple de *hot* ou *chaud*.

4.1.2. L'italique
Dans certains cas, les guillemets sont remplacés par l'italique :

(3) A la ***piaule*** (« maison ») ou au ***school*** (« école »), on est ensemble. (n° 28, 2)

(4) Un ***kamerlock*** (« Camerounais ») enseigne la technologie allemande ... aux Allemands. (n° 31, 2)

La mise en mention ici manifeste une fois de plus des cas d'hétérogénéité où des lexèmes sont empruntés aux autres langues ou variétés de langues, donnant la mesure des enjeux et des jeux de langue dans le processus énonciatif du journal. Nous avons à la fois un mélange d'anglais, de français standard et de français populaire dans l'exemple (3), qui est le propre même de la mixité caractéristique du camfranglais. Si les termes *piaule* et *school* sont facilement compréhensibles, *kamerlock* est une fabrication savante issue du néologisme *kamer* utilisé par les jeunes pour désigner le Cameroun et par extension les Camerounais ou parfois même le caractérisant adjectival *camerounais*. De même, dans l'extrait (3), l'expression *on est ensemble* est un camerounisme aux enjeux multiples désignant à la fois le principe de solidarité (« je suis de tout cœur avec vous ») et la grégarité identitaire (« je suis votre frère ou fils »), etc. On comprend, à travers la mise à l'écart des occurrences, toute la difficulté de la délimitation des (variétés de) langues

---

[5] J'ai pris soin, pour plus d'intelligibilité, de mettre les traductions (qui sont de moi d'ailleurs) des occurrences ou segments de discours 'autre' entre parenthèses immédiatement après les occurrences afin que le lecteur ne perde pas le sens des phrases en français standard. J'ai également souligné en caractères gras les occurrences prises comme illustrations dans l'ensemble des exemples du texte pour mettre en relief le phénomène étudié à chaque fois. Les parenthèses explicatives utilisées dans ces exemples et dans l'ensemble des exemples du texte proposent les traductions des occurrences mises en mention en français camerounais.

dans les énoncés des jeunes dans ce journal, difficulté qui est symptomatique des pratiques de langues en situation de plurilinguisme au Cameroun.

4.1.3. Le cumul
Très souvent, on observe un cumul des marques d'hétérogénéité comme les guillemets et l'italique sur la même séquence énonciative :

(5) Le temps a passé. La situation a « ***mbindi*** » (« un peu ») évolué. (n° 31, 3)

(6) Il y aura encore des histoires de « ***ndolo*** » (« d'amour ») mais zéro Jean Jacques Goldman derrière l'ensemble. (n° 28, 3)

Cette inflation des marques sur une même séquence ou lexème a une forte valeur de mise en relief où le locuteur insiste sur le sens qu'il donne aux termes utilisés, comme p. ex. *mbindi* qui, bien que signifiant ici « petit » ou « un peu », est très souvent utilisé pour désigner la jeune fille. On voit bien que la mention a aussi valeur délibérative, puisqu'il est question de choisir entre les sens possibles d'un lexème, celui qui convient le mieux au contexte d'énonciation, surtout que les termes mis en exergue viennent d'ailleurs, c'est-à-dire, d'autres langues (le duala en l'occurrence ici). On pourrait parler d'emplois autonymiques, et de la mention comme marque stylistique de rupture énonciative ou de rupture des langues.

4.1.4. Le non-marquage spécifique
Certaines occurrences n'affichent aucun marquage spécifique dans la chaîne écrite et sont fondues dans l'énoncé comme si elles appartenaient toutes à une même (variété de) langue. On a de la peine à distinguer (pour les non-locuteurs du camfranglais p. ex.) ce qui est du français standard de ce qui est du français populaire (du verlan aussi) ou même des langues camerounaises :

(7) Le **blèm** (« problème ») est qu'elle le sait et en profite. (n° 11, 6)

(8) Règlement de comptes entre leur **pater** (« papa ») et leur **mater** (« maman ») qui a surpris ce dernier avec une **midinette** (« jeune fille »). (n° 10, 9)

(9) Pour ceux qui n'ont pas de **godasse** (« soutien »), le mieux est de déposer le dossier au plus tard au mois d'avril. (n° 16, 11)

(10) Si elle est réticente, je fais tout simplement comprendre à ma copine que **le dehors n'est pas bon** (« la vie a des risques ») et que c'est dans l'intérêt de nous deux. (n° 11, 5)

Les exemples sont loin d'être exhaustifs, on en rencontrera bien d'autres lorsqu'on abordera d'autres phénomènes. La mise en mots de l'hétérogénéité linguistique et énonciative telle qu'on l'observe à travers cette pratique originale dans le journal participe ainsi de ce qu'on peut appeler la *connotation autonymique* qui implique, comme nous le verrons, des représentations des langues et discours, bref, les rapports aux langues.

4.2. Les figures d'ajout
Lorsqu'on s'interroge sur l'origine linguistique des expressions ainsi mises en mention ou en rupture dans l'hétérogénéité des discours dans le journal, on se rend compte qu'elles participent à une véritable sémiologie de l'emprunt, ce que l'on peut appeler, à la suite d'Authier-Revuz / Lala (2002), une *figure d'ajout*. Celle-ci permet de marquer soit une frontière entre les discours, soit une frontière des langues (ou variétés de langue)

Dire, parler, écrire 'entre les langues'

qui meublent l'écologie sociale et linguistique de l'univers de la communication médiatique. De manière globale, j'ai classé les différentes formes de 'belligérances textuelles' dans trois tiroirs sémiotiques qui correspondent tant à des « intentions énonciatives » qu'à des « instructions de lecture » (Cicurel : 2002, 53) : la parole rappelée (ou relayée), les emprunts proprement dits et les néologismes.

4.2.1. Les paroles ou discours rappelés

Il s'agit ici, pour ce qui est des expressions mises en mention, des propos ou paroles réellement tenus par des instances discursives antérieures et reprises dans le journal pour marquer leur origine hétérogène. C'est le cas p. ex. des paroles de musiciens, d'humoristes ou de publicités reprises et intégrées dans le discours en français :

(11) Eric m'avait dit qu'il aimait « **sentir son corps comme un poisson dans l'eau** » (« se sentir à l'aise, obtenir de la satisfaction sexuelle »). Il adorait le « **full contact** » (« amour sans préservatif »), c'était, disait-il, un [sic] manière de s'assurer que sa « **petite** » (« copine ») l'aimait. (n° 31, 4)

L'expression *sentir son corps comme un poisson dans l'eau* reprise ici, est une parole bien connue prononcée par un célèbre musicien camerounais qui a fait le bonheur des jeunes, tout comme le *full contact* qui est titre d'un film également bien connu des jeunes. Reprises dans les discours, ces expressions changent de sens pour s'appliquer à des réalités autres. Il en est de même des expressions *lolos* ou *Miss lolo* qu'on notera dans l'exemple ci-dessous, qu'on doit au chanteur ivoirien Meiway, et qui signifient en l'occurrence « les (gros) seins » ou « la dame aux gros seins » :

(12) Une des « **piches** » (« techniques, stratégies ») les plus courantes consiste à verser de l'eau froide sur les « **lolos** » matin et soir […]. Qui sait, peut-être Meiway t'inviteras [sic] bientôt au tournage du clip de « **Miss lolo 2** ». (n° 31, 10)

Un autre exemple assez révélateur est celui de l'expression *piquer piqûre* qui veut dire « faire l'amour », empruntée à un autre musicien camerounais et récupérée par le discours mixte :

(13) Si tu fais l'erreur Tanus Foé va te « **piquer piqûre** » (« aguicher »). (n° 23, 10)

(14) On peut même avoir une « **petite** » sans « **piquer piqûre** » (« faire l'amour »). (n° 23, 4)

On notera aussi l'expression *tranquilo* utilisée par Manu Dibango dans une publicité du Pari Mutuel Urbain :

(15) […] bref, avec l'abstinence, on vit « **tranquilo** » (« sereinement, tranquillement »). (n° 23, 4)

Outre ces formes de reprise indirectes, d'autres cas d'hétérogénéité se signalent par la citation, dans les cas du discours direct, où les paroles des personnages sont reprises *in extenso*, avec un marquage évident :

(16) […] Du baptême au mariage en passant par les premières communions, les photographes sont là. Ibrahim, de l'Hôtel de ville de Yaoundé raconte son expérience : **c'est mon « onkal » (« Oncle ») qui m'a appris à filmer les gens. Je suis venu travailler avec les députés l'an passé. Les affaires ont si bien marché que j'ai décidé de m'installer** […]. (n° 31, 11)

(17) Eric, 19 ans, est de ces photographes-là. Dans son « lyce » (« lycée ») il est connu de tous ses camarades. Il leur cède la carte à 325 francs. Il avoue : **Au lycée, j'ai un bénéfice de 150 francs par photo. Comme je vends la carte à 400 francs au « kwat »** (« quartier ») **je « récupère »** (« rentre dans mes fonds ») **car, le « bénèf »** (« bénéfice ») **est de 200 francs** […]. (n° 31, 11)

Dans ces exemples comme dans ceux évoqués plus haut, il y a un fait marquant, c'est l'aisance pour les locuteurs de passer d'une langue (ou variété de) à une autre dans un même énoncé, d'une variété de français à une autre comme si c'était une langue unique. C'est la caractéristique même du camfranglais qui pose encore son problème de délimitation, voire, de frontières aves les autres langues ou variétés de français. Les séquences et les langues sont tellement imbriquées les unes dans les autres que l'on a de la peine à détacher le français standard du français camerounais, et pour ne pas dire, du camfranglais, et c'est là même l'enjeu de cet article qui pose, comme je le montrerai plus loin, la problématique de son existence comme (variété de) langue dans le continuum des langues au Cameroun ; même si à l'oral et dans une certaine mesure il est fortement revendiqué ou assumé par les locuteurs, comme l'a mentionné Feussi (2007, 240 ; 2008, 108).

4.2.2. Le concert des langues
La plupart des occurrences mises en évidence qui parasitent le discours en français dans le journal sont des emprunts d'origines linguistiques diverses comme :

4.2.2.1. Les langues nationales
Il s'agit des expressions couramment utilisées en français du Cameroun qui sont issues des grandes langues véhiculaires urbaines comme le duala, l'ewondo et quelques langues de la région bamiléké du Cameroun de l'ouest, comme le montre cette série d'exemples :

(18) « on dit » que pour le jeune garçon ou la jeune fille [qui utilise le préservatif] il lui est difficile d'avoir une grossesse indésirée ou de choper le « **ndutu** » (« malédiction, mauvais sort » en duala, ici « le SIDA » ou « la grossesse »). (n° 3, 4)

(19) […] Ici au « Kamer » (« Cameroun », français populaire), tout jeune veut « être quelqu'un » (« être un homme respectable ou riche », français populaire). Certains deviennent des « feymen » (« escrocs, voyous », mélange de pidgin-english et de créativité, utilisé en camfranglais) ou croquent le « **grimbah** » (« écorces d'arbres, fétiches » en ewondo) pour évoluer. Gars, je ne te conseille pas ces « ways-là » (« voies, manières, possibilités », anglais). « Finir » (« faire l'amour », camfranglais) avec ta « mater » (« mère », latin) ? Ne fais ça pour rien au monde. Ça peut te « bring » (« t'amener, t'apporter, te donner », anglais) un puissant « **ndutu** » (« malédiction », duala). (n° 31, 8)

(20) […] Hervé Guifo reconstitue courageusement le comportement « irréglo » (« irresponsable », français populaire) de certains garçons qui vont de fille en fille, chopent des maladies ça et là, balancent des « **bèlè** » (« le ventre » en duala, donc « la grossesse ») en désordre […]. (n° 31, 3)

(21) […] c'est également le cas des problèmes de coopératives scolaires où, pour **l'affaire « nkap »** (« argent » en langue bamiléké), des « prési » (« Présidents ») véreux réussissent à **prendre les « sissonghos »** (hautes herbes de la savane, et l'expression veut dire ici « disparaître, fuir » en français populaire) avec le pactole du club aidés en cela par les autres membres du bureau. (n° 35, 11)

Dire, parler, écrire 'entre les langues' 73

> (22) [...] un mois après notre séparation, elle est, à ma grande surprise, venue m'annoncer que je l'avais engrossée. Elle me prenait pour un « **mougou** » (« idiot, naïf » en camfranglais). Elle voulait me faire porter la responsabilité de ses amants [...]. (n° 16, 11)

La fréquence des occurrences et le jeu des langues dans les énoncés du journal montrent que les pratiques des langues en situation de contact et de plurilinguisme sont loin d'être homogènes, voire prédictibles dans les interactions. Un énoncé est loin de se présenter comme une entité unique et décontextualisée, puisqu'une langue peut émerger à tout moment dans l'interaction pour appuyer ou accentuer l'argumentation. On peut ainsi penser la pratique du camfranglais ou dans une certaine mesure, du français, comme une langue unique : elle se construit à chaque fois dans l'interaction de manière imprévisible. Ce qui pose, comme je l'ai dit, le problème même des frontières des langues qui dans le concert des discours participent de ce que j'appelle le parler *plurilingue*.

4.2.2.2. Les autres langues en présence

On observe également des emprunts aux autres langues en présence, comme p. ex. à l'anglais, au pidgin english, à l'espagnol, au latin, à l'argot, etc. :

> (23) Les strings, les minis, les moulants sont hyper bien. On aime voir les « **go** » (« jeunes filles », argot) avec. Ils font de l'effet, surtout aux « **suggar dadies** » (« amants », anglais). (n° 35, 4)

> (24) [...] Je ne l'ai fait qu'une fois. Et le pharmacien chez qui je me suis rendu [sic] ce jour-là avait crié au scandale. Depuis lors, je « **fia** » (« je crains », pidgin-english) de recommencer. (Josianne, 20 ans [à propos de l'achat du préservatif par les filles] ; n° 31, 4)

> (25) Il faudra inscrire au programme les études, le sport et les attitudes saines (seulement). Ce n'est qu'à ce prix qu'on pourra convaincre le « **pacho** » (« le père », camfranglais) en juillet 2004 de tolérer nos virées à toutes les « **fiestas** » (« fêtes », espagnol). (n° 35, 3)

Mais ce qui est intéressant ici, comme je viens de le mentionner, c'est le fait que dans les discours, on passe d'un système linguistique à un autre, d'une langue à une autre ou d'une variété de français à une autre comme si tout ne se construisait que dans l'espace de la parole, tout étant dans la finalité et la mise en scène, bref, dans la fonctionnalité de la langue construite dans l'interaction ou le contexte discursif. Les autres cas d'hétérogénéité s'affichent dans la construction même des discours où les mots français connaissent une véritable aventure sémantique ou sémiotique.

4.2.3. Les néologismes

Je distinguerai ici deux types de néologismes :

- ceux liés à des faits de resémantisation des mots ou signifiés français déjà existants avec un sens particulier en discours ou en français oral camerounais et
- ceux liés à des faits de réorganisation de la structure des lexèmes soit par ablation (apocopes et aphérèses), soit par inversion (verlan).

4.2.3.1. Les jeux sur les signifiés

Les jeux portent ici sur les sens des mots qui sont reconditionnés dans les discours des jeunes. A titre d'exemple, on relèvera l'emploi récurrent des termes comme *barrer, finir, couper* etc. employés autrement :

(26) Elle est en troisième dans un établissement d'ongola (« de Yaoundé ») et moi, je suis un jeune débrouillard. Elle m'aime aussi, je crois. A cause de l'écart d'âge entre nous, je « fais tout et tout » (« je m'arrange ») pour ne pas **couper** (« faire l'amour ») avec elle. Je ne veux pas perturber ses études en lui apprenant les « muyenguè » (« l'amour » en duala). J'attends qu'elle soit VRAIMENT mûre et prête. Je dis « vraiment » parce que depuis un certain temps, Danielle insiste pour qu'on « **finisse** » (« fasse l'amour »). Quand je « **barre** » (« refuse, m'y oppose ») et lui propose d'attendre encore un peu, elle dit que je ne l'aime pas et que j'ai d'autres « **petites** » (« des copines ») chez qui je me « **gâte** » (« me satisfais »). (n° 32, 6)

(27) [...] Il y a quelques années, je faisais confiance à mon cycle menstruel. Je n'avais qu'une « piche » (« stratégie, technique ») pour éviter le « ndutu » (« la grossesse ») : bien calculer mon cycle. Quand les « **feux étaient au rouge** » (« j'avais les menstrues »), j'évitais d'« **aller au choc** » (« courir le risque », ici, « faire l'amour sans préservatif »). C'est l'époque où j'avais ces principes que j'avais rencontré Jacques. Le gars « **était frais** » (« beau, élégant », mais aussi « riche »). Il « **assurait** » (« me donnait satisfaction (de l'argent), était fidèle »). Surtout comme moi il aimait le « full contact » (« amour sans préservatif »). Tout allait bien jusqu'au jour où je me suis retrouvée avec une « chopal » (« chaude pisse ») [...]. Là, j'ai définitivement pris conscience de l'importance de la capote. Aujourd'hui, je ne « **libère** » (« cède, fais l'amour ») à mon « **bon gars** » (« meilleur copain ») qu'avec capote. (n° 32, 4)

On constate bien que dans la plupart des occurrences, les mots de français standard sont utilisés différemment en camfranglais, et c'est très souvent les termes liés à l'amour ou à l'acte sexuel comme *libérer, assurer, finir, couper, barrer*, etc. Le camfranglais – comme en général les parlers (des) jeunes – a certes une fonction identitaire en ce qu'il permet aux jeunes de se différencier, mais aussi et beaucoup plus une fonction cryptique en ce qu'elle opacifie le sens des mots pour brouiller la communication aux non-initiés. C'est bien cette deuxième fonction qui est mise en exergue dans les exemples ci-dessus, où les mots connus en français se dotent d'une charge sémantique supplémentaire accessible aux seuls initiés. Mais on peut y voir aussi une attitude euphémisante, où la tension des mots (ou entre les mots) est en quelque sorte désamorcée pour marquer positivement le discours et participer du jeu d'interprétations. Le camfranglais est donc majoritairement un fait de créativité tant d'un point de vue lexical que sémantique, et c'est cette créativité qui participe du jeu des langues et avec les langues (fonction ludique aussi), bref, de la mixité ou de l'*'entre les langues'* mise en valeur par le journal *100% Jeunes*.

4.2.3.2. Les jeux sur les signifiants

Comme dans les cas précédents, on note dans la pratique des langues dans les discours du journal des jeux divers sur les lexèmes et leurs constructions :

(28) [...] Des « go » (« jeunes filles ») comme elle, il y en a plein à « **Doul** » (« Douala ») et Ongola (« Yaoundé »). Elle paraît fragile, docile. On s'aperçoit qu'on s'est trompé. On découvre une meuf (« jeune fille ») **dispo** (« disponible ») et **respo** (« responsable »), qui ne cède pas au premier « tchatcheur » (« dragueur »). [...] C'est une « go » **réglo** (« honnête, en règle, exigeante »), si **réglo** que, même en amour, c'est elle qui négocie et impose le port du **préso** (« préservatif »). [...] [ce] qui prouve que tous les

moyens sont bons quand ils mènent « **régloment** » (« honnêtement ») au « nkap » (« richesse »). (n° 30, 2)

(29) [...] Une fille qui exige le **préso** (« préservatif ») est une « **boguess** »[6] (« prostituée »). C'est faux. (n° 30, 5)

(30) Le « bep bep bep » (« le bruit »), c'est dehors. Si rapport il doit avoir entre nous, c'est capote ou rien. Si le gars barre, il va verser son « **ndutu** » (« sperme qui peut entraîner la malédiction », c'est-à-dire « la grossesse ») ailleurs. (n° 30, 4)

On oberve dans l'exemple (30) un jeu significatif sur l'emploi et les divers sens du mot *ndutu*, utilisé dans les exemples précédents aussi, qui signifie à l'origine en duala « la malédiction » ou « mauvais sort ». Mais ces emplois peuvent s'étendre contextuellement, comme dans l'exemple sus-cité, à la grossesse non désirée considérée par les jeunes comme un mauvais sort, puisqu'elle compromet les chances d'insertion sociale (une fille mère est assez négativement perçue dans certaines cultures au Cameroun) et les études. Le terme s'applique aussi à tout ce qui peut causer cette grossesse, comme le sperme.

4.2.3.3. Les intensifs

Une chose qui est assez remarquable dans les discours mis en mention, c'est l'utilisation abondante des formes intensives caractéristiques du français oral, p. ex. :

(31) Lorsque la nouvelle tomba aux oreilles de mon « vieux » (« père »), il me bastonna « **grave** » (« exagérément, sévèrement »). (n° 29, 4)

(32) Milla est au football camerounais un « **super bao** » (« un grand maître »), un demi-dieu [...]. Il [Jean-Miche Kankan] a prouvé qu'on peut bâtir des spectacles « **monstres** » (« gigantesques ») sur l'humour. (n° 31, 3)

(33) **s'lut** (« salut ») **réglississimes** (« très réguliers, fidèles », superlatif de *réglo*) de notre journal **fétiche** (« très grand journal »). Vous connaissez Mlle Ngo Noo Louise Patience, ma cota (« copine ») de l'ITIC. (n° 13, 11)

(34) Le mois prochain, nous organisons une « **mortal fiesta** »[7] (« fête grandiose ») à Doul et Ongola. (n° 23, 10)

Dans d'autres occurrences, on note plutôt une prépondérance des formes redondantes à valeur d'insistance qui sont, dans la plupart des cas, des formes de réduplication intensives :

(35) « **Fait quoi fait quoi** » (« quoi qu'il en soit ») tu vas rendre la pièce. (n° 31, 10)

(36) Persuader, tout en fixant les limites à ne pas dépasser. Ton « NON » restera non, « **fait quoi fait quoi** » (« quoi qu'il en soit »). (n° 35, 4)

(37) De nos jours, bien que séparés par des milliers de kilomètres, les hommes peuvent, à l'aide des nouvelles technologies, s'écrire (e-mail, chat) [...]. Tout cela, en temps réel (c'est-à-dire **là là là** (« ici et maintenant »)) et à des coûts plus bons que jamais. (n° 11, 8)

L'hétérogénéité caractéristique des pratiques linguistiques dans *100% Jeunes* est révélatrice des tensions linguistiques (entre un 'we code' et un 'they code'), mais aussi généra-

---

[6] Ce terme est issu d'une transformation du mot *bordel* qui a donné en français oral camerounais et plus précisément chez les humoristes *mbogdel* (mimant l'accent bamiléké), puis *mbog* (ou *bog*) et puis, chez les jeunes *boguess*, pour désigner la prostituée.

[7] Expression calquée sur *mortal combat* (« combat mortel »), titre d'un film américain.

tionnelles entre les jeunes et les adultes, les 'mêmes' face aux 'autres', qui donnent la mesure des fractures sociales ou identitaires dont la ville est porteuse. Ce 'we code' (ici, le camfranglais) apparaît dès lors comme un parler urbain, construit par une communauté interactionnelle, un « sociolecte générationnel » (Féral : 2004, 521), qui permet de traduire une « appartenance à la jeunesse urbaine camerounaise » (Feussi : 2006, 11). Ses locuteurs fournissent, de ce fait, des efforts d'adaptation pour construire la cohésion sociale, ce qu'on pourrait mieux définir comme une pratique d'acceptation mutuelle véhiculée aussi dans les représentations[8] et les discours épilinguistiques.

5. Parler 'entre les langues' – mais pour quelles représentations ?

On ne peut analyser les dynamiques linguistiques dans un espace social déterminé sans envisager, comme le dit Boyer (1990, 104), les différentes formes de représentations des locuteurs. On entend par représentation

> l'ensemble des images que les locuteurs associent aux langues qu'ils pratiquent, qu'il s'agisse de valeur, d'esthétique, de sentiment normatif ou plus largement métalinguistique. (Branca-Rosoff : 1996, 79)

Il s'agit plus exactement, des « rapports que chaque locuteur entretient avec les parlers dont il use » (Branca-Rosoff : 1996, 92).

A cet effet, les guillemets et les italiques, bref, la mention, sont des marqueurs d'hétérogénéité énonciative qui participent au traçage matériel du texte, mais indiquent aussi la préoccupation de l'autre, celui qui lira le texte ou encore le regard qu'il porte sur le discours ou la pratique de l'autre. Ils illustrent ainsi, comme le dit Authier-Revuz (1995, 141), un cas de « non-coïncidence des mots à eux-mêmes », qui indique « la rencontre par l'énonciateur dans son discours, des mots venus d'ailleurs » (1995, 235). Cette « rencontre », c'est certes ce discours des autres que tout mot porte avec lui, mais c'est aussi « la question du destinataire auquel il est adressé, celle de son adéquation au réel et au vouloir dire, celle enfin de son potentiel d'équivoque » (Authier-Revuz : 2003, 89). Le journal *100% Jeunes* déploie une scénographie qui est celle de jeunes s'énonçant dans diverses situations (commentaires, dialogues, réflexions etc.) dans un français parasité par des formes mixtes ou hétérogènes. Le fait que cette langue-hybride y est pour ainsi dire 'montrée' intentionnellement par le journal, peut être perçu comme une forme d'hybridation volontaire destinée à renforcer la connivence entre énonciateurs et co-énonciateurs ou tout au moins les représentations et les attitudes à l'égard de celle-ci.

Même si dans l'ensemble, et pour reprendre les mots des locuteurs eux-mêmes, le 'style' (la langue en fait) du journal est revendiqué ou fait l'objet d'attitudes et de représentations positives, comme on le notera dans les discours épilinguistiques ci-dessous, il

---

8   De nombreuses recherches ont cours actuellement sur les représentations du camfranglais au Cameroun qui tendent à montrer qu'il présente un conflit générationnel patent entre les personnes adultes qui ont utilisé et appris le 'bon' français ou du moins le français normatif à l'école pendant et légèrement après la période coloniale, et les jeunes qui rejettent de plus en plus la rigidité de la norme grammaticale imposée par l'école, au profit d'un français plus libéral, plus souple et plus 'démocratique'. Le paradoxe ou le conflit naîtrait donc du fait qu'il est rejeté d'une part et assumé d'autre part par un groupe non moins important de ses locuteurs. C'est cette tension qui est ainsi manifeste dans ce journal où les guillemets ou l'italique ont une grande fonction stylistique de rejet.

n'en demeure pas moins qu'il est le fruit des descriptions et des préoccupations diverses par les linguistes au Cameroun :

> (38) La jeunesse se reconnaît dans ce journal. Les mots utilisés sont les nôtres. (n° 24, 10)
>
> (39) Je ne peux que lui souhaiter [au journal] longue vie et espérer qu'il gardera ce style qui convient à la jeunesse et permet de mieux véhiculer le message. (n° 24, 10)

Ces déclarations extraites de la rubrique « Courrier des lecteurs », qui sont celles des jeunes eux-mêmes (c'est eux en fait qui rédigent et publient les textes dans le journal puisqu'ils précisent à la fin de chaque article leur nom, adresse et âge)[9], apportent la preuve de ce que le camfranglais est revendiqué non seulement comme une langue de connivence, mais aussi comme la marque d'une identité révélatrice de la culture urbaine. Cette attitude des locuteurs à l'égard de leur propre pratique donne ainsi à voir le rôle que tiennent les langues mixtes au sein de la communauté des jeunes qui s'énoncent dans diverses situations du discours au Cameroun. En effet, le recours à l'hétérogénéité linguistique comme code dominant dans le journal a pour finalité d'amener le public supposé de jeunes lecteurs à s'y reconnaître. L'objectif majeur serait d'aboutir à la fin à

> la constitution d'un corps, de la communauté imaginaire de ceux qui communient dans l'adhésion à un même discours. (Maingueneau : 2002, 140)

Je parviens là à une interprétation possible, mais qui rompt paradoxalement avec l'exemple ci-dessous qui affiche un retour correctif sur le dire, comme si le parler jeune était avant tout transgressant (même s'il constitue déjà un cas de rupture) :

> (40) Seule ressemblance entre la comédie et l'humour : ils font rire. Ce n'est pas un prétexte pour les « **foncondre** »… **pardon, confondre**. (n° 31, 3)

Même si à première vue, on peut davantage penser à un jeu sur la / les langue(s), comme il a été le cas plus haut, où non seulement le locuteur joue et se divertit avec la / les langue(s), et « relativise » (Feussi : 2007, 238) leurs usages, on ne peut ne pas s'arrêter devant cette épanorthose (retour méta-énonciatif (ou métalinguistique) sur son propre dire). Ce retour correctif sur le mot *foncondre* dans l'espace du même énoncé ne trahit-il pas le rapport à la langue ? À bien y regarder, si le 'français' du journal est appréhendé positivement dans les déclarations épilinguistiques, il reste, du point de vue graphique, une parole hétérogène. Si l'on admet avec Maingueneau (2002, 139) que « mettre une unité entre guillemets, c'est en effet renvoyer la responsabilité à un autre », on comprendrait que ce 'français' (ou variété de), tel qu'il émerge dans le journal pose plus que jamais le problème des identités urbaines, de gestion et de transmission des langues en ville. Les mots ou les langues sont en effet encadrés par les guillemets comme par une gaze protectrice, des « paroles sous surveillance » (Herschberg-Pierrot : 1993, 103). Mais si ces paroles 'plurilingues' révèlent de par leurs usages leur efficacité en discours dans la communication sociale au Cameroun, elles relèvent aussi de « l'entre les langues » (Feussi : 2007, 234) ou des langues mixtes, qui est le produit de l'action de la ville sur les langues et le moyen par excellence de l'intégration en ville.

---

[9] Il est vrai que je n'ai pas mené d'enquêtes très poussées dans ce sens, mais déjà le fait que chaque article est signé par un auteur qui prend soin de mentionner son adresse et son âge peut nous permettre de confirmer cette hypothèse.

6. Le parler 'plurilingue' : vers de nouvelles frontières des langues ?

Le français, ou tout au moins le parler 'plurilingue' telle qu'il s'affiche ou est mis en mots dans le journal *100% Jeunes* se présente comme une juxtaposition de codes différents entre lesquels le locuteur se déplacerait. On constatera à ce sujet que ces 'mélanges' ne laissent pas nécessairement les langues ou les codes indemnes, dans l'état où on les aurait trouvés avant usage (Calvet : 2005, 16). Ce parler 'plurilingue' montre comment dans la fonctionnalité des pratiques linguistiques au Cameroun le plurilinguisme est lui-même 'auto-régulé' *in vivo*, témoin certes du caractère hétérogène de la société, mais aussi de 'l'intimité plurilingue', selon laquelle la proximité des usagers avec des pratiques linguistiques ne peut se faire de manière tranchée.

En effet, le locuteur dispose toujours, d'un éventail d'usages des langues qui lui permettent à chaque fois de (se) construire une identité selon le contexte. Il s'agit de penser les usages de langues comme une pratique plurilingue et pluriculturelle. Dire, parler ou écrire dans les villes, présuppose l'usage d'au moins une des près de 250 langues que compte le Cameroun. Cela suppose qu'en plus du linguiste (dont les motifs sont parfois non précisés), les locuteurs « connaissent souvent quelles seraient les frontières de ce qui serait reconnu comme le français malgré la fluctuation dans les usages » (Feussi : 2007, 240). Parler français reviendrait donc à

> participer à la construction de frontières entre (pôles de) langues, à naviguer entre des usages reconnus dans le cadre d'échange comme du français. (Feussi : 2007, 240)

7. Pour conclure

Pour résumer ce qui précède, on peut dire que les hétérogénéités des langues et des discours dans le journal *100% Jeunes* sont presque toujours 'montrées', et qu'à travers les marques de rupture graphiques, le sujet circonscrit, à l'intérieur de son propre discours, le discours autre et contribue à le mettre à distance. Le moi des discours est toujours « une représentation du moi, qui se définit à la fois par sa différence […] et par son lien à l'autre » (Barbéris : 1999, 143), traduisant la complexité des attitudes linguistiques devant la mosaïque des langues qui meublent les pratiques linguistiques au quotidien. Le 'français' (ou ce qui peut être considéré comme tel) dans *100% Jeunes* peut être saisi comme un cadre diversifié, aux ramifications variées. Sa présence est parfois insaisissable, et on ne peut le définir sans supposer la présence d'une autre langue ou d'autres pôles de la même langue. C'est donc dire qu'on ne peut l'étudier dans l'espace d'un discours social comme celui de ce journal comme « une langue unique » (Feussi : 2007, 248), stable et homogène, mais comme une langue en construction permanente, mettant en relief davantage de « désordre » aléatoire que « d'ordre » prédictible (Calvet : 2007, 16).

8. Références bibliographiques

Authier-Revuz (1995), J. (éd.), *Ces mots qui ne vont pas de soi. Boucles réflexives et non coïncidence du dire*, 1, Paris.
Authier-Revuz, J. (1998), « Enonciation, méta-énonciation. Hétérogénéités énonciatives et problématique du sujet », dans : Vion, R. (éd.), *Les sujets et leurs discours. Enonciation et interaction*, Aix-en-Provence, 63-79.
Authier-Revuz, J. (2003), « Le fait autonymique. Langage, langue, discours. Quelques repères », dans : Authier-Revuz, J. et al. (éds.), *Parler des mots. Le fait autonymique en discours*, Paris, 67-96.
Authier-Revuz, J. / M. C. Lala (éds. 2002), *Figures d'ajout, phrase, texte, écriture*, Paris.
Barbéris, J. M. (1999), « Analyser les discours. Le cas de l'interview sociolinguistique », dans : Calvet, L.-J. / P. Dumont (éds.), *L'enquête sociolinguistique*, Paris, 125-148.
Blanchet, Ph. (2007), « Quels 'linguistes' parlent de quoi, à qui, quand, comment et pourquoi ? Pour un débat épistémologique sur l'étude des phénomènes linguistiques », *Carnets d'Atelier de Sociolinguistique*, 1. (http://www.u-picardie.fr/LESCLaP/spip.php?rubrique55)
Boyer, H. (1990), « Matériaux pour une approche des représentations sociolinguistiques. Éléments de définition et parcours documentaire en diglossie », *Langue Française*, 85, 102-123.
Branca-Rosoff, S. (1996), « Les imaginaires de la langue », dans : Boyer, H. (éd.), *Sociolinguistique. Territoire et objets*, Lausanne / Paris, 79-114.
Calvet, L.-J. (2005), « Les voix de la ville revisitées. Sociolinguistique urbaine ou linguistique de la ville », *Revue de l'Université de Moncton*, 36/1, 9-30.
Calvet, L.-J. (2007), « Pour une linguistique du désordre et de la complexité », *Carnets d'Atelier de Sociolinguistique*, 1. (http://www.u-picardie.fr/LESCLaP/spip.php?rubrique55)
Cicurel, F. (2002), « Le texte et ses ornementations », dans : Authier-Revuz, J. / M. Chr. Lala (éds.), 51-64.
Féral, C. de (2004), « Français et langues en contact chez les jeunes en milieu urbain : vers de nouvelles identités », dans : *Penser la Francophonie, concepts, actions et outils linguistiques – Actes des premières Journées scientifiques communes des réseaux de chercheurs concernant la langue, organisées par l'AUF et l'Université de Ouagadougou, 31 mai – 1er juin 2004*, Ouagadougou (Burkina-Faso), 513-526.
Feussi, V. (2006), *Une construction du français à Douala – Cameroun*, Thèse de doctorat, Tours.
Feussi, V. (2007), « Le français et les pratiques linguistiques en contexte urbain au Cameroun : une dynamique interactionnelle », *Le français en Afrique*, 22, 233-252.
Feussi, V. (2008), *Parles-tu français ? Ça dépend... penser, agir, construire son français en contexte plurilingue : le cas de Douala*, Paris.
Herschberg-Pierrot, A. (1993), *Stylistique de la prose*, Paris.
Lop, L. (2000), *Espaces discursifs. Pour une représentation des hétérogénéités discursives*, Louvain-Paris.
Maingueneau, D. (2002), *Analyser les textes de communication*, Paris.

Katja Ploog (Université de Franche-Comté à Besançon, France / Université de Freiburg, Allemagne)

L'ambiguïté constructionnelle dans la dynamique langagière (l'exemple du nouchi)[1]

1. Dynamique langagière : objet, étude

Le but des pages qui suivent est de montrer comment des ressources spécifiquement non-standard et puisant dans les moyens d'élaboration oraux participent à engendrer des constructions linguistiques originales.

Nous entendons par *dynamique langagière* le processus continu de structuration linguistique qui s'accomplit dans les configurations discursives historiques d'une communauté sociale donnée. Nous reprenons à notre compte le postulat hopperien, selon lequel il n'existe pas de grammaire *a priori*, en l'explicitant par la notion d'*élaboration* : l'auditeur interprète les séquences discursives perçues, sous-déterminées *per se*, et les catégorise en vue d'un réinvestissement potentiel. La dynamique langagière apparaît alors comme constitutive de toute activité discursive, ancrée dans la dualité de production et d'écoute, avec pour fait élémentaire le non-standard ;[2] il n'y a que la légifération – intervention *in vitro* – qui puisse soustraire les usages à la dynamique langagière.

L'étude des dynamiques langagières consiste à décrire les traits non-standard présents dans les discours en les interprétant comme manifestations formelles d'un processus social permanent. Si les mécanismes et les processus sous-jacents sont actifs dans toute production de discours, ils sont d'autant plus marqués que la constellation est complexe. La complexité de la tâche d'élaboration du discours est en effet fonction du réseau de communication dans lequel elle s'accomplit, déterminée par le nombre, la densité et l'hétérogénéité des membres qu'elle réunit, et par la stabilité de cette configuration sociale.[3]

La situation linguistique abidjanaise est réputée pour la force de sa dynamique et constitue ainsi un terrain d'observation particulièrement riche. Après avoir présenté rapidement les caractéristiques historiques de cette situation et défini les concepts descriptifs (*élaboration*, *mécanismes*, *processus* et *restructuration*), nous montrerons dans quelle mesure la notion d'*ambiguïté constructionnelle* permet d'expliciter certains aspects de la dynamique langagière observée.

---

[1] Ce travail a été réalisé avec le soutien de la fondation Alexander-von-Humboldt. L'auteure tient à remercier en outre Martina Drescher, Ingrid Neumann-Holzschuh et Robert Nicolaï pour la relecture critique de la version préliminaire de cet article.
[2] La terminologie (négative) peut faire perdre de vue sa primauté par rapport au standard.
[3] Cette terminologie prend appui sur les travaux de l'école de Chicago (Park : 1979 [1952]), selon lesquels la ville (et, par extension, toute communauté humaine) est structurée par les ordres **spatial**, **économique** et **moral**. L'ordre moral (éthique, social) qui structure la communauté en co-détermine les modalités de communication. Les caractéristiques de la variation linguistique résultent, dans cette perspective, non seulement des fonctions pragmatiques immédiates de la communication mais également des besoins de sous-catégorisation sociale, dans la mesure où elle permet aux membres de la communauté d'en assumer au mieux la complexité interne.

2. La dynamique abidjanaise

En Côte d'Ivoire, le français est passé, en cent ans de présence, de la langue coloniale exogène et minoritaire à la langue urbaine par excellence.

(1)[4] En zone côtière, la francisation des populations locales appartenant à diverses ethnies du groupe kwa débute avec la phase d'installation du pouvoir colonial (1893-1933) qui va de pair avec celle des écoles missionaires. Les fonctions communicatives du français sont encore purement véhiculaires et ultra-minoritaires. L'installation du gouverneur à Abidjan (1933) ouvre la première phase d'expansion urbaine, sous un flux d'immigration laborale tout d'abord régionale ; une trentaine d'ethnies et langues différentes sont alors représentées sur le site (principalement des groupes kwa, kru, et mandé). En corollaire, les contacts s'intensifient : mais bien que l'expression en français augmente quantitativement et qualitativement et que la fonction de langue seconde se développe, le plurilinguisme individuel reste, dans cette phase, encore majoritairement africain, ce qui s'explique en partie par la présence du dioula, qui assume des fonctions véhiculaires dans les centres urbains de la sous-région depuis le Moyen-Âge.

(2) L'ouverture du port international de Vridi (1951) signe la fonction de métropole économique d'Abidjan :[5] dans un contexte de forte compétition sociale, une population immigrante peu instruite et linguistiquement de plus en plus hétérogène (environ 100 langues nationales et étrangères des groupes kwa, kru, gur, mandé nord et sud, ouest-atlantique, sémitique) 'plébiscite' le français comme langue de communication interethnique et fait émerger le *français populaire d'Abidjan* (FPA). C'est la phase où la dynamique linguistique du français est la plus marquée, parfois décrite comme celle d'une pidginisation (Hattiger : 1983).

(3) La chute des cours mondiaux du cacao[6] et du café à la fin des années 1970 amorce la crise économique : la précarité est généralisée et la scolarisation ne progresse plus. Les perdants de la compétition urbaine revendiquent leur identité par la création de modalités discursives spécifiques à partir des sources structurelles autochtones, dont le FPA est désormais la pièce majeure. Symboliquement érigées en contre-norme sous la dénomination de *nouchi,* ces modalités consistent notamment à ritualiser le *code-switching* identitaire dans les domaines caractéristiques de l'argot.

(4) Si l'incantation d'une « ivoirité » par le président d'alors (Félix Houphouët-Boigny) est entièrement focalisée sur le français, la diversité des pratiques se confirme jusqu'à aujourd'hui : le FPA est transmis à la génération suivante et évolue structurellement ; le nouchi s'affirme dans des courants artistiques émergents et fait l'objet d'une réappropriation par une population plus large ; la diffusion du français standard stagne. Reste que les villes ivoiriennes sont désormais francophones, et l'usage effectif des langues autochtones se trouve chaque jour un peu plus retranché en milieu traditionnel, rural. Malgré les conflits politiques que le pays a connus au cours des dernières années, la consolidation de l'ivoirité semble donc se poursuivre – sous le nom du *nouchi*.

---

4 Nous avons schématisé l'histoire sociale de la communauté abidjanaise en quatre phases ; le découpage alternatif en 6 phases proposé dans Ploog (2007, 167) pour d'autres besoins argumentatifs montre que le regroupement des événements successifs est largement subjectif.
5 À l'indépendance du pays en 1960, Abidjan deviendra capitale.
6 La Côte d'Ivoire est le premier producteur mondial de cacao.

L'ambiguïté constructionnelle dans la dynamique langagière 83

La problématique des structures fluctuantes, émergentes, peut être illustrée par des constructions ambiguës, telle la séquence suivante, dont l'interprétation structurelle sera discutée dans la section 4 :

(1) samamãladɔnedɛ + ʒːoliabikɛ / pɛːsɔ̃napɔteãkɔomɔnla[7]
« Sa maman (lui) a donné des habits plus jolis que personne au monde n'en avait jamais porté. » (B46Y:IV.10.4)

3. Élaboration linguistique et grammaire émergente

3.1. Élaboration

Le concept d'*élaboration*, tel qu'il a été forgé par Kloss (1967) et qu'il s'est imposé en aménagement linguistique, fait référence à la distance fonctionnelle entre langues. Alors que Kloss entend par là la seule intervention sur le *status* (en opposition avec le *corpus*) de la langue, qui conduit au développement de domaines fonctionnels supplémentaires, notamment écrits,[8] la notion a été réinterprétée par Manessy (1981) pour être appliquée à l'expansion formelle des langues pidgin / créoles.

Nous retenons du concept de Kloss la démarche de conventionnalisation, mais en l'attribuant, comme le fait (implicitement) Manessy, au locuteur-auditeur dans son activité discursive habituelle, tel que le suggère Hopper en parlant de *grammaire émergente* :

> The notion of Emergent Grammar is meant to suggest that **structure, or regularity, comes out of discourse and is shaped by discourse** as much as it shapes discourse in an on-going process. Grammar is hence not to be understood as a pre-requisite for discourse, a prior possession attributable in identical form to both speaker and hearer. **Its forms are not fixed templates but are negotiable in face-to-face interaction** in ways that reflect the individual speakers' past experience of these forms, and their assessment of the present context, including especially their interlocutors, whose experiences and assessments may be quite different. (Hopper : 1987, 142)[9]

Cette perspective se trouve explicitée par la notion d'*élaboration*, qui décrit l'émergence comme conventionnalisation sur trois échelles temporelles :

- la juxtaposition d'entités langagières dans un discours effectif (*mécanisme*) ;
- la mise en mémoire des schèmes d'action associés aux constellations discursives chez le locuteur (*répertoire*) ; cette échelle d'ordre cognitif et psycholinguistique ne sera pas développée par la suite ;
- la sédimentation de normes (*processus*) dans la mémoire collective des discours.

La partie de l'élaboration qui consiste en la modification plus ou moins notable des normes établies peut parfois être décrite en termes de *restructuration* (notion discutée dans la section 3.3.).

---

[7] Sauf indication contraire, les extraits de corpus sont tirés du corpus Ploog ABJ97, dont la transcription intégrale est publiée dans Ploog (1999) ; pour la plus grande transparence possible, le code indique le locuteur (p. ex. B46Y) et la portion interactionnelle (p. ex. IV.10/40).
[8] Selon Kloss, les langues à *élaboration* s'opposent aux langues à *distanciation*.
[9] Les soulignements sont de notre fait (KP).

3.2. Mécanismes et processus

De manière générale, un *mécanisme* est une relation (ou chaîne de relations) de cause à effet. Le concept implique en outre que la relation s'actualise avec une certaine régularité. Notons un usage assez variable de cette notion dans la littérature. Chez Thomason (2001), p. ex., le mécanisme équivaut à une stratégie mise en œuvre par le locuteur ; par ailleurs (Thomason : 2004), elle décrit comme *mécanisme* l'allègement de la charge cognitive par l'intégration morphologique d'un item emprunté. Dans les deux types d'emploi, le concept est à comprendre, chez Thomason, comme motivation fonctionnelle d'un comportement discursif. Nous poserons ainsi que la production langagière est soumise à des exigences pragmatiques (cause), générales et originales à la fois, qui régissent la mise en discours (effet).[10] C'est cette relation de cause à effet observable dans le discours que nous désignerons par le terme de *mécanisme*.

Les exigences pragmatiques de la mise en discours sont universelles en ce qu'elles sont régies par les structures mentales et les caractéristiques du langage humain :

- la gestion de la référentialité du discours (les hiérarchies informationnelles comme la focalisation et cognitives comme les traits sémantiques intrinsèques ; le choix de lexies spécialisées, de génériques ou d'hypéronymes, d'anaphores ou de déictiques, ou le recours au *code-switching*) ;
- la gestion de l'interlocutivité immédiate (la relation interpersonnelle) et permanente, sous-jacente (l'indexation sociale) ; cette gestion comprend les termes d'adresse et de tutoiement / vouvoiement, ou encore le *code-switching* ;
- la gestion de la linéarité du discours (les procédés de cohésion et de segmentation) ; on distinguera ainsi les mécanismes explorant l'axe paradigmatique comme les reprises, répétitions et improvisations syntaxiques de celles explorant l'axe syntagmatique comme le *code-switching*.

Bien que l'élaboration ramène les hiérarchies pragmatiques à un seul axe, continu, tout mécanisme est une conjonction des trois axes ; le déictique est à la fois un gain de temps (linéarité) en tant qu'entité légère, une marque stylistique (interlocutivité : familiarité) et une référence économique. Un mécanisme peut constituer une véritable stratégie sur l'un des axes, alors qu'il s'agit, sur les deux autres, de produits secondaires, induits. Par exemple, un débit rapide peut généralement être imputé à l'interlocutivité (stress ou démonstration de performance), mais consiste 'matériellement' en l'accélération de la succession linéaire des entités linguistiques. Dans cette perspective, le *code-switching* est un mécanisme en ce qu'il apporte la solution formelle à plusieurs exigences pragmatiques sous-jacentes à la mise en discours.

La difficulté de distinguer entre *code-switching* et *emprunt* montre que les mécanismes discursifs peuvent faire l'objet d'une routinisation variable ; cette intégration graduelle de nouvelles ressources au répertoire se déroule par une succession typique d'étapes, que nous désignerons comme *processus* : chaque étape est décrite par des facteurs structurels qui façonnent la construction, mais qui échappent (faut-il ajouter *entièrement* ?) au contrôle du locuteur. Ici aussi, il convient de distinguer les processus paradigmatiques (analogie, métaphore, grammaticalisation), qui interviennent sur la substi-

---

10 Dans une perspective différente, les exigences pragmatiques recoupent ce que Coseriu (1981) avait appelé des *universaux essentiels* auxquels l'on ne pourra que référer ici, à savoir, la **sémanticité**, l'**altérité**, la **créativité**, l'**extériorité** et la **discursivité** du langage.

tuabilité de l'unité morpho-lexicale, des processus syntagmatiques (métonymie, lexicalisation), qui touchent la combinatoire.

3.3. Restructurations

Le terme de *restructuration* est indéniablement maladroit en ce qu'il implique le remaniement des constructions existantes, ce qui est le principe même de l'élaboration. Si ce terme a néanmoins l'avantage d'être intuitivement compris, nous le réserverons pour décrire les élaborations innovantes dont la sédimentation est patente, de par leur fréquence relative, leur régularité fonctionnelle ou tout autre facteur témoignant d'une conventionnalisation avancée.

Le recours à des routines éprouvées apparaît comme stratégie d'élaboration discursive particulièrement avantageuse : plus une construction est routinière, moins elle est coûteuse en termes de traitement cognitif, moins elle comporte le risque de rater l'effet recherché auprès de l'interlocuteur. Un nombre élevé de routines partagées garantit une communication efficace et stabilise en contrepartie les conventions acquises. Dans cette perspective, les restructurations peuvent être imputées à l'absence (ou : à la faible quantité) de routines partagées ; les restructurations sont alors d'autant plus plausibles dans des configurations discursives marquées par une forte hétérogénéité sociale, par des réseaux communicatifs de faible densité, ou par un nombre de participants élevé. Les restructurations peuvent se dérouler sans contact linguistique, bien que celui-ci constitue indéniablement un facteur majeur de l'hétérogénéité des répertoires, qui préfigure partiellement les contours d'une restructuration ; nous nous contenterons de noter à cet égard que la dynamique prend appui sur l'ensemble des matériaux de construction offerts par le répertoire du locuteur et que la sélection du / des meilleur(s) candidat(s) s'effectue en fonction des atouts d'une construction pour une configuration discursive donnée (*cf.* Ploog : 2008).

Les restructurations témoignent de la manière dont les routines constructionnelles peuvent être mises en péril par les exigences pragmatiques : lorsque les différentes dimensions ne peuvent pas être satisfaites équitablement, la mise en discours a lieu 'sous tension', ce qui conduit à l'emploi de stratégies de résolution particulières – des 'principes actifs' de l'élaboration linguistique. Dans la suite, nous allons présenter un de ces principes actifs de l'élaboration, l'ambiguïté constructionnelle.

4. L'ambiguïté constructionnelle dans la dynamique langagière

Cette section cherchera à établir dans quelle mesure l'ambiguïté constructionnelle s'appuie sur les contraintes exercées par les exigences pragmatiques de l'élaboration des discours oraux spontanés, en les mettant en perspective à partir des données abidjanaises.

4.1. Définitions

Dans son acception commune, l'adjectif *ambigu* qualifie ce « qui présente deux ou plusieurs sens possibles ; dont l'interprétation est incertaine » (Rey : 2006, s.v. *ambigu*). Tout énoncé doit remplir les conditions de consistence interprétative pour constituer un message dans un contexte énonciatif donné : il ne doit pas porter de contradictions internes et il doit être pertinent (Löbner : 2003). Les interprétations remplissant ces conditions sont les lectures possibles :

> Lorsqu'une phrase comporte un élément ambigu, celui-ci entre dans la construction avec chacune de ces significations et engendre le nombre correspondant de significations syntaxiques [...]. (Löbner : 2003, 63)[11]

L'ambiguïté « compositionnelle » (Löbner) comprend tous les cas où la signification de la construction peut recevoir plusieurs interprétations concurrentes au niveau des significations lexicales, de la structure syntaxique, ou, dans une perspective interlinguistique, des formes grammaticales (Löbner : 2003, 63). La phrase :

(1) Elle observait le type avec les jumelles.

comporte ainsi potentiellement une homonymie lexicale (*jumelles*), une ambiguïté concernant la portée syntaxique (*avec les jumelles*), et une ambiguïté grammaticale, si rapproché de l'anglais (*cf. she observed / was observing* etc.).[12] – Potentiellement, car, encore d'après le *Dictionnaire Robert*, on entend par *ambiguïté* en linguistique plus précisément « une unité signifiante qui manifeste plusieurs sens ou références possibles **en contexte** » (Rey : 2006, s.v. *ambiguïté*).[13]

En linguistique formelle, l'on s'intéresse à des ambiguïtés constructionnelles où les mots d'une phrase peuvent être groupés de différentes manières, ce qui exprimerait des phrases – ou significations – différentes (Berthelin : 2005), comme :

(2) Flying planes can be dangerous.

L'ambiguïté réside, dans ce cas, dans l'ambivalence diathétique du verbe *to fly*. Mais d'une part, la différence sémantico-pragmatique entre les deux interprétations ne porte pas à conséquence ici, et, d'autre part, notre savoir du monde prédit que ce sont de toute manière les hommes qui pilotent les avions. Le problème est posé par l'objet de travail même de la linguistique formelle, dont l'une des ambitions majeures consiste à vouloir désambiguïser automatiquement les ambiguïtés d'ordre compositionnel.

La nécessité du recours au contexte dans l'interprétation structurelle semble un lieu commun ; or, les mécanismes par lesquels la désambiguïsation s'effectue ne vont pas de soi. Lecomte (2009) p. ex. parle « d'ambiguïté pragmatique » dans des cas comme :

(3) Le professeur a envoyé l'élève chez le proviseur,

qui peut être suivi par :

---

11 Les traductions de Löbner (de l'allemand) ont été effectuées par l'auteure (KP).
12 Ce type d'ambiguïté est loin d'être incongru puisque bon nombre de dynamiques linguistiques fortes sont marquées par les contacts de langues (i.e. les compétences bilingues) ; de manière plus générale, il illustre par ailleurs la précision toute relative avec laquelle les **structures** linguistiques décrivent la réalité extra-linguistique.
13 Mise en exergue effectuée par l'auteure (KP).

(3a) parce qu'il le trouvait insupportable.
(3b) parce qu'il lançait des boulettes au plafond.
(3c) parce qu'il voulait le voir.

où seuls les savoirs du monde renseignent sur la référence du *il*-anaphorique – respectivement le professeur (a), l'élève (b) ou le proviseur (c). Löbner note que la signification peut être modifiée de manière à s'intégrer dans un contexte énonciatif donné ; ensuite, elle serait enrichie par les informations contextuelles.[14] Il est important de remarquer ici que la modification en contexte (ou **du** contexte) constitue une source possible pour l'innovation sémantique lexicale. Chez Löbner, cette dynamique est exprimée dans la perspective du processus de sédimentation de nouvelles normes discursives :

> Les glissements sémantiques […] créent pour le contexte donné de nouvelles significations de l'expression et, partant, de nouvelles significations de l'énoncé. (Löbner : 2003, 65)

De la modification de signification peuvent résulter des ambiguïtés de **sens**, dues à des glissements semantiques par métonymie (réduction syntaxique lexicalisée), métaphore (appropriation / ajustement sémantique) ou différenciation (spécialisation de la signification initiale).

L'argumentation de Lecomte (2009) exposée ci-dessus montre que bon nombre d'ambiguïtés (toutes celles citées jusqu'ici) n'existent que si l'on considère les séquences hors contexte d'énonciation et qu'elles n'existent ainsi que pour l'observateur extérieur (y compris pour les ordinateurs, dont la sensibilité au contexte reste très problématique à modéliser). Néanmoins, la sous-détermination structurelle de séquences discursives quant à leur fonction syntaxique, morphologique et / ou sémantique en situation est un cas absolument commun, et son importance pour l'élaboration reste à explorer.

Dans ce qui suit, nous centrerons notre développement sur les cas d'ambiguïté qui mettent en jeu la combinatoire selon le principe très général 'une forme, plusieurs fonctions' :[15] la polyvalence inhérente, l'homonymie constructionnelle et le chevauchement syntagmatique, en excluant de nos considérations le cas de polysémie lexicale (seule).

4.2. Polyvalence syntaxique et *vagueness*

On désigne généralement par *vagueness* (ou *polysémie*, Victorri / Fuchs : 1996) les cas où une entité formelle est susceptible de fonctionner dans des contextes différents. La *vagueness* constitue alors le cas non-marqué de la sémantique lexicale dans les langues naturelles. L'une des ambiguïtés liée à la polyvalence syntaxique est celle de *que*, complémenteur à la fois nominal et verbal, dont les nombreux emplois non-standard montrent que les fonctions syntaxiques précises ne sont pas toujours évidentes à différencier.

Les constructions conjonctives connaissent des emplois où un *que* attendu (depuis la perspective de l'emploi standard) peut ne pas être réalisé ; c'est le cas notamment dans des environnements de discours rapporté, ce qui a pu être envisagé comme **rection faible** des verbes de parole (*cf.* Blanche-Benveniste : 1989 ; et, dans la suite, p. ex. Andersen : 2000) :

---

[14] Notons que cette présentation du mécanisme interprétatif pose problème : soit, l'on considère que le contexte énonciatif constitue un savoir *a priori* du destinataire qui fonde l'interprétation des séquences discursives sur ce savoir ; soit, l'on imagine que le destinataire fonde l'interprétation d'abord sur la signification lexicale qui sera ensuite modifiée par les (adaptée aux) informations contextuelles.

[15] Les termes *compositionnel* et *constructionnel* peuvent valoir pour synonymes dans bien des cas ; cependant, le dernier est compris comme indiquant une plus forte sédimentation (routinisation) que le premier.

(4) / mɛ̃nã + ləsɛ̃ʒidi + nɔ̃: / epɣidi + lɣivaalymeləfø / kɛ + lɣilafrwa /
« Alors le singe il dit non et puis il dit Ø [1] lui (il) va allumer le feu **que** [2] lui il a froid » (B46Y:IV.10/40)

L'exemple illustre deux élaborations successives sous la rection (faible) du verbe *dire*, la première par un discours rapporté libre [1], la dernière par un discours indirect standard, marqué par *que* [2]. Variation syntaxique ? Peut-être, mais l'on note que, dans des contextes structurels analogues (i.e. l'enchâssement de plusieurs unités propositionnelles de discours rapporté avec un verbe introducteur *dire*) l'élaboration par *que* est plus fréquente en ouverture du deuxième membre enchâssé que du premier. Variation syntaxique ? Peut-être. Le rôle de *que* consiste ici toutefois à marquer (au sens fort) le **maintien** d'un plan énonciatif secondaire – la coordination de subordinations –, ce qui équivaut à l'élaboration d'une nouvelle modalité constructionnelle qui puise dans les fonctionnalités initiales de *que* (subordination syntaxique, marquage énonciatif) associé à une liberté d'emploi relative : en plus de la fonction de segmentation propositionnelle sur l'axe linéaire, *que* assume ici des fonctions ressortant directement de l'interlocutivité.

Quant à l'emploi relatif, le décumul des fonctions conjonctive et pronominale fait partie des phénomènes souvent décrits :

(5) dɔ̃ / kã ʃpatirɛselaba + sa-ɛ:lafamla / **lafam / togolɛz / keʒtɛʃezɛl** / ɛdi + ɛnəpøpaməga:de + sãvwamepaʀã
« donc + quand je suis partie rester là-bas [sa] euh la femme-là + **la femme togolaise que j'étais chez elle** + elle dit elle ne peut pas me garder sans voir mes parents » (B47Z:II.06.90)

En prolongement du décumul, on relève ici aussi des emplois où *que* fait défaut. Comparez :

(6) dalas / sɛlaba + mɔ̃ppatravaj
« Dallas c'est là-bas Ø mon papa travaille » (B34Z:II.09.45)

(7) mɛsɛsa + jədila
« mais c'est ça Ø je dis là » (C08Y:VI.02.215)

(8) mealamezɔ̃ + ɔ̃pa:lpa / bete / sefʀãsekɔ̃pa:laba
« mais à la maison on parle pas bété c'est français qu'on parle là-bas » (C09X:I.06.95)

Ces exemples montrent que la problématique recoupe les dispositifs de construction avec *c'est* et *il y a* qui élaborent *que* dans une position qui est en apparence celle du relatif, mais dont les caractéristiques syntaxiques sont plus proches du complémenteur conjonctif (*cf.* Muller : 1996 ou Gadet : 1997 pour des exposés détaillés).[16] Par exemple, les dispositifs à base de *il y a* élaborent des prédications diverses : existentielles (sans séquence introduite par *que*), déterminatives, ou indirectes. Les prédications déterminatives restreignent la référence du terme nominal au champ défini dans la partie enchâssée par *que*, et constituent ainsi des élaborations relatives :

(9) ja + ɛ̃keo / lotsãnt / dɔmbɔsko / epijaɛ̃ + **kealamezɔ̃**
« **il y (en) a un** qui est à l'autre centre Dom Bosco et puis **il y (en) a un** qui est à la maison » (B45Y:II.02.37)

---

16 *Cf.* aussi l'article de Véronique ici même.

Les prédications indirectes sont les élaborations où l'enjeu consiste à prédiquer à propos d'un thème qui n'a pas été introduit au préalable, comme dans l'exemple (10), où il n'a pas été question de vendeurs de drogue auparavant :

(10) ɔ̃marafle / nãja- + **jalezotkivãledrɔg** / kãlepolisjesɔ̃v(ɔ̃n)i + izɔ̃mi + drɔgakotedəmwa / epyilekomandoizɔ̃di / mwajəvãdrɔg
(C'est quoi les commandos tu peux expliquer un peu ?) – « On m'a râflé alors **il y a les autres qui vendent les drogues** quand les policiers sont venus ils ont mis (la) drogue à côté de moi et puis les commandos ils ont dit moi je vends (de la) drogue. » (B31Z:I.21. 90)

Pour notre propos, il est surtout important de remarquer que ces dispositifs concentrent toute la polyvalence de *que*. Si l'on reconnaît encore bien l'origine sémantique de la prédication existentielle (déterminative y comprise) dans des occurrences comme (9), l'élaboration avec un article défini dans (10) rend cette interprétation caduque ; on peut qualifier ces constructions de *blanchiment sémantique* (*semantic bleaching*, Lehmann : 2002), l'un des processus constitutifs de la grammaticalisation – autrement dit, le témoignage d'une dynamique en cours. Cette interprétation structurelle est, là aussi, corroborée par l'absence possible du complémenteur lui-même, comme dans (11) ci-après où c'est davantage la prédication (entière) que le constituant nominal qui se trouve intégrée par *il y a* :

(11) kãjsyivəni + jatumezabietɛsal / imafrape (B48Z:II.03.128)
(11a) « quand je suis venu il y a tous mes habits Ø étaient sales il m'a frappé »
(11b) « quand je suis venu il y a Ø tous mes habits étaient sales il m'a frappé »

(12) ja + døgrã + sɔ̃vəni (D18Y:V.01.44)
(12a) « il y a deux grands Ø sont venus »
(12b) « il y a Ø deux grands sont venus »

Les gloses montrent que les séquences peuvent donner lieu à la 'reconstruction' du *que* dans deux positions alternatives. Or, si le 'colmatage' de trous structurels est discutable du point de vue émique (rien ne dit que le locuteur a 'omis' une position...), cette opération illustre, du point de vue étique, une ambiguïté structurelle de la séquence linéaire entre *il y a (P(X))* et *il y a X* – entre conjonction et pronom.

Les caractéristiques des constructions et les contraintes d'emploi variables de l'entité font envisager des catégories fonctionnelles flexibles ou graduelles. De là à l'ambiguïté, il n'y a plus qu'un pas... Ces données illustrent, nous semble-t-il, que l'intérêt de la *vagueness* pour l'activité constructionnelle est double : d'un côté, elle augmente l'efficacité des unités et contribue ainsi à l'économie linguistique ; de l'autre, la diversité des conventions alternatives entraîne une fréquence d'emploi élevée qui favorise à son tour l'élaboration.

Pour le cas abidjanais, la dynamique maximale prenant appui sur des ambiguïtés compositionnelles relatives à une *vagueness* devait être atteinte pendant la phase de pidginisation (*cf.* section 2 ci-dessus) où le contact linguistique multilatéral et la motivation des néo-urbains de s'exprimer en français étaient à leur comble. Une étude de corpus contrôlés devrait permettre de vérifier cette hypothèse.

4.3. Homonymie

L'*homonymie* décrit les cas où plusieurs sources historiques distinctes (plusieurs lexèmes) donnent lieu à une seule forme phonique (ou graphique). Comme les frontières sémantiques entre les entités homonymes sont nettes, il est coutume de traiter ces cas comme des ambiguïtés superficielles, de surface.

Transposée à la syntaxe, l'homonymie décrit plusieurs constructions qui sont élaborées dans la même séquence, tel l'exemple (2) *Flying planes can be dangerous,* cité précédemment (*cf.* 4.1. ci-dessus), type d'ambiguïté finalement peu productif. Un cas autrement plus productif en français parlé en général, et, à plus forte raison dans l'emploi abidjanais, est l'ambiguïté de la forme /la/ en position préverbale / postnominale :

(13) samamãladɔnedɛ + ʒːoliabikɛ / pɛːsɔ̃napɔteãkɔomɔnla
   (13a) 3+POSS-maman+SJ-**DET-donner-PAST**-PL joli.habit-COMP / personne+SJ-(NEG)-SG+PERF-porter encore LOC-monde-DET
   (13b) 3+POSS-maman+SJ-**OBJ+SG+PERF-donner**-PL joli.habit-COMP / personne+SJ-(NEG)-SG+PERF-porter encore LOC-monde-DET
   « Sa **maman-là donnait** / (**lui**) **a donné** des habits plus jolis que personne au monde n'en avait jamais porté. » (B46Y:IV.10.4)

Ce qui soutient considérablement l'ambiguïté dans ce cas est le fait que les deux paradigmes sont particulièrement fréquents :

- /la/ en position préverbale concentre en français parlé le sujet grammatical (3e pers. sg.), parfois une marque objectale (3e pers. sg.) et l'auxiliaire verbal (accompli ou perfectif), comme [ladɔne] pour « elle l'a donné » ou « elle lui a donné » (ex. (13)) ;
- /la/ en position postnominale est le déterminant nominal traditionnel dans l'emploi abidjanais du français – d'abord unique, puis entrant dans une formation discontinue avec le paradigme proclitique (*le, son,* etc.), comme [lafamla] pour « la femme-là » (ex. (5)).

L'opacité interprétative reste conscrite dans le domaine syntaxique, schématiquement entre 'NP-la' / 'VP et NP' / 'la-VP'. On comprend en effet que la forte 'compression' des éléments dans cette zone crée des ambiguïtés formelles : jusqu'à quatre clitiques peuvent être élaborés entre les constituants lexicaux nominal et verbal sur un total de six paradigmes (DET, SJ, OBJ, OBJ, NEG, PERF).[17] On comprend aussi qu'il ne se produit guère d'équivoque sémantique, car les deux fonctions convergent dans l'interprétation d'une construction à sujet spécifique / défini associé à un verbe perfectif / accompli.

De nombreuses élaborations non-standard laissent penser en outre que cette ambiguïté est susceptible d'aboutir, à terme, à l'émergence d'une construction agentive-transitive dont /la/ serait la marque morphologique. D'abord, la cooccurrence des deux paradigmes dans l'exemple suivant, où l'on remarque plus clairement que dans le précédent que les objets de 3e personne (directs et indirects) ont tendance à être élaborés par /la/, au détriment de *lui,* pourvu qu'ils soient animés :

---

17 Aucune occurrence simultanée de six paradigmes n'est attestée dans le corpus Ploog ABJ97 (Ploog : 1999), composé d'environ 10000 items syntaxiques : la présence de la négation semble favoriser la réduction / omission du clitique sujet et, à plus forte raison, d'un second clitique objet.

(14) samaʀadlamaltrɛtɛ / **la**dɔnedezasjɛt + ɛːlave / obɔdymarigo
« sa marâtre la maltraitait (elle) **lui** a donné des assiettes elle (les) lavait au bord du marigot » (B32Y:IV.10.43)

Un autre symptôme des perturbations dans cette zone sont les quelques occurrences d'élaboration de deux clitiques objet de troisième personne, qui engendrent tous des 'cacophonies' (pour reprendre l'appréciation de Vaugelas faite à propos de ces cas) :

(15) / ləmɪsjøla + pãsekɛ / ja-ɛ̃-ja- / lafamlalɥilamɔ̃ntre + (œ̃ʃəmɛ̃)
« le monsieur là pensait que il y a un- il y a la femme **là lui** (**la** montrait, **l'a** montré) un chemin » (G142X:III.06.112)

Le fait que la cooccurrence des deux paradigmes à la forme /la/ est très marginale ne signifie pas que la nouvelle construction constituerait une fusion des deux paradigmes – mais elle est engendrée par l'ambiguïté entre les deux élaborations ; le mécanisme permettant cette élaboration prend appui à nouveau sur la linéarité (coïncidence de paradigmes alignés) et le processus de sa sédimentation a trait à la référenciation.

Les ambiguïtés de type homonymie nous paraissent caractéristiques de la phase (4), phase actuelle de la dynamique abidjanaise, où la diversité des emplois est maximale, après que l'extension des fonctions communicatives du français dans tous les domaines de la vie courante a déjà conduit à de nombreuses restructurations (expansion interne).[18]

4.4. Chevauchement syntagmatique

Certains cas d'ambiguïté prennent uniquement appui sur la linéarité du discours. C'est le cas notamment lorsque deux entités syntagmatiques (prédications, propositions, énoncés) se chevauchent[19] par au moins l'un de leurs constituants (le dernier de la précédente et le premier de l'entité supérieure suivante) :

(16) / mɛdnã + safametɛãsɛ̃t / inapa + laːʒã / inapalaʒã / mɛdnã + il- + iladəmãnde / **paːtu**laprikredi / epyi + mɛdnã / kã / ilaparãmbuːse + mɛdnã / iletɛmɔː /
« maintenant sa femme était enceinte il n'a pas d'argent (*bis*) maintenant il il a demandé **partout** il a pris (des) crédits et puis maintenant quand il a pas remboursé maintenant il était mort » (B111X:IV.09.24)

L'ambiguïté exploite ici la possibilité offerte par la mobilité positionnelle des arguments secondaires (adjoints) par rapport à la partie prédicative : *partout* peut être rattaché à *il a demandé* ou à *il a pris (des) crédits*. Les cas observés (en nouchi et dans d'autres corpus oraux) se caractérisent généralement par la neutralité prosodique des syntagmes chevauchés, ou par une intégration non-canonique, qui élabore formellement l'ambiguïté. Ce type d'élaboration n'est pas sans faire penser aux constructions comme :

(17) j'ai vu Paul écosser des haricots.

où *Paul* est l'argument 2 de *voir* et l'argument 1 d'*écosser*, à la différence près que l'ambivalence est ici seulement sémantique, car la fonction syntaxique est indéniablement celle d'un objet (direct : *je l'ai vu écosser les haricots*). Ce qui est similaire, c'est que les deux interprétations ne sont pas optionnelles ou alternatives, mais toutes deux

---

18 Notre appréciation de la situation linguistique sous-entend en effet une stabilisation progressive qui induira, à terme, une réduction de la diversité formelle.
19 Le terme de *blending* s'applique généralement à la fusion de traits morphologiques lors d'un contact de langues (Wildgen : 2008 ; Heine / Kuteva : 2005).

nécessaires à l'interprétation structurelle de l'énoncé – on pourrait même dire que l'intégrité de l'énoncé dépend de cette fonction double.

L'exemple (14), cité en 4.3. pour la question des marqueurs préverbaux et repris en (18), élabore le chevauchement d'un argument verbal, en position canonique (postverbale) dans la prédication 1 ; son rattachement à la partie prédicative suivante semble problématique à première vue. Le prédicat transitif *laver* n'élabore pas d'objet direct alors que l'interprétation sémantique est sans ambiguïté aucune, elle semble même contrainte à la référence anaphorique, ce qui rapproche le constituant nominal qui précède en lui conférant une fonction thématique :

(18)   samaʀadlamaltʀɛtɛ / ladɔne**dezasjɛt** + ɛ:lave / obɔdymarigo
« sa marâtre la maltraitait (elle) lui a donné **des assiettes** elle lavait au bord du marigot » (B32Y:IV.10.43)

Que la prédication 2 n'élabore pas de clitique ne surprend pas, dans la mesure où l'on observe la tendance par ailleurs de privilégier les référents animés dans les paradigmes clitiques ; qu'un constituant nominal indéfini se trouve en position de dislocation gauche semble un peu étrange ; la construction perd cependant toute son étrangeté si l'on interprète la coréférence contrainte comme enchâssement semblable à celui d'une relative.

Le chevauchement syntagmatique montre que l'ambiguïté peut fonctionner comme véritable stratégie dans l'activité d'élaboration du locuteur. Il importe peu (et il semble difficile à établir) que le locuteur procède volontairement à cette ambiguïté ou non ; de fait, il s'agit d'un mécanisme d'intégration syntaxique élégant, spécifique de l'oralité, et potentiellement très productif, qui élabore une construction complexe où la frontière syntaxique disparaît derrière une 'soudure' à caractère syntagmatique.

4.5. Elaboration et interaction

Jusqu'ici, nos considérations se sont limitées à interpréter en termes de constructions les séquences discursives observées. Compte tenu de l'approche (par des séquences attestées), notre focus était ce qu'on peut appeler une *E-langue* ; si le postulat d'une symétrie entre *E-language* et *I-language*[20] est problématique en soi, il convient de compter, dans les situations de forte hétérogénéité sociale, en outre avec la diversité des *I-languages*. Les interlocuteurs étant préoccupés avant tout par la négociation du sens, l'ambiguïté fonctionnelle se situe pour eux sur le plan pragmatique – celui des mondes partagés. Ce n'est que pour l'observateur que l'ambiguïté fonctionnelle inclut une dimension exclusivement structurelle (syntaxique). En premier lieu, ceci a pour conséquence qu'une ambiguïté syntaxique peut passer complètement inaperçue pour les interlocuteurs dès lors qu'elle ne perturbe pas l'interprétation sémantique du discours. En second lieu, on en déduit que la dialectique locuteur-auditeur est à l'origine de la reconduction comme de la non-reconduction des constructions dans le répertoire.

Au cours de l'histoire récente de la communauté abidjanaise (exposée dans la section 2), les configurations discursives ont dû engendrer des interactions où les savoirs partagés des interlocuteurs étaient particulièrement restreints, notamment dans la phase (2). Si le devenir des constructions est fonction de leurs contextes d'emploi, l'impact de

---

20   Au sens de Chomsky (1986), où le *I-language* correspond à la compétence individuelle, régie par des lois, et le *E-language* à ses manifestations 'externalisées' (discursives). Ce qu'on entend généralement par changement linguistique décrit des phénomènes observés en *E-language* et peut ne pas concerner les *I-languages*.

l'ambiguïté sur la diversification des usages est patent : là où les pratiques divergentes d'une même source linguistique historique se maintiennent – soit, dans la phase (4) –, elle devient un puissant démultiplicateur de la dynamique.

On en conclut qu'il convient d'attribuer à l'ambiguïté structurelle un statut véritable plutôt que de chercher à la résoudre, comme il est coutume de le faire, et ce non seulement en linguistique formelle. En attendant que l'impossibilité d'attribuer une fonction (et une seule !) à une séquence linguistique ne provoque plus de malaise chez les linguistes, l'on considérera que le structuralisme n'est pas encore dépassé...

5. Bilan

Notre approche attribue l'émergence des constructions langagières à l'activité discursive qui se réalise dans la dialectique entre locuteur et auditeur. Le concept de l'*élaboration* cherche à rendre compte de la dynamique intrinsèque de cette émergence, qui s'accomplit dans un temps réel qui est triple : celui du déroulement du discours, celui de la structuration permanente de la compétence chez le locuteur au cours de sa vie, et celui de l'histoire sociale de la communauté. Le concept a, entre autres avantages, celui d'exprimer, plus explicitement que la notion d'*émergence*, le fait que la source des constructions linguistiques est le locuteur-auditeur et son activité. Nous avons argumenté que, loin d'être un effet de parole au sens saussurien – un 'accident' malencontreux – l'ambiguïté constructionnelle constitue un vecteur majeur de l'élaboration. Nous avons montré que l'ambiguïté était multiforme, en mettant en scène des entités de tous les niveaux de structuration syntagmatique – morpho-phonologiques, morpho-syntaxiques ou syntactico-discursives – et qu'elle prenait appui en particulier sur l'exigence pragmatique de la linéarité du discours oral.

6. Références bibliographiques

Andersen, H. L. (2000), « Discours rapporté en français parlé : rection du verbe de citation et éléments délimitant la citation directe », *Actes du colloque Français parlé : corpus et résultats, Études romanes*, 47, 143-155.

Berthelin, J.-B. (2005), « Structural Ambiguity in Context », *Communication présentée au colloque 2nd Language & Technology Conference : Human Language Technologies as a Challenge for Computer Science and Linguistics*, 21-23 avril 2005, Poznan, Pologne.

Blanche-Benveniste, C. (1989), « Constructions verbales 'en incise' et rection faible des verbes », *Recherches sur le français parlé*, 9, 53-73.

Chomsky, N. (1986), *Knowledge of Language. Its Nature, Origin, and Use*, New York.

Coseriu, E. (1981), *Introducción a la lingüística*, Madrid.

Gadet, F. (^{2}1997), *Le français ordinaire*, Paris.

Hattiger, J.-L. (1983), *Le français populaire d'Abidjan : un cas de pidginisation*, Abidjan.

Heine, B. / T. Kuteva (2005), *Language Contact and Grammatical Change*, Cambridge.

Hopper, P.J. (1987), « Emergent Grammar », *Berkeley Linguistics Society*, 13, 139-157.

Kloss, H. (1967), « *Abstand*-languages and *Ausbau*-languages », *Anthropological linguistics*, 9. (réimprimé dans : *A Retrospective of the Journal Anthropological Linguistics : Selected Papers, 1959-1985* = AL, 35 (1993), 158-170)

Lecomte, A. (2009), *Cours de Sémantique*, Licence des Sciences du Langage, Université Paris 8 (ms). (lecomte.al.free.fr/ressources/PARIS8_LSL/CoursSem2-09-2.pdf ; le 31/05/09)
Lehmann, Chr. (^{2}2002), *Thoughts on Grammaticalization*, Munich.
Löbner, S. (2003), *Semantik. Eine Einführung*, Berlin.
Manessy, G. (1981), « Expansion fonctionnelle et évolution », dans : Highfield A. / A. Valdman (éds.), *Historicity and Change in Creole Studies*, Ann Arbor, 79-90.
Muller, Cl. (1996), *La subordination en français. Le schème corrélatif,* Paris.
Park, R.E. (1979, [1952]), « La ville, phénomène naturel », dans : Grafmeyer, Y. / J. Isaac (éds.), *L'école de Chicago. Naissance de l'écologie urbaine,* Paris, 181-192.
Ploog, K. (1999), *Le premier actant en abidjanais. Contribution à la syntaxe du non-standard,* Thèse de doctorat, Université Bordeaux 3.
Ploog, K. (2007), « Pour une approche comparative des dynamiques structurelles du français en Afrique », *LINX*, 57, 165-176.
Ploog, K. (2008), « Subversion of Language Structure in Heterogeneous Speech Communities : the Work of Discourse and the Share of Contact », dans : Nicolaï, R. (éd.), *Proceedings of the Symposium Language Contact and the Dynamics of Language : Theory and Implications, 10-13 May 2007*, Leipzig, 249-273.
Rey, A. / J. Rey-Debove (éds. 2006), *Le nouveau Petit Robert. Dictionnaire alphabétique et analogique de la langue française. Texte remanié et amplifié,* Paris.
Thomason, S. (2001), *Language contact : an introduction*, Edinburgh.
Thomason, S. (2004), « Can rules be borrowed? », Ann Arbor (ms. http://www-personal.umich.edu/~thomason/papers/papers.html, le 2/6/09). À paraître dans : Roberto Zavala, M. / Th. Smith-Stark (éds.), *Festschrift for Terry Kaufmann*.
Victorri, B. / C. Fuchs (1996), *La polysémie : construction dynamique du sens*. Paris.
Wildgen, W. (2008), « Why we need dynamic models for sociolinguistics and language contact studies », dans : Stolz, Th. *et al.* (éds.), *Aspects of language contact. New theoretical, methodological and empirical findings with special focus on romancisation processes*, Berlin, 123-139.

Oumarou Boukari (Université de Bouaké, Côte d'Ivoire)

Le français populaire ivoirien : une langue à tons ?

1. Introduction

Le français populaire ivoirien (*fpi*) est un pidgin[1] né en milieu urbain pour les besoins de la communication entre communautés linguistiques d'horizons divers. Il résulte du contact entre le français, tel qu'hérité de la colonisation, et les langues locales.

L'*Ethnologue* estime à 67 le nombre de langues ivoiriennes.[2] Celles-ci appartiennent toutes au phylum Niger-Congo et sont reparties entre différents groupes linguistiques : les langues Gur au Nord-Est, les langues Mandé nord et sud au Nord-Ouest (avec une enclave au Nord-Est), les langues Kwa au Sud-Est et Centre et les langues Kru au Sud-Ouest. Bien que les parlers de chaque groupe soient constitués de langues différentes, il y a des possibilités d'intercompréhension entre eux. Par ailleurs, à cause du mode de vie des populations dans les sociétés traditionnelles ivoiriennes et africaines en général, il est fréquent que les locuteurs d'une langue soient polyglottes. En plus de leur langue maternelle, ils ont des connaissances plus ou moins parfaites d'au moins une autre langue africaine. Communément, il s'agit de celle(s) des localités et / ou des environnements dans lesquels ils vivent ou ont grandi.

Dans le *fpi*, on retrouve à des degrés variés certaines particularités grammaticales et lexicales des langues de chaque groupe linguistique, notamment celles des parlers majeurs. Ce sont le dioula[3] pour les langues Mandé, le baoulé pour les langues Kwa, le bété pour les langues Kru et le sénoufo[4] pour les langues Gur. Cette appropriation du français standard (*fs*)[5] selon des normes endogènes, généralement inspirées des langues ivoiriennes (sous-régionales ?), fait qu'aussi bien sur les plans phonologique et lexical que sur celui morphosyntaxique, le *fpi* diffère considérablement du *fs*. D'ailleurs, Manessy (1994) étend cette réalité à l'échelle continentale. Il fait remarquer que le français tel que pratiqué en Afrique n'est pas un « français régional comme les autres ».

Jusque-là, cependant, l'attention des chercheurs est surtout retenue par des faits segmentaux et structurels (Hattiger : 1983 ; Lafage : 1990 ; 1996 ; N'Guessan : 1998 ;

---

[1] Certains parlent même de *créole* ou de *créolisation* en tenant compte du fait qu'en milieu urbain, de nombreux jeunes ont le *fpi* pour langue maternelle (Manessy : 1994 ; Lafage : 1996).
[2] *Cf.* www.sil.org. Notons toutefois que pour plusieurs linguistes ivoiriens, cette estimation est à considérer avec une certaine réserve. Selon ces derniers, les connaissances actuelles ne permettent pas de proposer un inventaire exhaustif de toutes les langues et de leurs variantes dialectales.
[3] Ici, la notion de *dioula* renvoie aussi bien au véhiculaire qu'au Mandé nord. Sinon, il s'agit d'une réalité plus complexe. Elle est usitée pour désigner le Mandé nord, le véhiculaire (le *dioula taboussi*), les langues du grand Nord, ses ressortissants et / ou ceux qui partagent certains aspects de leur culture (Lafage : 1986).
[4] En tant que langue, le sénoufo n'existe pas. Il s'agit plutôt d'un complexe de langues parfois si éloignées les unes des autres qu'il n'existe pas d'intercompréhension entre elles. Les exemples que nous citerons plus bas appartiennent au parler de la région de Korhogo tels que proposés par Rongier (2002).
[5] Nous ne parlons pas de français de France, parce qu'à l'évidence, le français tel que parlé au quotidien dans ce pays diffère à bien des égards de celui dont les règles sont dictées par l'Académie.

1999 ; Boutin : 2002 ; Ploog : 2002). À l'exception de Simard (1994),[6] aucune étude n'a porté sur les propriétés suprasegmentales du *fpi*. Pourtant, les unités de ce niveau, notamment les tons, jouent un rôle essentiel dans toutes les langues de la Côte d'Ivoire et ce, à tous les niveaux (lexical, grammatical et pragmatique). Il importe donc de se demander si ce trait phonologique majeur des langues de l'Afrique occidentale en général et ivoiriennes en particulier a pu être oublié ; s'il a pu ne pas être exploité dans le processus « d'ivoiritarisation »[7] du français hérité.

C'est en décrivant quelques connecteurs syntaxiques et / ou pragmatiques du songhay-zarma[8] que nous nous sommes rendu compte du rôle primordial des tons dans la structuration du discours. Mieux, certaines particules décrites sont observées avec leurs variations tonales non seulement dans les conversations *fpi*, mais aussi dans d'autres langues de la sous-région (Boukari : s.p. ; Roncador : 2006).

Cette contribution se donne donc pour objet d'attirer l'attention sur cet état de fait, de poser le problème de la nature du système prosodique du *fpi* et de tenter d'y apporter des éléments de réponse à partir de quelques particules discursives de cette variété non-hexagonale du français. Mais avant d'y arriver, quelques clarifications s'imposent. Aussi définirons-nous tour à tour ce que nous entendons par la notion de *fpi*, langue à accent, à ton et à accent tonal. Par la suite nous présenterons brièvement notre corpus.

2. La question du *fpi*

La réalité linguistique que nous convenons d'appeler *fpi* est diversement nommée dans la littérature. Ainsi, N'Guessan (1999 ; 2006) s'y réfère en utilisant l'expression de *français local*. Il emploie le terme du *fpi* pour renvoyer à la variété apprise hors de l'école et utilisée dans les situations non formelles par « des gens peu ou pas du tout lettrés ». De son côté, Lafage (1991) préfère la dénomination *français de la rue* qu'elle distingue du *nouchi* et de ses différentes variétés.[9] Boutin (2002) par contre parle de *français de la Côte d'Ivoire* qui coexiste avec plusieurs parlers hybrides (*nouchi* : argot ivoirien) issus de son rapprochement avec différentes langues ivoiriennes, voire étrangères. Quant à Ploog (2002), elle opte pour le terme d'*abidjanais* qu'elle présente comme le français de la rue. On retrouvait déjà une appellation similaire chez Hattiger (1983) qui parle de

---

6   Malheureusement, nous n'avons pas eu accès à cet article. C'est N'Guessan qui nous a fait connaître son existence, alors que ce travail était sur le point de paraître. Selon le peu d'informations recueillies sur internet (unice.fr, ltml.ci), il semblerait que Simard (1994) soupçonne le *fpi* d'être une langue à tons.

7   Cette expression renferme l'idée d'une appropriation du français par les Ivoiriens. Elle est dérivée du concept d'ivoirité qui, à l'origine, désignait l'ensemble du patrimoine culturel de la Côte d'Ivoire.

8   Le songhay-zarma est la variété songhay du Niger. Le songhay est un complexe de langues parlées majoritairement dans trois pays Ouest africains (Niger, Mali et Bénin) où il sert aussi de véhiculaire. Dans le cadre de notre thèse *Articulation du discours dans le songhay*, nous avons eu à nous pencher sur des conversations de locuteurs songhay-zarmas vivant en Côte d'Ivoire.

9   Pour Derive et Lafage (1978), il existe en Côte d'Ivoire trois variétés de français : celle des élites (acrolecte), celle des lettrés (mésolecte) et celle des illettrés (basilecte). D'autre part, ils soulignent que, bien que les deux premières variétés se distinguent de la troisième (le nouchi ?), elles se laissent fortement influencer par elle. *Cf.* aussi Lafage (1998), Boutin (2002). D'ailleurs N'Guessan (1999) pense qu'il conviendrait à l'état actuel des choses de ne distinguer que deux variétés de français en Côte d'Ivoire. Ce qu'il nomme le *français local* inclut les variétés acrolectale et mésolectale. Lafage (1998) fait aussi remarquer que même au niveau du nouchi, « parler argotique », il convient de distinguer différentes variétés selon le niveau d'instruction des locuteurs et de leur maîtrise du *fs*.

français populaire d'Abidjan. Quoiqu'il en soit, ce que toutes ces dénominations tentent de montrer, c'est d'une part l'existence d'un français parlé communément en Côte d'Ivoire différant du standard et d'autre part, la coexistence de ce français ivoirien avec différentes variétés argotiques connues sous le nom de *nouchi*.

Ce que nous appelons *fpi*, c'est le français tel qu'observé dans les conversations de tous les jours en Côte d'Ivoire et où, selon les situations de communication et la compétence linguistique des interactants, les registres s'alternent, se chevauchent et s'imbriquent.

De fait, la distinction des différentes variétés du français parlé en Côte d'Ivoire, même si elle peut se justifier linguistiquement, nous semble cependant quelque peu excessive. À bien observer l'usage du français dans les conversations quotidiennes, on se rend compte qu'il n'est pas toujours évident de séparer les variétés sans risque de tomber dans un normativisme injustifié.[10] Tout porte à croire que les locuteurs disposent d'une connaissance plus ou moins intuitive des différentes variétés, et que cela leur permet de changer de registre selon les besoins de la situation communicationnelle (Ploog : 2002). On retrouve cette même idée chez Kube (2005, 112), pour qui :

> Die Verwendung des Französischen in der Côte d'Ivoire differenzierte sich im Folgenden so weit aus, dass heute weder eine genaue Definition der einzelnen Varietäten gemäß ihrer linguistischen Charakteristika eindeutig möglich ist noch die eindeutige Zuordnung abgegrenzter sozialer Gruppen zu den einzelnen Varietäten. Viel mehr beobachtet man eine Vielzahl von 'usages et modes d'appropriation', die vom Kontext der Sprachverwendung abhängen, aber weniger von der soziokulturellen Kategorie, der der Sprecher angehört.
>
> L'usage du français en Côte d'Ivoire s'est différencié par la suite au point qu'il n'est pas possible aujourd'hui de définir exactement ses variétés sur la base de leurs caractéristiques linguistiques, ni d'attribuer celles-ci à des groupes sociaux bien circonscrits. On constate plutôt une multitude 'd'usages et modes d'appropriation' qui dépendent surtout du contexte d'usage et moins de la catégorie socioculturelle à laquelle appartient le locuteur.

C'est là une des raisons pour lesquelles nous préférons la désignation du *fpi*. Cette variété s'identifie aux populations ivoiriennes et leur est plus accessible que le français standard. De plus, de par son caractère populaire, il est moins hermétique que le nouchi, langue secrète à la base.[11] D'un autre côté, il semble quelque peu illusoire de vouloir séparer de manière étanche le produit d'une de ses composantes premières. C'est en effet connu que le nouchi partage avec le *fpi* certains traits structuraux et lexicaux (Lafage : 1998 ; Boutin : 2002) et que le premier contribue de manière fréquente et continuelle au développement du second. En effet, expliquant le processus d'établissement et de développement des langues urbaines, Kießling[12] souligne son caractère cyclique : une fois que le lexique argotique, se voulant hermétique et secret est décodé et adopté par le langage populaire, il est substitué par d'autres expressions argotiques et ainsi de suite.

---

10 Cette division paraît quelque peu absurde dans le cadre d'une langue qui ne dispose pas d'instance régulatrice officielle telle que l'Académie française et dont la fonction première est celle d'assurer l'intercompréhension entre les actants en présence.
11 Le nouchi est un argot français. Selon N'Guessan (2006, 188) sa principale caractéristique réside dans l'origine sociologique de ses locuteurs : « le nouchi était parlé par des jeunes qui avaient une relative maîtrise du français. »
12 Dans une communication sur le langage des jeunes en Afrique que Roland Kießling de l'université d'Hambourg a donnée à Bayreuth en été 2007.

3. Systèmes prosodiques en présence

3.1. Le français : langue à accent

L'accent est une unité prosodique qui, au plan physique, se manifeste comme un ensemble de traits que sont : l'intensité, la durée, le timbre et la hauteur. Ainsi, la syllabe accentuée peut voir sa voyelle allongée, le timbre de sa voyelle plus clair, sa consonne plus intense, parfois sa hauteur mélodique relevée. Selon la langue, l'accent se manifeste en privilégiant l'un ou l'autre de ces traits ou même en en combinant certains.

> [...] dans la plupart des langues, intensité et hauteur [sont] liées, un accent d'intensité étant aussi manifesté par une 'élévation de la voix'. (Ducrot / Todorov : 1972, 230)

La fonction de base de l'accent est sa fonction contrastive. Au sein d'une unité morphologique, il met en évidence une syllabe par rapport aux autres. D'une manière générale, on distingue deux types d'accent. D'un côté, un accent qui combine à sa fonction contrastive (de base) une fonction distinctive[13] (c'est ce qu'on observe dans des langues telles que l'anglais, l'allemand, le russe, etc.) et d'autre part, un accent dont la fonction supplémentaire est la démarcative (c'est le cas dans les langues à accent fixe comme le français ou le tchèque). Le premier type d'accent est déterminé par des critères morphologiques, tandis que le second est fonction de critères phonétiques. En français, l'accent est dit *tonique*. Il intervient en finale de mots ou d'énoncés.

3.2. Les langues ivoiriennes : langues à tons et à accent tonal

Le ton est une unité prosodique tout comme l'accent. Les deux peuvent d'ailleurs avoir les mêmes réalisations physiques. Seulement, la particularité du ton réside dans le fait qu'à la base, il exploite le trait de hauteur à des fins distinctives. Dans ce cas, l'opposition notée entre deux unités ne se résume qu'à un trait de hauteur et à lui seul. On parle alors de *tonème*. Et même si elle relève primitivement du domaine lexical, cette fonction distinctive du ton, dans une langue qui la manifeste, peut être appréhendée aussi bien au niveau syntaxique que pragmatique.

Les systèmes prosodiques des langues ivoiriennes sont de type tonal ou à accent tonal (Boukari : 2001). Dans le dernier cas, la valeur contrastive est indissociable des tons, ou du moins d'unités suprasegmentales manifestant un comportement tonal. La réaction est donc la même. En guise d'illustration, considérons les langues qui alimentent généralement le lexique et la morphosyntaxe du *fpi*.[14]

Dioula	*bá* « fleuve » / *bà* « chèvre »	*fànî* « pagne » / *fànî* « le pagne »
Baoulé	*bèέ* « natte » / *béὲ* « gauche »	*tálê* « mur » / *tálê* « sauce typique »
Senoufo	*ɲá* « nager » / *ɲà* « fondre »	*mwɔ́* « tout » / *mwɔ́* « toi »
Bété	*à bέ* « nous avons des problèmes » / *à bɛ̂* « nous vomissons »	

Naturellement, aussi bien dans le *fpi* que dans le *fs* interviennent des paramètres relevant de l'intonation. Celle-ci affecte l'énoncé dans son entièreté et permet d'assurer un ensemble de fonctions : préciser la structure informationnelle, la nature de l'acte accompli, les états affectifs... (Grice *et al.* : 2000).

---

13   *Cf.* en anglais l'opposition *IMport* (« importation ») / *imPORT* (« importer »).
14   *Cf.* la section 4 pour l'explication des diacritiques.

Le français populaire ivoirien : une langue à tons ?　　　　　　　　　　　　　　　　99

4. Le corpus

Pour répondre aux interrogations soulevées dans l'introduction, nous avons eu recours à la transcription de plusieurs épisodes du célèbre téléfilm ivoirien « Ma famille ».[15] Deux raisons ont motivé un tel choix. La première fut imposée par notre éloignement du terrain ivoirien et des conversations du *fpi,* telles que produites dans des situations réelles de communication. La seconde raison réside dans le fait que ces téléfilms s'inscrivent dans le cadre d'une sorte 'd'improthéâtre', où des acteurs professionnels imitent des scènes de la vie quotidienne sans un véritable script. Cette propriété confère aux échanges un certain caractère naturel, les rapprochant ainsi des données authentiques, du français comme il est utilisé ou aurait pu être utilisé dans la vie de tous les jours en Côte d'Ivoire. D'ailleurs, après les avoir cités, certains exemples seront aussitôt traduits (en italique). Cela s'avère nécessaire dans la mesure où certaines expressions du *fs* revêtent un sens différent dans le *fpi* tandis que d'autres lui sont propres.

Notre transcription des vidéos ne s'est pas réellement inscrite dans l'une des nombreuses techniques proposées par les différentes écoles. Nous avons plutôt accordé une attention particulière aux unités ciblées, à leurs contextes d'apparition et à ce qui les motive. En outre, nous avons combiné normes orthographiques et phonétiques. Les premières sont utilisées quand *fs* et *fpi* semblent se rejoindre. Dans le cas contraire, nous avons opté pour une transcription phonétique. Néanmoins pour éviter une confusion avec le pronom de la première personne du singulier du *fs* (*je*), la semi-voyelle palatale [j] est transcrite [y]. Quant aux symboles ['] et ['], ils désignent respectivement les tons bas (B) et haut (H). Ces derniers sont susceptibles de se combiner pour former des tons complexes descendants [^] (HB) ou montants [ˇ] (BH). Par ailleurs, nous avons tenu compte des différents tours de parole et numéroté (en indice) les lignes des exemples présentant plus de deux interventions. Celles-ci sont annoncées par les initiales des noms ou des fonctions sociales des intervenants. De plus, nous avons pris en compte les élévations de la voix (écrites en majuscule), les chevauchements et interruptions ([), les pauses brèves (,) ou longues (.), les hésitations (…), etc.

5. Connecteurs et particules discursives dans le *fpi*

À l'instar de ce qui est observé dans l'usage des langues africaines en contexte, on retrouve dans le *fpi* de nombreux connecteurs et particules discursives du *fs*. Certains ont des usages plus ou moins équivalents en *fs*. Ce sont entre autres : *alors, mais, parce que, donc, quoi, enfin, au fait, bon, attends, écoute, vraiment…*

(1) 　**Dans ce cas, alors** moi je ne comprends plus rien, **parce qu'au fait,** i m'avait dit ici, dans cette píyôl là, ké wɛ́ɛ́, lui… [**Enfin,** mon frère laisse ça, **parce qu'au fait,** sàɛ moi le gaou vé jouer…. **mais** yè vois son dos, wɛ́ɛ́y, yè vi dedans.

15　Il s'agit des DVD des épisodes *Les fanatiques* et *Mon enfant*. Il importe de savoir que l'initiatrice de ce projet, A. Delta, est une véritable autodidacte. Elle n'a jamais été à l'école et a tout appris sur le tas.

« Dans ce cas, alors, moi, je ne comprends plus rien. Parce que, au fait, il m'avait dit ici dans cette maison-ci, que oui, lui... [Enfin, mon frère oublie cette affaire, parce que, au fait, c'est avec moi cette personne facile à railler veut jouer. Mais j'ai bien compris son jeu, je le vois venir. »

D'autres par contre semblent être propres au *fpi* bien qu'issus du lexique français. De fait, ce sont des calques de phénomènes existant dans les langues africaines. C'est p. ex. le cas des particules modales *vrai vrai (-là)* et *(la) vrété*.[16] Véritables marques de la subjectivité dans le langage, elles renvoient toutes deux à la même réalité et sont traduisibles par « sincèrement », « en toute sincérité / vérité ». Ces marqueurs sont utilisés dans le discours pour élever des dires au rang de vérités absolues ou pour les présenter ainsi.[17] Et si *vrai vrai* relève du discours commun, *(la) vrété* n'est observé que chez les jeunes.

Les exemples suivants constituent des réponses à deux requêtes. La première appelle l'auteure de (2) à se réconcilier avec son fiancé (Décoté). La deuxième demande à l'interlocutrice de minimiser les offenses de ceux dont parle l'énonciateur de (3). Dans les deux cas, cependant, en ouvrant leur réaction respectivement par *vrai vrai* et *la vrété*, les interlocuteurs demandent tacitement aux requérants de réviser leurs positions et de reconsidérer la leur avec tout le sérieux qu'elle mérite.

(2) Grande sœur, vrai vrai là, Décoté là, il me fatigue.
« Chère aînée, sincèrement, pour ce qui est de Décoté, il me cause trop de soucis. »

(3) La vrètê, les gens là ont foutaise ! NOOON, ì zɔ̀ foutaise ! yè tè kúmá̰ dè kèkè chose ! Toi tu parles de quoi ?
« En vérité, ces personnes-là se complaisent dans le mépris des autres, NOOON, ils ont du mépris pour autrui, je te parle de quelque chose ! Toi tu me parles de quoi ? »

D'autres particules encore ne sont observées que dans le français tel que parlé en Afrique, car empruntées aux langues locales.[18] Quelques-unes d'entre elles retiendront notre attention dans les prochaines lignes.

6. Tons, accent, intonation et quelques particules discursives du *fpi*

Considérons de façon très succincte quelques particules discursives du *fpi* avec leurs variantes suprasegmentales. Nous les avons regroupées dans des ensembles susceptibles d'engendrer différentes oppositions. Ce sont les rapprochements : {hùm, húm, hûm, hŭm}, {hùmhúm, húmhûm, hùmhûm}, {ɔ̀, ɔ̂}, {ăjí, ájì} et {ò, ó}. Chacune des unités de ces ensembles peut être accentuée par le trait d'allongement ou d'intensité. Malheureusement, elles n'ont fait l'objet d'aucune étude. Il serait alors quelque peu hasardeux de se prononcer sur leur origine et encore plus sur leur statut morphosyntaxique de départ. En outre, les faits tels que perçus au niveau syntaxique ou locutionnaire peuvent être plus complexes qu'ils ne paraissent. Néanmoins, vu le comportement des emprunts dans le

---

16 *Cf.* [cjàá cjà] (« vrai vrai » / « en vérité en vérité ») du dioula ou [nàwɔ́lɛ̀] (« vérité » / « en vérité ») du baoulé.
17 Comme ses équivalents en langues locales, *vrai vrai* peut aussi servir à interroger autrui sur la véracité de son précédent propos. Dans ce cas, il constitue à lui seul un énoncé avec une intonation interrogative.
18 Nombre de ces particules sont observées dans plusieurs langues de la sous-région. Il convient donc de s'interroger sur leur étymologie.

fpi, on peut s'assurer que ces unités y auront un usage identique ou tout au moins similaire à l'original.

6.1. Les ensembles {hùm, húm, hûm, hŭm} et {hùmhúm, húmhúm hùmhûm}[19]

Dans certaines de leurs fonctions, ces unités sont susceptibles d'être rangées dans la catégorie des *back-channel* (Yngve : 1970) ou des *signaux d'écoute* selon la terminologie française (Laforest : 2006). Et si, pour le dernier auteur mentionné *humhum* et *hum* constituent des variantes (libres ?) en québécois, dans le *fpi* cependant, il n'en est rien. En effet, dans une même situation de communication, chacune de ces particules peut être émise seule (à la manière des interjections) et permettre à l'énonciateur de réagir différemment à une précédente composante discursive. Aussi bien les variantes *hùm*, *húm*, *hŭm* que *hûm* marquent des réalités spécifiques et différentes de celles instruites par *hùmhúm*, *húmhúm* et / ou *hùmhúm* dans le *fpi*. D'ailleurs, chacune des trois dernières particules renvoie à des phénomènes particuliers. D'autre part, à la différence de ce qui semble se passer dans le français québécois, seul *hùmhúm* peut, dans certains cas, avoir une fonction purement phatique. N'empêche qu'elle peut aussi se présenter comme une formule (« formulae », Ameka : 1992), servant à valider le discours en cours.

Ces différentes possibilités sont attestées par les illustrations ci-dessous. La situation scénique de l'exemple (4) se présente comme suit : Habibi (H) est informée de la visite de son ex-fiancé (Kevin) au domicile de la nouvelle fiancée (Louise). Alors elle s'y rend avec l'intention d'irriter 'sa rivale'. Sur place, Habibi, reçue au pas du portail par Louise (L), demande à parler à Kevin, ce qui suscite l'opposition de L. Opposition qui est implicitée dans la demande d'explication qu'elle adresse à Habibi en ouverture (L_1).

(4) L_1 …Une fois encore dis-moi pourquoi tu veux le voir ?
          H_1 Très bien, comme tu veux le savoir [
          L_2 [hùmhúm
          H_2 Si Kevin arrive, tu lui diras que, HABIBI doit aller à la PMI [[20]
          L_3 Hùm
          H_3 Que je dois aller à la PMI [
          L_4 [hùmhúm
          H_4 Hùùmhúm

La première et la troisième occurrence de *hùmhúm* servent à valider et à accomplir des actes indirects. Si le premier *hùmhúm* peut être paraphrasé par : « Oui, je confirme que je tiens à le savoir. Tu n'as donc pas à chercher à me ménager », le troisième peut l'être de la manière suivante : « Voilà, c'est ce pourquoi je veux le voir, j'en ai fini ». La deuxième occurrence, par contre, a une fonction essentiellement phatique. Louise l'émet pour maintenir le contact avec Habibi. Elle lui apporte un signal pour la rassurer de l'attention qu'elle lui porte ou tout au moins pour lui donner cette impression. Dans les deux cas cependant, le dessein recherché est le même : paraître coopératif et inviter implicitement le locuteur en titre à continuer son propos. Cette occurrence peut donc être paraphrasée comme suit : « Oui, je t'écoute, tu peux sereinement continuer ».

---

19   Une transcription phonétique rigoureuse aurait exigé que ces particules soient transcrites sans aucune voyelle : [hm] et [hmhm]. En effet, pas un paramètre vocalique, encore moins ceux de la voyelle postérieure, arrondie et fermée [u] n'interviennent dans leurs articulations. Ici, nous ne faisons que reprendre la notation orthographique adoptée par Laforest (2006) en vue de faciliter le rapprochement.
20   *Protection Maternelle Infantile* (PMI) sous-entendant que Habibi porte une grossesse.

Comme on peut le voir, dans le *fpi*, ces unités ne se confinent pas à la seule fonction phatique. Bien au contraire, elles soulignent la participation effective de l'interlocuteur dans l'élaboration du discours. Ce dernier ne se pose plus comme un allocutaire, à qui on parle, qui écoute et se contente de le notifier. Il se présente plutôt comme un partenaire à part entière : celui qui traite et se positionne par rapport à l'information reçue.

Ainsi, en plus d'indiquer que son énonciateur suit la logique conversationnelle en cours, la particule *hùm*, p. ex., ouvre une fenêtre sur la subjectivité de ce dernier par rapport à la visée communicative. De par son énonciation, son auteure indique son refus de commenter le précédent propos d'Habibi. Mieux, Louise estime que cette dernière ne mérite pas qu'elle lui réponde. Ce sont donc le sérieux et la crédibilité des dires de Habibi qui sont tacitement mis en cause. La nouvelle fiancée fait indirectement comprendre à l'ancienne qu'elle ne se laissera pas aussi facilement prendre au jeu. Il en est de même avec les deux exemples à venir. En effet, au-delà de l'acte de questionnement que constitue l'intervention de Bienvenue (B) en (5), son auteure invitait indirectement son interlocutrice (A) à lui dire comment elle a réagi à une offense : celle de son fiancé (Innocent) qui était passé lui rendre visite avec son amante (Nastou).

(5)   B   Il paraît que la dernière fois Nastou est venue ici avec Innocent ?
        A   Hùm, ma sœur laisse Innocent, i sont venus ici, Dieu merci, i ne m'ont pas trouvée...
             « Hùm, ma sœur, ne fais pas attention à Innocent. Ils sont venus ici, par la grâce de Dieu j'étais absente... »

En ouvrant sa réaction par la variante à ton bas (*hùm*), A indique qu'elle préfère ne pas abonder dans ce sens, à savoir parler des états affectifs déclenchés par cette visite. Elle se contente plutôt d'appréhender l'acte de A au niveau locutionnaire, tout en prenant soin de justifier ce choix. Sa réponse peut être paraphrasée de la manière suivante : « Je préfère ne pas m'attarder sur le sujet. Oublie donc Innocent et ses agissements. Certes, ils sont passés ici, mais Dieu merci, ils ne m'ont pas trouvée, alors à quoi servira-t-il d'en parler ? »

En (6) également, l'interlocutrice (B) préfère ne pas se prononcer sur les recommandations de son amie (A). Cette dernière lui conseillait de s'efforcer à endurer les infidélités de son fiancé sans trop se laisser consumer par la jalousie. En ouvrant son tour de parole par la variante à ton bas, B indique qu'elle préfère ne pas faire de commentaire. Ce qu'elle introduit par la suite, laisse entendre que la conseillère ne peut pas comprendre ce qu'elle vit.

(6)   A   Ma sœur, attrape ton kêr ! Faut supporter ça va aller.
             « Ma sœur, endure ! Il te faut être patiente et supporter le tout, ça va s'arranger. »
        B   Hùm, façon ça fait mal façon !
             « Hùm, si seulement tu pouvais savoir à quel point on en souffre ! »

Si la variante *hùm* marque le rejet poli d'une précédente composante discursive en refusant de se prononcer sur la visée communicative, la variante *hûm* marque, en plus du rejet, une mise en garde tacite. C'est d'ailleurs ce qui est observé en (7). La scène dont cet exemple est extrait présente la situation suivante : Habibi (H) se rend chez la nouvelle fiancée de son ex avec le prétexte de vouloir parler à ce dernier. Elle sera dans un premier temps reçue au portail par B (fille de ménage de la nouvelle fiancée).

(7) H J'ai vu Kevin rentrer ici tout à l'heure, est-ce qu'il est encore là ?
    B Hûm, si tu l'as vu rentrer là, c'est que tu l'as vu sortir !

En ouvrant son tour de parole par la variante à ton descendant *hûm*, B remet 'poliment' en cause la bonne foi de H. Parallèlement, elle l'exhorte à quitter les lieux avant que 'sa patronne' ne s'aperçoive de sa présence. En effet, le questionnement de H suppose que la réponse lui est inconnue. Or, si cette dernière prétend avoir vu Kevin rentrer, c'est qu'elle est supposée l'avoir vu sortir, vu que son passage fut très bref.

Le même phénomène est observé en (8). Assurément, dans une situation de communication où A, sans le savoir, a confié une forte somme d'argent à un arnaqueur (de surcroît porté disparu), tout locuteur du *fpi* saura que le *hûm* ouvrant l'intervention de B exprime implicitement à lui seul la mise en garde énoncée par la suite. Mais il marque aussi le refus du locuteur B de s'étendre sur la question.

(8) A Demain encore je retournerai le voir
    B Hûm, moi yè t'ai dis ò, méfie-toi de ce vendeur d'illusion…

La pertinence des oppositions tonales est également notée avec les particules *húm* et *húmhúm*. Dans les exemples (9) et (10), les locuteurs en titre (A) posent leur contenu de pensée comme étant légitime. De là, ils espèrent ou attendent indirectement des allocutaires qu'ils le cautionnent. Mais de par le choix de la particule avec laquelle ils ouvrent leur tour de parole, ces derniers (B) s'y refusent. La première particule *húm* (accentuée en *húúm*) donne à l'assertion qui la suit des couleurs de mise en garde ouverte. Elle peut être paraphrasée par : « Garde-toi d'accomplir / de proférer de tels actes. » Tandis que le deuxième *húmhúm*, véritable adverbe de négation,[21] en fait une désapprobation de la même nature.

(9) A á, maman aussi, elle l'allée où matin là, en tout cas, j'espère qu'elle va vite venir hein, parce qu'il faut que j'aille dire deux mots à cette vieille femme là. yèé la gbàyé propre !
        « Mais dis donc, comment maman peut-elle agir ainsi ? Où est-elle allée de si bonne heure ? En tout cas, j'espère qu'elle rentrera vite parce qu'il faut que j'aille dire deux mots à cette vieille femme. Je lui dirai sans détour ce que je pense. »
     B Húúm, tu exagères ma copine !
(10) A Yè dis, ça là c'est pas compliqué, ou bien ? Tu attends quoi ? Tu t'installes et puis c'est tout !
     B Húmhúm, c'est trop facile. Donc, toi tu penses que la vie là c'est comme ça quoi ?

Quant à la variante *hùmhûm*, son usage est proche de l'adverbe *justement* dans le *fs*. Cette particule est étroitement liée aux chevauchements et interruptions. Elle résulte probablement de la fermeture[22] du lien *èhê̂* / *èhɛ́ɛ̀* avec laquelle elle commute en tout contexte sans engendrer un changement de sens. Au-delà de son potentiel phatique, ce petit mot permet de marquer deux réalités dans le discours. D'une part, le locuteur s'en

---

21 Il n'est pas exclu que la particule *húmhúm* résulte d'une fermeture complète de l'adverbe de négation de certaines langues locales. *Cf.* entre autres le [ɔ́ʔɔ̀] (« non ») du dioula.
22 La fermeture est suivie d'une chute des voyelles mais leurs tons demeurent. La fermeture n'est pas un fait marginal. Dans le discours, on note aussi le phénomène contraire, c'est-à-dire l'ouverture de certaines particules, notamment les petits sons du discours (*cf. tchrou, prɔɔ*).

sert pour rapprocher un fait extralinguistique de sa pensée, ou pour souligner un certain lien existant entre le contenu de la pensée de son interlocuteur et le sien.

(11) A C'est dur mais sàállê, je vais essayer de bricoler quelque chose moi-même.
         « C'est difficile, mais ça finira par s'arranger, je tenterai de bricoler quelque chose. »
    B [Hùmhûm, c'est ce qu'il faut faire, tu as tout à fait raison

(12) A D'ici, je passerai voir Michel[
    B [Hùmhûm, tu fais bien de me rappeler, tu lui diras que je l'attends ce week-end à l'endroit habituel, faudrait pas qu'il oublie notre rendez-vous.

D'autre part, un interlocuteur quelque peu étonné peut s'en servir pour s'assurer de la véracité ou de la pertinence des dires du locuteur en titre. Dans ce cas, il admet en variante libre la particule *hŭm*.[23]

(13) A Les dernières infos ma copine
    B Hùúm, reportage ! Afférage point com.[24] Assieds-toi je vais te bavarder l'affaire.
         « Hùúm, (suis mon) reportage ! (Tu trouveras toutes les infos sur) afférage point com. Assieds-toi donc ! Je vais te donner tous les détails de cette affaire. »

(14) L_1 Si tu dois aller à la PMI, qu'est ce que mon fiancé Kevin à avoir là-dedans ?
    H_1 Eh bien, il a beaucoup à avoir là-dedans
    L_2 [hùmhûm !?
    H_2 Oui beaucoup ! Donc faut lui faire ma commission seulement[
    L_3 [Hùmhúm
    H_3 Il comprendra
    L_4 Hùmhûm !?

Dans l'exemple (13), en ouvrant son tour de parole par la variante à ton montant, la locutrice indique être surprise de l'intérêt que son interlocutrice porte aux commérages (*cf.* des expressions comme *reportage, afférage point com*). En effet, par rapport à B, A passe dans le feuilleton pour une jeune fille brave, toujours présente à la maison et attelée aux tâches ménagères. La particule marque donc l'étonnement de B par rapport à cette contradiction notée dans le comportement de A. Mais elle pourrait aussi l'inviter tacitement à se répéter ou à confirmer la visée de son acte.

Quant à l'exemple (14), les deux occurrences de *hùmhûm* peuvent être paraphrasées par : « aussi simple que cela ? / es-tu sûr de ce que tu avances ? ».

6.2. Les ensembles {ɔ̌, ɔ̂} et {ăjí, ájì}

Les unités de cette section peuvent, dans certains de leurs usages, être rangées dans la catégorie des interjections. Dans ces cas, elles sont émises seules en réaction à une précédente composante discursive. Mais, selon la particule usitée, la réaction à une même situation ou composante discursive peut revêtir une connotation particulière.

---

23 Avec certaines occurrences, notamment celles constituant à elles seules un énoncé, il faut noter que l'intonation interrogative se superpose aux tons finals créant une forme d'accentuation.

24 La locutrice s'identifie à un site internet (fictif) spécialisé dans les potins.

Le français populaire ivoirien : une langue à tons ?

En fonction des locuteurs, *ăjí* et *ájì* admettent des variantes libres glottalisées : *hăjí* et *hájì*. Ce phénomène est également observé au niveau de ɔ̌ et ɔ̂, où il s'accompagne généralement d'une accentuation par allongement vocalique.

(15) A Hɔ̌ɔ̌ɔ̌, attends là !
« ɔ̌, arrête de nous distraire, de tenter de nous faire croire au faux ! »
B Hààjí !?

Chacune des particules des ensembles {ɔ̌, ɔ̂} et {ăjí, ájì} est susceptible d'ouvrir et de clôturer des actes d'une intervention ou l'intervention elle-même. Néanmoins, la variante ɔ̌ est plus observée en ouverture. En finale, elle est plus proche d'une particule finale d'énoncé. Autrement dit, lorsque la particule ɔ̌ occupe la position finale d'un énoncé, elle change la valeur illocutionnaire de celui-ci. Dans cet environnement, ɔ̌ s'apparente à un marqueur d'insistance. Il confère à l'énoncé qu'il clôt les attributs d'une énième tentative de persuasion. Cette dernière manifeste d'ailleurs une légère teinte d'exaspération qui peut ne pas viser l'interlocuteur.

(16) Ne fais pas ɔ̌ !   ⇔ « Pour la énième fois, je te prie d'arrêter. »

(17) Je te dis que c'est lui ɔ̌ ! ⇔ « En dépit de tout, je te garantis qu'il s'agit de lui. »

Communément, l'acte ouvert ou clôturé par l'une de ces quatre particules constitue une réaction opposée à une précédente composante discursive. De fait, elles interviennent pour expliciter ou annoncer différents états d'âmes de l'énonciateur par rapport à celle-ci. Elle l'explicite en position finale. En ouverture, elles annoncent plutôt la nature de l'acte qu'elles ouvrent. Ainsi, les particules ɔ̌ et ɔ̂ expriment des degrés différents d'une désapprobation. Concrètement, alors que la variante à ton bas ɔ̌ ne marque qu'une désapprobation minimale, la variante à ton complexe indique une forte désapprobation. Son usage est plus synonyme d'agacement.

L'exemple ci-dessous est extrait de la scène suivante : En réponse à une question de son oncle (O), le neveu (N) dit s'être rendu de bonne heure chez sa grand-mère (Mamie) dans l'intention de solliciter son aide financière. O demande alors à N le montant de la somme que cette dernière lui aurait remise : « Et elle t'a donné combien ? ».

(18) N cjê, façon Mamie m'a parlé là, c'est pas sûr qu'elle me donne quelque chose hein !
« Quoi ? Tu parles ! Vu la manière dont Mamie m'a parlé, ce n'est pas sûr qu'elle me donne quelque chose hein ? »
O ɔ̌ɔ̌, mais si elle t'a mal parlé c'est la faute à qui ? C'est ta propre faute !

Si l'oncle ouvre son intervention par la particule ɔ̌, c'est parce que d'entrée de jeu, N se positionne en victime (*cf.* les deux premiers actes de son intervention et le *hein* final). Or, pour O, ce sentiment n'a pas lieu d'être. En effet, en conformité avec les règles de politesse sociale, son neveu (sans emploi), vivant sous son toit et sa coupe, aurait dû commencer par solliciter son aide. Le recours à la grand-mère n'aurait dû intervenir que si l'oncle avait refusé de faire son devoir. Son intervention peut donc être paraphrasée en ces termes : « De grâce arrête de jouer la victime, car si Mamie t'a offensé, tu n'as qu'à t'en prendre à toi-même ».

Avec l'exemple (19), la locutrice en titre donne son point de vue sur l'attitude adoptée par son interlocutrice face aux légèretés du fiancé de cette dernière. En clôturant son tour de parole par la particule ɔ̂ (à ton descendant et accentuée en (19)), elle lui indique que, plus qu'un point de vue, son intervention traduit sa totale désapprobation de la passivité de son interlocutrice. Pour l'énonciatrice, son allocutaire devrait mettre son fiancé devant les faits accomplis et se comporter avec lui comme s'ils étaient officiellement mariés. Cela résoudrait pour elle bien des problèmes, notamment ceux qu'elle a avec sa marâtre (Gbazé Thérèse).

(19) Tu n'es pas fatiguée de Gbazé Thérèse ? Tu aimes trop souffrir, hájà ! Prends le gars tu vas aller t'asseoir tranquille ! ɔ́ɔ̀ɔ̀ !
« N'en as-tu pas assez de Gbazé Thérèse ? Tu aimes trop te faire du mal, mais tout de même ! Accapare le gars afin de te retrouver tranquillement dans ton foyer ! ɔ́ɔ̀ɔ̀ ! »

Dans l'exemple suivant, une mère (M) se rend chez sa fille avec qui elle a un rendez-vous. A son arrivée, elle se renseigne auprès du majordome (B, désigné ici par *mon fils*), si cette dernière est réveillée. C'est la réponse négative de B qui déclenche la grande désapprobation que la mère introduit et exprime par la variante à ton complexe.

(20) M_1 Bonjour mon fils,
    B_1 Bonjour maman
    M_2 Elle s'est réveillée ?
    B_2 Non, elle dort encore
    M_3 Hɔ̂ɔ̀ɔ̀, c'est à cause de tout ça je voulais qu'elle me remette l'argent hier.

De leur côté, les particules *ăjí* et *ájì* sont fondamentalement des interjections. Elles expriment un étonnement né d'une précédente composante discursive. La particularité de cette dernière, c'est qu'elle est perçue par l'énonciateur comme une provocation ou une offense ouverte et injustifiée.

Deux régularités se dégagent des conversations analysées. Généralement, la variante à schème tonal BHH (Bas-Haut-Haut)) *ăjí* est émise à l'endroit de l'interlocuteur (d'ordinaire l'offenseur), tandis que la variante à schème HB (Haut-Bas) *ájì* est observée quand le locuteur, dans un discours intérieur, se parle à haute voix.

(21) A   Marie-Laure, si ma femme arrive, tu lui diras que je suis allé à une réunion politique
    B   Politique là c'est qui encore ? Moi je l'ai jamais vu ici, ájì !

En (21), si B (fille de ménage au vocabulaire restreint) se sent menacée par le message laissé par son patron (parti aussitôt), c'est parce qu'elle redoute plus les questions de l'épouse qui, dans le feuilleton, passe pour une personne excessivement difficile, une « tigresse » dit-on dans le téléfilm. Le *ájì* final émis par B peut être paraphrasé par : « Connaissant son épouse, comment peut-il me laisser un message aussi vague ».

En (22), l'énonciateur rend de bonne heure visite à sa grand-mère. Il frappe à la porte, appelle les habitants des lieux mais personne ne lui répond. En ouvrant son monologue par *hájì*, il traduit son scepticisme quant aux raisons véritables de ce silence. Il trouve quelque peu anormal que tous dorment encore.

(22) Hájì, donc personne n'est encore réveillé ? D'accord j'attends !

Avec l'exemple (23), la locutrice en titre (Bienvenue, ici B), connue dans le feuilleton pour être une fâcheuse, s'entretient avec une interlocutrice. Dans les faits, elle s'en prenait indirectement à une autre personne (A) qui réagit comme suit :

(23) A   Bienvenue, c'est de moi tu parles ?
    B   ăjí, j'ai dit quoi

Le français populaire ivoirien : une langue à tons ? 107

Si à tort[25] B ouvre son tour de parole par *ăjí*, c'est parce qu'elle se pose en victime. Elle prétend être offusquée par la question de A avec l'argument de n'avoir nullement mentionné le nom de ce dernier.

6.3. L'ensemble {ò, ó}

Les deux unités formant les oppositions de cet ensemble font partie des particules finales d'énoncé. Elles ont un caractère modal en ce sens qu'elles modifient la modalité de l'acte qu'elles clôturent. Dans le fond, ces particules ont la même fonction discursive. Elles cherchent à persuader l'interlocuteur, mais de deux manières différentes. D'un côté en usant de la contrainte et de l'autre en recourant à la négociation. Ainsi, lorsqu'un locuteur ferme son propos avec la variante à ton haut, il court-circuite toutes les visées communicatives de son interlocuteur et élève sa pensée au rang d'une position non négociable. Aussi tranche-t-il et décide-t-il de manière presque unilatérale de clore la conversation. C'est ce qui est observé dans l'exemple (24), où A demande à B qui a découché, de lui dire où elle a passé la nuit. Sa réponse semble ne pas satisfaire A (Mamie). Or, en clôturant son deuxième tour de parole par *ó* (ton haut), elle contraint ou, tout au moins, invite indirectement Mamie à se contenter de sa version des faits et à fermer le sujet de conversation.

(24) A Espèce de menteuse, tu n'as pas dormi là-bas, dis-moi où tu as passé la nuit.
      B Mamie, c'est là-bas j'ai dormi ó !

Avec l'usage de la variante à ton bas par contre, ce même énoncé aurait pris une autre coloration. Assurément, si elle avait recouru à cette forme, la locutrice aurait alors négocié avec son interlocutrice la validation d'une position contraire à la sienne.

L'exemple (25) présente une situation analogue. Avant son énonciation, une bagarre a lieu en pleine rue entre deux personnes à cause d'une jeune fille (B). Auparavant, cette dernière avait expliqué que l'un des protagonistes lui avait promis une somme de 150000 C.F.A. sans toutefois honorer sa promesse. Après s'être interposé entre les bagarreurs, A s'enquiert auprès d'eux des raisons de leur bagarre avant de s'adresser à B.

(25) A Mademoiselle, j'ai l'honneur de solliciter de votre haute bienveillance l'obtention de votre version concernant… les histoires qui se sont passées ici
      B J'ai déjà expliqué ò

En recourant à la variante à ton bas pour fermer sa réponse, B traduit son désir de ne pas s'exposer une fois de plus à la critique. Elle négocie une meilleure porte de sortie avec A. Elle lui demande tacitement de lui épargner cet acte dévalorisant.

La variante à ton bas peut également clôturer un nom propre de personne,[26] une assertion ou la préface d'un discours direct. Dans ce cas, elle fonctionne comme un marqueur

---

25 Nous l'avons déjà souligné, l'usage de la particule suppose un effet de surprise dû au caractère injustifié d'une précédente agression. Or, Bienvenue ne peut pas délibérément persifler une personne et prétendre être offensée lorsque celle-ci, après s'être rendue compte de la raillerie, s'en plaint.

26 L'usage avec les vocatifs ne doit pas être confondu au morphème de troncation *-o* du *fs* qui, lui, n'affecte en général que les noms communs. Son usage est motivé par les besoins de l'économie linguistique. Il vise avant tout à transformer de longues structures syllabiques en de plus brèves. Ainsi *le mécanicien* devient *le mécano*, *les relations entre ivoiriens et français* devient *les relations franco-ivoiriennes*, etc. Or, un nom propre comme *Yves* ([iv] en phonétique) ne nécessite aucune troncation. Le *-o* clôturant [iv] constitue plus un allongement. Il s'agit d'une particule qui, en fonction du ton qu'elle porte, permet à l'unité à laquelle elle se greffe de véhiculer différentes réalités. Ainsi, *Ívó* et *Ívò* forment une opposition distinc-

de figuration, une sorte de préambule (prépré), prévenant l'interlocuteur de l'imminence d'un acte menaçant pour sa face.

(26) Màmíò ⇔ « Mamie, ce qui va suivre peut constituer une menace de ton territoire. »
   Ívò ⇔ « Yves, ce qui va suivre peut constituer une menace de ton territoire. »

(27) C'est pas toi ò

(28) A   Yè dis ò, pourquoi toi-même, tu es comme ça même ?
         « Je dis ò, pourquoi toi-même, tu es comme ça même ? »
    B   Je suis comment ?

Dans l'exemple (27), l'offense annoncée par ò est sous-entendue. En fait, il s'agit d'une expression très courante issue de la réduction de « c'est pas toi ò, c'est moi ».[27]

L'acte offensant qu'annonce la variante à ton bas ò peut aussi être dirigé à l'endroit d'une troisième personne (susceptible d'être absente de la situation communicationnelle). Le locuteur marque alors le caractère intentionnel de l'offense à venir. Ainsi, dans l'exemple qui suit, l'énonciatrice nous[28] rapporte-t-elle son attitude vis-à-vis de son ex-ami. Elle dit l'avoir délibérément ignoré alors que leurs chemins se sont croisés.

(29) Je l'ai croisé avant-hier. Il me regardait. C'est l'homme ò, c'est chien ò, est-ce que je l'ai calculé ?
    « Je l'ai croisé avant-hier. Il me regardait. S'agissait-il d'un être humain ? D'un chien ? Encore aurait-il fallu que je fasse attention à lui (pour le dire). »

Lorsqu'on reprend les précédentes occurrences avec la variante contraire, leurs visées communicatives changent automatiquement et certaines contraintes structurelles peuvent voir le jour. Ainsi, alors que l'énoncé *c'est là-bas j'ai dormi ó* marque une confrontation ouverte avec Mamie en (24), *c'est là-bas j'ai dormi ò* supplierait Mamie de croire en sa véracité. Et si en (25) *j'ai déjà expliqué ò* vise de façon consensuelle à dispenser son énonciatrice d'une précédente requête, *j'ai déjà expliqué ó* traduirait plus son désengagement, une sorte de mise en garde de l'interlocuteur paraphrasable par : « Ne va pas dire que je ne l'ai pas fait ». De même, si en (26) *Màmíò* et *Ívò* tentent de ménager les territoires de ces personnes, *Màmíó* et *Ívó* seraient des vocatifs utilisés pour faire appel à des êtres éloignés de l'énonciateur. De plus, en (27), bien qu'au niveau locutionnaire l'énonciateur se rende responsable des actes de l'allocutaire, au niveau illocutionnaire cependant, il porte atteinte à la face positive de ce dernier. En fait, l'auteur de (27) implique que son interlocuteur ne connaît pas ses propres limites (au fond « c'est pas toi ò, vu que tu ne connais pas tes limites ») et qu'il aurait fallu les lui indiquer (« c'est moi, j'aurais dû te les fixer »). Pourtant avec *c'est pas toi ó*, l'énonciateur chercherait soit à réparer un précédent acte offensant,

---

tive. Alors qu'en se greffant au vocatif la variante à ton haut *ó* se présente comme un marqueur d'affectuosité servant à faire appel à une personne située plus ou moins loin de l'énonciateur, celle à ton bas tente de ménager la face positive de cette dernière. Elle lui annonce l'imminence d'un acte susceptible de menacer son territoire. D'ailleurs un nom propre comme *Caroline* abrégé en *Caro* [káró] (sans morphème de troncation) peut accueillir les deux variantes de la particule -*o*. L'ajout de la variante à ton haut va engendrer une accentuation en finale [kárόó] pour faire affectueusement appel à Caroline lorsque celle-ci est plus ou moins loin de l'énonciateur. Alors que l'ajout de la variante à ton bas constitue un travail de figuration. Il vise à ménager Caroline et donne lieu à [káró ò]. En abouré, une langue Kwa parlée au Sud-Est de la Côte d'Ivoire, on dira [káró è] pour la dernière forme.

27 « Dans le fond, je n'ai pas à t'en vouloir. Je ne dois m'en prendre qu'à moi-même. »
28 À la différence des autres, cette illustration n'est pas extraite des vidéos. Elle fut émise par une compatriote passée me rendre visite alors que je relisais cet article.

soit à concéder une certaine vérité. L'énoncé pourrait selon les contextes être paraphrasé par : « tu as pu penser qu'il est question de toi, mais en réalité il n'en est rien », ou : « J'abdique. Je te concède (contre mon gré) qu'il ne s'agit pas de toi ». Avec l'exemple (28), une variante à ton haut n'est pas possible parce que l'énoncé clôturé par *ò* est au présent de l'indicatif. Le locuteur n'a encore rien dit. Il prévient plutôt qu'il va dire quelque chose. En effet, *je dis* n'est que la préface d'un discours à cheval entre le style direct et indirect. Et c'est parce que ce discours constitue une offense pour son interlocuteur que le locuteur en titre juge bon de le préparer à sa réception. Toutefois, si la préface avait été au passé, *j'ai dit* (p. ex.), elle aurait pu accueillir les deux variantes. Ainsi, *j'ai dit ó* aurait été énoncé pour court-circuiter toute position contraire. Il serait alors paraphrasé par : « (Voilà), je l'ai dit. Ne va pas dire que je ne l'ai pas fait ». Par contre l'énonciation de *j'ai dit ò* tenterait (par la négociation) soit de persuader l'interlocuteur du bien-fondé d'un précédent propos, soit de le persuader de l'avoir effectivement énoncé. Ainsi, il serait d'une part paraphrasable par : « Je t'assure que je l'ai dit », et d'autre part par : « Tu devrais croire à la véracité de ce que j'ai dit » (*cf.* aussi l'exemple (8) plus haut). En ce qui concerne l'exemple (29), *c'est l'homme ó* et *c'est chien ó* sont possibles. Ils auraient permis d'abréger un discours plus ou moins conflictuel. Naturellement, ces énoncés ne pourront être suivis que d'une fermeture du sujet en cours. Ce qui n'est toutefois pas le cas de l'interrogation *est-ce que je l'ai calculé ?*

Cette commutation qui démontre le statut oppositionnel des tons au niveau de la particule *o*, s'applique aisément à l'ensemble des marqueurs analysés ici.

7. Conclusion

Tout au long de cette analyse, nous avons pu voir que, selon la hauteur mélodique d'une particule, celle-ci peut marquer différentes réalités dans le discours. On ne peut pas attribuer ces variations de ton et de fonctions à des faits d'accentuation. Nous avons en effet pu voir que les deux phénomènes ne s'excluent pas et que dans bien des cas ils se combinent. On ne peut pas non plus attribuer toutes ces variations mélodiques à des types de phrases ni même à des considérations thématiques. Assurément, selon qu'une unité est la première composante d'une phrase, d'un tour de parole ou d'une conversation, sa hauteur mélodique est susceptible de varier. Cependant, nous avons pu voir que certaines particules n'occupent que la position finale avec leurs variantes tonales. D'autres encore occupent les deux positions sans pour autant que cela influence leur schème tonal. On ne peut encore moins attribuer ces variations tonales à la fréquence fondamentale d'une quelconque voyelle ou consonne environnantes. Par conséquent, dans l'ensemble des cas vus, et dans d'autres encore que nous aurions pu étudier ici ({à, á, â, ă}, {è, é, ê}), nous sommes en face de paires minimales parfaites. Il y a donc de bonnes raisons de se demander si le *fpi* n'est pas une langue à tons. Les tons affectent-ils d'autres domaines de la langue ? Est-ce parce que le *fpi* est une langue à tons qu'il exploite cette propriété au niveau des particules discursives ? Est-ce qu'une langue peut ne pas être à tons et exploiter les variations mélodiques à des fins purement distinctives ? Est-il possible de trouver de tels phénomènes discursifs dans une langue dépourvue de tons ? Telles sont les questions auxquelles les futures recherches devront trouver des éléments de réponse.

8. Références bibliographiques

Ameka, F. (1992), « Interjections : the universal yet neglected part of speech », *Journal of Pragmatics*, 18, 101-118.
Boukari, O. (2001), *Esquisse tonale de l'abouré*, Mémoire de maîtrise, Université de Cocody.
Boukari, O. (à paraître), *Articulation du discours dans le songhay-zarma*, Münster.
Boutin, B. A. (2002), *Description de la variation : étude transformationnelle des phrases du français de la Côte d'Ivoire*, Grenoble.
Derive, M.-J. / S. Lafage (1978), « La Côte d'Ivoire : situation sociolinguistique », dans : Barreteau, D. (éd.), *Inventaire des études linguistiques sur les pays d'Afrique noire d'expression française et sur Madagascar,* Paris, 389-409.
Ducrot, O. / T. Todorov (1972), *Dictionnaire encyclopédique des sciences du langage*, Paris.
Grice, M. *et al.* (2000), « On the place of phrase accents in intonational phonology », *Phonology*, 17, 143-185.
Hattiger, J. L. (1983), *Le français populaire d'Abidjan : un cas de pidginisation*, Université de Cocody.
N'Guessan, K. J. (1998), « Le français devant une variété autonome de français : le cas du français de la Côte d'Ivoire », dans : AUF (éd.), *Assises de l'enseignement du français et en français en Afrique francophone*, Paris, 169-181.
N'Guessan, K. J. (1999), « Quelques traits morphosyntaxiques du français écrit en Côte d'Ivoire », *Langues*, 2-4, 301-314.
N'Guessan, K. J. (2006), « Le nouchi et les rapports dioula-français », *Le français en Afrique,* 21, 176-191.
Kube, S. (2005), *Gelebte Frankophonie in der Côte d'Ivoire*, Münster.
Lafage, S. (1986), « Description sommaire de la situation sociolinguistique de la Côte d'Ivoire », dans : Confemen (éd.), *Promotion et intégration des langues nationales dans les systèmes éducatifs,* Paris, 501-517.
Lafage, S. (1990), « Métaboles et changement lexical du français en contexte africain », dans : Clas, A. / B. Ouaba (éds.), *Visages du français : variétés lexicales de l'espace francophone*, Paris, 149-151.
Lafage, S. (1991), « L'argot des jeunes ivoiriens, marque d'appropriation du français ? », *Langue française,* 90, 95-105.
Lafage, S. (1996), « La Côte d'Ivoire : une appropriation nationale du français ? », dans : Beniamino, M. / D. Robillard (éds.), *Le français dans l'espace francophone*, 2, Paris, 587-602.
Lafage, S. (1998), « Hybridation et 'français des rues' à Abidjan », dans : Queffélec, A. (éd.), *Alternances codiques et français parlé en Afrique*, Aix-en-Provence, 279-291.
Laforest, M. (2006), « Les manifestations vocales de l'écoute », dans : Drescher, M. / B. Frank-Job (éds.), *Les marqueurs discursifs dans les langues romanes*, Francfort s. l. M., 54-69.
Manessy, G. (1994), « Pratique du français en Afrique noire francophone », *Langue française*, 104, 11-19.
Ploog, K. (2002), *Le français à Abidjan. Pour une approche syntaxique du non-standard*, Paris.
Roncador, M. v. (2006), « Introducing reactive turns in thematic oriented Moore interviews », dans : Winkelmann, K. / D. Ibriszimow (éds.), *Zwischen Bantu und Burkina*, Köln, 181-190.
Rongier, J. (2002), *Parlons senoufo*, Paris.
Simard, Y. (1994), « Le français de Côte d'Ivoire : prosodie et prédominance du concret », *BCEP : À propos du français en Afrique. Questions de norme*, 89-118.
Yngve, V. (1970), « On getting a word in edgewise », *Papers from the sixth regional meeting. Chicago Linguistic Society*, 567-577.

Edith Szlezák (Université de Regensburg, Allemagne)

Aspects morphosyntaxiques des variétés du français canadien parlées au Massachusetts

1. Introduction

Les Franco-Américains, les descendants des immigrants franco-canadiens en Nouvelle-Angleterre, sont un des groupes francophones les plus importants aux États-Unis, où le français est toujours la troisième langue étrangère parlée au foyer. Bien que toutes données concernant le maintien du français au sein de cette minorité linguistique ne permettent pas de pronostics positifs quant à l'avenir de la langue dans cette région, le nombre de locuteurs nous permet toujours de tirer des conclusions valables quant aux caractéristiques de ces variétés.

Pour fournir un survol de quelques spécificités morphosyntaxiques des variétés du français canadien parlées en Nouvelle-Angleterre, on se servira, comme base d'analyse, des données du corpus MASSFrench, obtenues par des enregistrements effectués en 2003 / 2004, auprès d'un nombre total de 143 participants dans diverses paroisses du Massachusetts, où, lors du recensement de 2000, 8,8% de la population se sont déclarés de descendance franco-canadienne.[1]

2. La situation des variétés franco-canadiennes en Nouvelle-Angleterre

D'après les résultats d'une vaste enquête sur les Franco-Américains du Massachusetts, le français, très vivant dans cette région de la Nouvelle-Angleterre jusqu'aux années soixante-dix, a depuis tendance à se perdre en deux générations, c'est-à-dire trop rapidement pour montrer des signes considérables d'étiolement dans le domaine morphosyntaxique. Ce qui a pu être relevé d'extraordinaire est un phénomène lié à des facteurs extralinguistiques comme la stigmatisation des variétés franco-américaines et l'influence normative des écoles paroissiales : la troisième et quatrième génération d'immigrés ont tendance à utiliser les structures du français standard, tandis que la première et deuxième génération montrent les structures caractéristiques des variétés franco-canadiennes, dont les pages suivantes donneront un aperçu.

---

1   *Cf.* QT-P13. U.S.-Census 2000. http://factfinder.census.gov (09.10.2009).

3. Caractéristiques morphosyntaxiques sélectionnées

3.1. Le pronom personnel sujet de la troisième personne

On a pu constater que les pronoms *il / elle* et *ils / elles* sont souvent réduits à *i* non seulement devant une consonne, ce qui est aussi commun en français populaire (*cf.* Gadet : 1992, 63), mais aussi devant une voyelle :

> La chute du *l* du pronom *il*, fréquemment dénoncé comme changement (stigmatisé) en cours, remonte à l'ancien français. Elle est, en français standard, réservée à la position préconsonantique [...]. On signale, cependant, en français québécois, une extension du phénomène à la position prévocalique. (Gadet : 1997, 77)

Pour donner quelques exemples :[2]

(1) (AU78) ben **i a** travaillé dans les bois. à Maine. [...] pis **i a** venu à NEW BEDFORD. **i a** rencontré ma mère

(2) (QU41) puis ma sœur. **i ont**. YOU KNOW **i ont** des. um.. **i ont** des maris. puis i parlent pas

Au pluriel, par contre, un *l* peut être ajouté à *i* devant une voyelle :

(3) (QU41) quand ils parlent **il ont** l'accent américain

(4) (QC55) ici à WARE à la paroisse Toutes les Saints **il ont**...FRENCH NIGHT

Au singulier comme au pluriel, *il / elle* et *ils / elles* peuvent être remplacés par *ça*, même si le pronom se réfère à une personne :

> Contrary to the findings of Neumann-Holzschuh (Neumann-Holzschuh : 2000, 266) concerning *ça* in Quebec French, *ça* in the MASSFrench corpus refers to nouns denoting persons in most cases, rather than to nouns denoting things. The same use can be observed in Acadian French (*cf.* Péronnet : 1989, 187) as well as in Cajun French (*cf.* Bollée / Neumann-Holzschuh : 1998, 187), which speaks in favor of a general function widening of *ça*. There seems to be the tendency for the establishment of gender and number neutralized forms such as *ça* and *i* in the personal pronoun paradigm. (Szlezák : 2007, 40)[3]

(5) (AC59) not' garçon a marié une fille française. une G. mais j'pense que **ça** venait pas mal du Québec là

(6) (QU69) ben n/nos amis. ça parle tout anglais

A côté de *ça*, il y a encore d'autres possibilités de remplacement pour les pronoms sujet de la troisième personne. Au singulier, il peut être remplacé par son correspondant disjoint *lui* :

(7) (AC46) puis **lui** parlait pas anglais pantoute

(8) (QU77) non. **lui** est venu au monde au Canada

Au pluriel, *ils / elles* peuvent être remplacés par *eux-autres, eux* ou *zeux*, la dernière forme étant uniquement acadienne. Au Massachusetts, ce phénomène est plus ou moins

---

[2] Les abréviations indiquent l'origine des participants (Q = Québécois, A = Acadien), la génération d'immigration (C = né au Canada, U = né aux Etats-Unis, UU = les parents sont nés aux Etats-Unis, UUU = les grands-parents sont nés aux Etats-Unis), et l'âge.

[3] Sous l'égide de Mme le professeur Neumann-Holzschuh, une équipe de chercheurs à Regensburg est en train d'étudier plus à fond les caractéristiques morphosyntaxiques des variétés du français acadien et louisianais au sein du projet « Grammaire comparée des parlers acadiens et louisianais ».

limité à la première génération d'immigrants, qui, comme on l'a déjà mentionné, parle le français le plus proche des variétés du français canadien parlées au Canada.

(9) (QC78) **eux-aut'** viennent nous rencontrer à Montréal

(10) (AC59) SPANISH c'est ça. c'est écrit en gros euh..**eux-aut'** a pas besoin d'apprend' l'anglais

(11) (AC63) **eux** parliont ben français aussi

(12) (AC63) i venaient de Québec. on était engagé quand qu'on parlait français. parce. **zeux** parlaient français

3.2. L'expression de l'appartenance

Au lieu d'utiliser la préposition *de* pour marquer l'appartenance, les variétés du français canadien se servent fréquemment de la préposition *à*, ce qui est aussi commun en français populaire : « *à* reste, à peu près partout, très vivant pour marquer l'appartenance » (Grevisse : 1993, 531).

(13) (QC61) le père et la mère **à ma mère** sont venus demeurer à LOWELL

(14) (AC46) les p'tits gars **à ma sœur**. i parlont anglais puis français

Une autre façon de marquer l'appartenance s'effectue à l'aide du déterminant possessif combiné avec la préposition *à* :

(15) (AU76) **sa** maison **à lui** était icitte

(16) (QC67) **sa** sœur **à mon mari**. elle parle français là

(17) (AC68) **not'** génération **à nous-aut'**-là. on parle/on parle le français

La troisième possibilité relevée dans le corpus est la combinaison d'un pronom personnel et du déterminant possessif :

(18) (QU40) i parle très bien français. **lui ses** parents i/i..i venaient de Sherbrooke

(19) (QU47) et puis **lui son** angl/son français i est pas..um..pas si pas bon

3.3. Les pronoms relatifs

Comme en français populaire, le pronom relatif sujet *qui* peut être remplacé par *qu'* devant une voyelle. Il y a deux explications possibles de ce phénomène :

1) le *i* de *qui* a été éliminé, ou

2) *qui* a été remplacé par *que*, ce qui semble plus probable : « [On a observé] une tendance française très ancienne à généraliser *que* au détriment de *qui* ». (Wiesmath : 2001, 92)

Contrairement à ce que Léard a constaté pour le français parlé au Québec, à savoir que « *que* et *qui* n'ont pas bougé depuis l'ancien français ; le français et le québécois sont strictement identiques » (Léard : 1995, 99), les Québécois au Massachusetts utilisent fréquemment *qu'* au lieu de *qui* devant les voyelles.

(20) (QUU75) j'ai fait la glace puis l'huile pour mon père **qu'**avait un business comme ça

(21) (QU41) j'pense qu'elle a/i y a rien qu'une sœur **qu'**est morte

(22) (QC62) je sais qu'i y a pas personne **qu'**a cinquante ans

(23) (AU58) c'est à cause qu'on a été à/à l'école **qu'**était plus anglais que français

Le pronom relatif *dont* peut être remplacé par *que*, et, moins souvent, par *que* en combinaison avec le déterminant possessif, ce qui est de nouveau une structure très commune en français populaire (*cf.* Gadet : 1997, 115).

(24) (QC66) je pense pas qu'il aide. c'est pas quequ'chose **qu'**i ont vraiment besoin

(25) (QU83) des Canadiens ou non des personnes que/de no/notre âge. **qu'**on sait qu'i parlent. on leur parlerait en français

(26) (QC66) là asteur on a un/un/un/un neveu **que son** garçon parle bien l'anglais

En ce qui concerne les pronoms relatifs *ce qui* et *ce que*, on observe qu'ils peuvent être remplacés par de multiples expressions, plus précisément de *quoi que, quoi c'que (que), quoi c'est que, qu'est-ce que c'est que, qu'est-ce qui, qu'est-ce que, qu'est-ce que c'est que* et *que c'est que*.

(27) (QU41) ça a pris longtemps. pour. comprend'. **quoi qu'**i disaient

(28) (AC65) ça fait pas d'différence. **quoi c'que** t'es. c'est **quoi c'que** tu fais

(29) (AC46) ma petite fille voulait assez savoir **quoi-c'que qu'**on disait que aussitôt qu'elle a eu la chance elle a pris la/le français à l'école

(30) (AC77) toute **quoi c'est qu'**a à faire avec euh/avec une maison

(31) (QC67) ils ont parlé français puis. venaient du Nouveau-Brunswick [...] j'avais aucune idée **qu'est-ce que c'est qu'**i me disaient

(32) (QC61) ben **qu'est-ce qui** arrive c'est qu'elle dit plus de mots du français d'France

(33) (AU58) on voulait pas que/qu'i savent **qu'est-ce qu'**on disait

(34) (QC67) ils ont parlé français puis. venaient du Nouveau-Brunswick (RIRE). j'avais pas/j'avais aucune idée **qu'est-ce que c'est qu'**i me disaient

(35) (QUU74) je comprends **que c'est que** j'ai lu mais pour..m'assir et écrire...

Le pronom relatif *où* peut être remplacé par *que* :

> L'adverbe *que* était, en ancien et en moyen français, beaucoup plus répandu qu'il ne l'a été plus tard. [...] Le français moderne, se servant plutôt de *où*, [l']emploie beaucoup moins [...]. Le langage populaire en use encore largement. [...] *Nous avons vu dans un magasin que j'ai été, un jeune homme.* (Haase : 1965, 71)

(36) (AC83) i avont le français de Montré/de/de Paris. parce que..l'école **qu'**i allaient était..c'était l'université d'Ottawa

(37) (QU84) toutes les vieilles places **qu'**on a/**qu'**on allait t'sais

Au-delà, *où*, ou *ioù*, peut être combiné avec *que, c'que* et *c'est que*.

(38) (QUU73) c'était un hôpital **où que** tout l'monde venait de partout

(39) (QU41) ben nous-aut'. **ioù qu'**ma mère puis mon père i viennent au Canada. um i parlent rien qu'le français là [...] ici **ioù que** j'reste. um. i y a beaucoup des Acadiens. [...] i savent pas **où-c'que** c'est parce que c'est ben p'tit

(40) (QU41) surtout l/les/les personnes **où c'est qu'**elle travaille ses amis parlent tous anglais

3.4. Les déterminants démonstratifs

Les déterminants démonstratifs *ce, cet, cette* apparaissent fréquemment dans les formes *c', c't(e)*. Parfois la forme du pluriel *ces* est remplacée par *c'tes* pour les deux genres grammaticaux.

(41) (QUU74) centième anniversaire de la société **c't** année

(42) (AC62) **c't** hiver/**c't** hiver on a passé une semaine à/à Tahiti

Dans les variétés du français parlées au Canada, ces déterminants peuvent être renforcés par le clitic adverbial *-là* (*cf.* Péronnet : 1989, 31) sans que leurs implications soient forcément modifiées : « Quant à la particule *-là* du démonstratif composé, celle-ci est souvent utilisée à vide » (Péronnet : 1989, 39).

(43) (QU58) à **c'**temps-**là** j'ai compris que c'est une langage universelle [sic]

(44) (QC57) i parlent pas d'français de **c'te** manière-**là** t'sais

(45) (AC77) **c'te** type-**là** a été à WASHINGTON […] les quat' coins de France étaient re-présentés là **c't** année-**là** à WASHINGTON

(46) (AC46) aujourd'hui i y a des/des maîtresses qui parlont l'espa/l'espagnol puis **stes** en-fants-**là** sont jamais obligés d'apprend' anglais

Si *-là* est pourtant utilisé sans le déterminant démonstratif précédent mais avec l'article défini, la particule peut elle-même prendre la fonction d'un démonstratif (*cf.* Conwell / Juilland : 1963, 136).

(47) (QU69) puis elle dit euh…oh j/je/je cherche pour **le** mot-**là**…

(48) (AC63) i faisont les/les BABY SHOES. pis t'sais pour les enfants **les** p'tits souliers-**là**

3.5. Conjonctions selectionnées de coordination et de subordination

3.5.1. Conjonctions additives

En français québécois ainsi qu'en acadien, les phrases et les propositions sont fréquem-ment coordonnées à l'aide des conjonctions *(et) puis* ou *(et) pis* (*cf.* Boulanger : 1992, 882 ; 957 ; Wiesmath : 2001, 71-73). Dans notre corpus, *puis* est utilisé surtout par les Québécois tandis que les Acadiens ont tendance à se servir plus souvent de *pis*.

(49) (QU58) je vas plutôt à la messe des fois le samedi. **et puis** le/la messe de samedi à quatre heures c'est en anglais

(50) (QUU51) j'étais à l'école Assomption. c'était/c'était encore un/une paroisse euh. français. **et puis** i ont/i a toujours/i faisaient des enseignements euh..euh..du français dans la classe

(51) (AC82) je faisais le/l'ouvrage la plus dur. qui est faire les foins **pis** toutes ces affaires-là

(52) (AC77) i y avait cinq filles **pis** quat' garçons

(53) (AU76) elle faisait du ragoût de pattes de cochon **pis** du fromagé

3.5.2. Circonstancielles de temps

En ce qui concerne les conjonctions de subordination indiquant une relation temporelle, on peut observer le suivant : *avant que* apparaît dans le corpus, mais n'est guère suivi du subjonctif, et peut être réduit à *avant* :

(54) (QUU58) on les a pas parlé. euh. en anglais **avant qu'**i ont eu l'âge de cinq ans

(55) (AC62) j'ai travaillé dans un shop à plastique pour euh. dix mois..et euh..ça faisait..à peu près un mois **avant que** j'étais dans l'shop à plastique

(56) (QU81) ONTARIO. très haut dans le nord. dans une cabane à bois. j'ai une photo pour te montrer **avant** tu partes

(57) (AC62) moi je savais l'anglais **avant** j'ai/**avant** j'ai venu ici

Après que, par contre, n'apparaît jamais sans *que* comme cela est habituel en français québécois (*cf.* Meney : 1999, 96). Il est intéressant de voir que Wiesmath a trouvé le même phénomène dans son corpus de français acadien : « La conjonction *après que* [...] semble plus résistante à l'omission de *que* » (Wiesmath : 2001, 110).

(58) (QC55) **après qu'**mon papa est décédé dans les années dix-neuf cent soixante et onze. um ma...ma maman elle avait déménagé

(59) (AC69) nous-aut' a travaillé sur la ferme **après qu'**on a gradué/gradué de l'école

Quand est souvent combiné avec *que* ou *c'que*, ce qui est un bon exemple du fait que l'origine de beaucoup de structures des variétés du français canadien est inconnue :

> Nous ne savons pas [...] si *quand ce que* serait un archaïsme ou si la forme provient du pronom interrogatif acadien *quand ce que*. (Gesner : 1979, 100)

On a pu constater que la forme *quand-c'que* se trouve surtout (mais non exclusivement) en usage parmi les Acadiens, ce qui est en accord avec d'autres études : « La forme *quand ce que* se limite [...] aux parlers historiquement proches acadien et cadien » (Wiesmath : 2001, 102). La raison pour laquelle on trouve cette forme en usage parmi les Québécois dans le corpus est probablement la coexistence de ces deux groupes dans le Massachusetts.

(60) (QU71) **quand qu'**on voulait pas qu'les enfants comprennent. **quand qu'**on s/**quand** on est pour s'coucher

(61) (AU42) **quand qu'**i venaient du Canada je savais parler plus le français

(62) (QC61) **quand qu'**on était jeune là. au village. si tu demeurais au village. t'avais la campagne au village. **quand-c'qu'**on allait à l'école **quand-c'qu'**on avait les religieuses..

(63) (AC46) on a toutes venu **quand-c'qu'**on était petit [...] mon frère était au Viêt-nam. puis **quand-c'qu'**i a venu. i aimait pas ça icitte. y avait quequ'un qui l'avait craché sur le dos. en débarquant de l'avion **quand-c'qu'**i a arrivé du Viêt-nam

Depuis que n'est jamais réduit à *depuis*, mais peut apparaître sous la forme de *depuis-c'que* (dans notre corpus seulement parmi les Acadiens).

Aspects morphosyntaxiques des variétés du français canadien parlées au Massachusetts 117

(64) (QU78) je m'aperçois que je perds..le français **depuis qu'**elle est morte

(65) (AC46) **depuis que** mes enfants sont petits. on s'en allait au Canada

(66) (AC78) **depuis-c'qu'**i ont laissé i parlent plus l'français.

(67) (AC77) **depuis-c'que** les/les enfants sont icitte. euh pas tant on parle français

Pendant que ne se trouve pas dans notre corpus, encore une observation en accord avec d'autres études : « *pendant que* [...] [est] d'un emploi rare. [...] le subordonnant *que* peut s'effacer » (Wiesmath : 2001, 108). La préposition *pendant*, par contre, apparaît fréquemment en alternance avec *durant* :

(68) (AC77) elle venait passer les vacances l'été. **pendant** les vacances d'école

(69) (QUU73) puis euh. **durant** les soixante et dix-là..je voulais travailler

3.5.3. Circonstancielles de cause
Comme, conjonction de subordination, est souvent trouvé en combinaison avec *que*.

(70) (QC78) mais **comme que** mes parents voyageaient ent' les deux pays. i y en a qui restaient au Canada puis i y en a qui restaient ici

(71) (QC76) ma fille. c'est très bien pour elle. **comme qu'**elle vit au Texas. cela est arrivé qu'elle était appelée pour des Français. par des médecins parce que est une garde-malade

Il est remarquable que *comme* ait tendance à être accompagné par *que*, indépendamment de sa classe et sa fonction.

(72) (AC62) alors c'est **comme que** j'ai dit. à/à chaque hiver je vas en/à Haïti (« comme j'ai dit »)

(73) (QU53) les/les/les Parisiens i/i. i faisaient **comme qu'**i m'comprenaient pas pantoute (« comme s'ils »)

Parce que est souvent réduit à *parce*, ou même remplacé par *(à) cause (que)* et *par rapport (que)*.

(74) (QC82) ils venaient souvent..**parce** c'était une grande famille

(75) (AU76) on était chanceux/chanceuse..oui d'avoir les deux. **parce** ma grand-mère faisait du ragoût de pattes d'cochon

(76) (QC12) je veux garder mon français **à cause que** je veux pas perd' la langue

(77) (AC65) c'est à/c'est **à cause** on parle pas

(78) (QC83) quand ils sont partis j'ai bien prié. puis pleuré **par rapport que**. c'était de valeur de voir/c'était de valeur de les voir partir

(79) (AC77) la messe de huit heures et quart. i l'ont cancellé. **par rapport**. euh..les prêt'

4. L'influence de l'anglais

4.1. Les constructions relatives
Contrairement au français standard où la préposition est posée devant le pronom relatif, les variétés du français canadien parlées au Massachusetts la placent souvent à la fin de la relative. Ces prépositions dites *orphelines* sont communes en français populaire (« les femmes qu'il a couché avec » ; Bauche : 1951, 132) et dans les variétés du français parlées au Canada (« le gars que je sortais avec » ; Léard : 1995, 103). On peut observer que « l'emploi des prépositions orphelines [...] semble beaucoup plus libre en FAM [français parlés en Amérique du Nord] qu'en FN [français normé] » (Roberge : 1998, 49).

(80) (QU40) puis i y a d'aut'Canadiens **que j'travaille avec**. on/on parle français

(81) (AC55) le seul monde **qu'i pratiquent avec** ça c'est seulement avec nous-aut'

(82) (QC57) même i y a/i y a un magasin ici. un magasin **elle m'a parlé de**. um. un magasin ici. um à MANCHESTER qui vend des cartes en français.

(83) (QUUU52) la femme **que j'ai parlée à** hier

La question est de savoir si le fait que l'emploi des prépositions orphelines – notamment l'emploi des prépositions dites *faibles* comme *de* ou *à*, qu'on ne trouve pas postposées en français populaire – est plus libre dans les variétés du français canadien à cause de l'influence de l'anglais où cette structure est commune. Sans discuter les différentes positions concernant cette question en détail, on peut suggérer que le principe de l'analogie permet un tel usage :

> [...] l'extension des prépositions orphelines aux prépositions *à* et *de* s'inscrit avant tout dans le français zéro, puisque toutes les variétés du français (le français populaire de France inclus) utilisent le procédé des prépositions postposées. Si donc les prépositions *de* et *à* entrent en usage dans l'acadien dans ce contexte syntaxique, elles seraient également introduites par analogie aux prépositions postverbales telles que *pour* et *avec* par exemple. (Wiesmath : 2006, 214)

Même si l'anglais n'est peut-être pas responsable du fait que ces constructions apparaissent avec des prépositions faibles, on peut supposer – et la plupart des chercheurs sont d'accord sur ce point (*cf.* Heine / Kuteva : 2005, 54 ; King : 2000, 47 ; Maury / Tessier : 1991, 305 ; Rottet : 2001, 167-169) – que la similarité des constructions dans les deux langues cause une augmentation de la fréquence de telles constructions dans les variétés du français en contact avec l'anglais.

4.2. Les pronoms personnels objet
L'usage des pronoms personnels disjoints pour remplacer les pronoms personnels objet, ce qui peut être considéré comme « a decliticization, under the language contact with English » (Motapanyane : 1997, 42), est un phénomène commun parmi les Franco-Américains.

(84) (AU78) j'ai rencontré **elle** dans dix-neuf quarante-sept

(85) (QU51) quand j'appelle **lui**. puis on parle français

(86) (AC63) i ont mis **elle** avec des bons Anglais. ben pis moi avec des bons Anglais

4.3. Les marqueurs discursifs
Les marqueurs discursifs peuvent être définis de la façon suivante : ce sont

> formally invariable and semantically fuzzy linguistic items of various forms that are frequent optional features of predominantly informal oral communication in which they bracket units of talk. (Szlezák : 2007, 215)

À cause de ces caractéristiques, leur polyfonctionnalité et leur flexibilité syntaxique, les marqueurs discursifs sont parmi les premiers éléments empruntés à une autre langue (*cf.* Stolz / Stolz : 1996, 111).[4]

Faisant partie de la communication quotidienne, les marqueurs discursifs apparaissent dans chaque entrevue de l'étude. Ce qui est remarquable est le fait que la majorité des participants de l'étude (75%) utilisent des marqueurs discursifs anglais et presque exclusivement ceux dont il y a un équivalent français.[5] Les trois marqueurs discursifs anglais les plus fréquents dans l'étude sont les suivants :

Marqueur discursif	Nombre	Pourcentage (%)
total	880	100
so	295	33,5
yeah	192	21,8
you know	175	19,9

Tableau 1 : Les trois marqueurs discursifs anglais les plus fréquents dans l'étude

(87) (AU74) moi j'ai pas travaillé. j'avais quatre enfants **SO**...

(88) (QU41) ils étaient vraiment méchants. **YEAH**. mais c'était pas surtout je pense parce que j'étais Canadien ou Américain

(89) (AC64) mes belles-sœurs puis ça. **YOU KNOW**. on parle français avec zeux

La comparaison des marqueurs discursifs français et anglais pose un problème puisque dans la plupart des cas ni leurs fonctions ni leur comportement syntaxiques sont exactement identiques. Seuls *tu sais / sais-tu / savez* et *you know* semblent assez similaires pour être comparés (*cf.* Neumann-Holzschuh : 2008, 474) :

Marqueur discursif	Nombre	Pourcentage (%)
total	380	100
français	205	53,9
anglais	175	46,1

Tableau 2 : Pourcentages des marqueurs *tu sais / sais-tu / savez* (français) et *you know* (anglais)

Parmi tous les participants qui utilisent un marqueur discursif de ce type, 58% n'utilisent que les marqueurs discursifs français, 21% seulement les marqueurs discursifs anglais, et 21% les deux. Les Franco-Américains de la première génération d'immigration ne se trouvent que dans le premier groupe.

On peut alors constater l'usage d'emprunts noyaux dans le domaine des marqueurs discursifs. De tels emprunts « manquent de motivation structurale et [...] vont au-delà des véritables besoins de la langue » (Chaudenson *et al.* : 1993, 70) :

---

[4] Poplack (1980, 596) définit les marqueurs discursifs comme des segments moins liés à la phrase que le reste de l'énoncé, en ce qu'ils peuvent se placer librement à tout lieu (« segments which are less intimately linked with the remainder of the utterance, insofar as they may occur freely at any point in the sentence »).

[5] *Cf.* aussi Neumann-Holzschuh : 2008 ; 2009.

> [Ce] type d'emprunt se fait au dépens des éléments lexicaux communs et donc ne vient pas combler un vide. [...] Les exemples d'emprunt noyau qui reviennent le plus souvent dans la littérature mettent en jeu des conjonctions, interjections, marqueurs d'interaction et substantifs. [...] l'emprunt noyau est associé aux situations de contact intense. (Chaudenson *et al.* : 1993, 70)

Il semble difficile de trouver une explication au fait que des mots aussi fondamentaux sont « [...] concurrencés par un de leurs équivalents anglais. [...] [leur usage] échappe aux explications linguistiques » (Mougeon : 1993, 67 ; *cf.* aussi Chaudenson *et al.* : 1993, 70).

Les explications possibles seraient par conséquent de nature extralinguistique. Ce que l'on peut conclure de l'usage plutôt extensif parfois exclusif de marqueurs discursifs provenant d'une autre langue est le suivant : de tels marqueurs, i.e. *switched discourse markers*, indiquent en général qu'une autre langue, celle de l'origine de ces marqueurs, est utilisée comme langue de la conversation quotidienne. Cette 'deuxième' langue est aussi importante, voire plus importante dans le domaine de communication quotidienne que la première langue, i.e. celle dans laquelle on trouve ces emprunts. C'est-à-dire que la deuxième langue est au moins à la hauteur de la première langue en ce qui concerne les structures pragmatiques. Si les conditions extralinguistiques renforcent la dominance de la deuxième langue (p. ex. si cette langue est la langue officielle et la langue prestigieuse), on peut arriver à la conclusion suivante :

> discourse markers that are switched exclusively unidirectionally despite the fact that the two languages involved are both used for informal oral communication are [possibly] an indicator of less fluency or practice in one and therefore a sign of dominance of the other language. (Szlezák : 2007, 231)

5. Conclusion

Comme on l'a mentionné au début, la plupart des participants à l'enquête montraient des structures morphosyntaxiques intactes à cause de la rapidité de l'étiolement de la langue française dans cette région. Les influences de l'anglais montrent clairement une adaptation à la langue dominante, surtout parce qu'il ne s'agit pas d'influences réciproques. Selon nos recherches, en parlant anglais, les Franco-Américains ne se servent jamais de structures morphosyntaxiques françaises, et même dans le domaine lexical, les emprunts sont rares et restreints à des phénomènes culturels (p. ex. des spécialités culinaires, etc.). En ce qui concerne les marqueurs discursifs provenant d'une autre langue, on peut supposer que leur usage – même s'ils sont le seul signe de l'influence d'une autre langue – nous permet d'en conclure le fait que la langue de leur origine est utilisée assez souvent pour la communication quotidienne. Dans des conditions de dominance sociale et culturelle de cette langue d'origine, l'usage de tels marqueurs peut même indiquer la dominance de cette langue dans le domaine pragmatique et ainsi l'étiolement de la langue emprunteuse.

6. Références bibliographiques

Bauche, H. (1951), *Le langage populaire,* Paris.
Bollée, A. / I. Neumann-Holzschuh (1998), « Français marginaux et créoles », dans : Brasseur, P. (éd.), 181-203.
Boulanger, J.-C. (éd. 1992), *Le Robert. Dictionnaire québécois d'aujourd'hui,* Montréal.
Brasseur, P. (éd. 1998), *Français d'Amérique. Variation, créolisation, normalisation,* Avignon.
Chaudenson, R. *et al.* (1993), *Vers une approche panlectale de la variation du français,* Paris.
Conwell, M. / A. Juilland (1963), *Lousiana French Grammar,* The Hague.
Gadet, F. (1992), *Le français populaire,* Paris.
Gadet, F. (^{2}1997), *Le français ordinaire,* Paris.
Gesner, B. E. (1979), *Étude morphosyntaxique du parler acadien de la Baie Sainte-Marie, Nouvelle-Écosse (Canada),* Québec.
Grevisse, M. (^{13}1993), *Le Bon Usage,* Paris.
Haase, A. (1965), *Syntaxe française du XVIIe siècle,* Paris.
Heine, B. / T. Kuteva (2005), *Language Contact and Grammatical Change,* Cambridge.
King, R. (2000), *The Lexical Basis of Grammatical Borrowing : A Prince Edward Island French Case Study,* Amsterdam.
Léard, J.-M. (1995), *Grammaire québécoise d'aujourd'hui,* Montréal.
Maury, N. / J. Tessier (1991), *À l'écoute des francophones d'Amérique,* Montréal.
Meney, L. (1999), *Dictionnaire québécois français,* Montréal.
Motapanyane, V. (1997), *Acadian French,* Munich.
Mougeon, R. (1993), « Le français en Ontario: bilinguisme, transfert à l'anglais et variabilité linguistique », dans : Robillard, D. de / M. Beniamino (éds.), *Le français dans l'espace francophone. Description linguistique et sociolinguistique de la francophonie,* 1, Paris, 53-77.
Neumann-Holzschuh, I. (2000), « 'Nous-autres on parle peut-être pas bien français,...mais...' – Untersuchungen zur Morphosyntax des *français québécois parlé* », dans : Stein, P. (éd.), *Frankophone Sprachvarietäten. Variétés linguistiques francophones,* Tübingen, 251-274.
Neumann-Holzschuh, I. (2008), « Oui YEAH ! Zu Syntax und Pragmatik 'gedoppelter' Diskursmarker im Louisiana-Französischen », dans : Stark, E. / R. Schmidt-Riese / E. Stoll (éds.), *Romanische Syntax im Wandel,* Tübingen, 469-485.
Neumann-Holzschuh, I. (2009), « Les marqueurs discursifs 'redoublés' dans les variétés du français acadien », dans : Bagola, B. (éd.), *Français du Canada – Français de France VIII, Actes du 8e Colloque international de Trèves du 12 au 15 avril 2008,* Tübingen, 137-155.
Péronnet, L. (1989), *Le parler acadien du Sud-Est du Nouveau-Brunswick : Éléments grammaticaux et lexicaux,* New York.
Poplack, S. (1980), « *Sometimes I'll start a sentence in Spanish Y TERMINO EN ESPAGNOL* : toward a typology of code-switching », *Linguistics. An International Review,* 18, 581-618.
Roberge, Y. (1998), « Les prépositions orphelines dans diverses variétés de français d'Amérique du Nord », dans : Brasseur, P. (éd.), 49-59.
Rottet, K. (2001), *Language Shift in the Coastal Marshes of Louisiana,* New York.
Stolz, Chr. / Th. Stolz (1996), « Funktionswortentlehnung in Mesoamerika. Spanisch-amerindischer Sprachkontakt (Hispanoindiana II) », *Sprachtypologie und Universalienforschung / Language Typology and Universals,* 49, 86-123.
Szlezák, E. (2007), « *La langue se perd avec les gens* ». *Franco-Americans in Massachusetts,* Dissertation, Universität Regensburg.
Wiesmath, R. (2001), *Enchaînement des propositions dans le français acadien du Nouveau-Brunswick, Canada. Place de ce parler parmi d'autres variétés d'outre-mer,* Thèse de doctorat, Albert-Ludwigs-Universität, Fribourg en Br.
Wiesmath, R. (2006), *Le Français acadien : analyse syntaxique d'un corpus oral recueilli au Nouveau-Brunswick, Canada,* Paris.

Sylvia Kasparian (Université de Moncton, Canada)

C'est christement compliqué c'te shit 'citte – L'utilisation des jurons dans les parlers acadiens du Nouveau-Brunswick[1]

1. Introduction

Jurons, blasphèmes, sacres, injures, les gros mots sont, que nous les aimions ou non, une partie intégrante du vocabulaire des différentes cultures et ce, depuis toujours. Il existe pourtant encore peu de travaux écrits portant sur cette dimension du langage. C'est un sujet délicat car c'est une dimension du langage encore taboue. Comme le mentionne Huston (1980, 21) : « Les mots tabous sont la catastrophe naturelle du langage. Ils se répandent, comme une lave, dans les fissures du discours ». Actuellement, les gros mots font partie de ces choses mal définies, « mais fortement présentes que nous devons rejeter ou protéger, mais certainement pas ignorer, surtout hypocritement » (Charest : 1974, 121).

Parler des gros mots se présente donc comme une entreprise quelque peu périlleuse ; c'est traiter d'un sujet délicat notamment dans un milieu où la langue est investie d'une charge symbolique forte telle qu'en Acadie du Nouveau-Brunswick.

2. *Jurons* ou *gros mots* ?

Voici quelques questions que nous aborderons dans cette section : Qu'est-ce que les *gros mots* ? Quelles sont les différences entre *jurons, injures, gros mots* ? Et entre *sacres, blasphèmes* ? Quelles sont les relations entre les tabous sociaux et les gros mots ? Quels sont leurs champs sémantiques selon les cultures ?

2.1. *Jurons, Injures, Gros mots*
Les *jurons, injures* et *gros mots* sont parfois utilisés de façon équivalente. Bien qu'il y ait un chevauchement au niveau sémantique, ils renvoient néanmoins à des concepts distincts. Le *gros mot* n'est pas assimilable à l'*injure* et / ou au *juron*. Il y a des injures qui ne sont pas des gros mots : *cochon, planche à repasser, tête à claques,* et inversement des mots considérés comme des gros mots : *couilles, bite,* qui ne sont pas des injures.

En appliquant le diagramme du processus de la communication de Bühler, Huston explique ainsi les différences entre *jurons, injures* et *gros mots* : en effet, l'*injure* (ou *in-*

---

[1] Je tiens à remercier les étudiants assistants de recherche Mila Bertin, Philippe Desjardins et Annie Gaudet pour le recueil et la saisie informatique des données ainsi que Manon Laparra pour son aide dans l'édition de ce texte. Ce projet du Laboratoire d'analyse de données textuelles (Université de Moncton) a bénéficié d'une subvention du FCI-CMTC.

sulte)² est dirigée vers quelqu'un, elle a un destinataire sur qui elle vise à produire un effet en l'offensant, c'est la **fonction impressive**. Les *jurons*, anciennement *jurements*, (forme qui survit communément en Acadie), et localement *juremagnes* (dans la baie Ste. Marie, Nouvelle Écosse), se caractérisent au contraire, par l'implication de la **fonction expressive** du locuteur, boucle réflexive dont l'action ne touche que le locuteur lui-même. Le *gros mot* quant à lui, est surtout un mot qui heurte les bienséances par son emploi (et non tant le signe par lui-même) et renvoie donc à la **fonction référentielle** du message.

Bien qu'il y ait ces distinctions au niveau de la fonction communicative de ces termes, le *gros mot* et l'*injure* constituent aussi une appellation générique (sens que nous leur donnons dans notre article), inclusive de tous ces termes-là ainsi que des termes *sacres* et *blasphèmes* reliés au lexique religieux et utilisés surtout au Québec.

2.2. Tabous sociaux et gros mots

En général, les gros mots ou jurons sont reliés à ce qui est tabou et interdit. Leur usage est alors défendu par une autorité quelconque, par une convention ou tout simplement par les principes de politesse dans la culture en question.

Outre le fait que le gros mot est surtout un mot qui heurte les bienséances, le gros mot se caractérise par l'emploi d'un ou de plusieurs lexèmes appartenant au registre bas : *Le Trésor de la Langue Française Informatisé* (TLFI) définit le *gros mot* comme « un mot grossier ou trivial ». C'est bien, pour reprendre la terminologie de Guiraud, à la « caco-phémie » (1975 : 24) (c'est-à-dire au « parler mauvais ») que nous avons affaire, celle-ci se caractérisant par l'emploi de mots interdits, grossiers, dévalorisés. S'ajoute une intention provocatrice dans son utilisation, comme l'a relevé Rey (1992, *gros mot*) :

> **Gros mot**. Mot bas destiné à choquer. [...] Il y a une fonction du gros mot, injonctive, performative et anti-sociale. [...] Le mot bas, en effet, est destiné à choquer, à mettre en pièce le système social, fondé sur un certain respect, au moins apparent, d'autrui, il rompt avec l'interlocuteur, clame les droits du moi, ou du nous [...].

Les gros mots sont étroitement liés à la culture et au contexte et peuvent varier selon les sociétés et les inhibitions qui y sont attachées. Ils ne peuvent, par conséquent, être séparés de leur culture sous peine de perdre leur sens ou leur valeur, puisque

> la vulgarité est une notion purement sociale : *vulgaire*, étymologiquement synonyme de *populaire* et *commun*, définit la masse de la population inculte par l'opposition à une minorité et à une élite aristocratique (Guiraud : 1975, 9).

2.3. Gros mots, champs sémantiques et cultures

Malgré cette variation, on retrouve dans les sociétés un nombre plus ou moins défini de catégories de gros mots selon leur origine. Parmi celles-ci, on retrouve les trois catégories les plus communes notamment dans les sociétés occidentales, le corps et les fonctions corporelles, la sexualité, la religion et autres interdits tels que la mort, le sexisme, le racisme, et toute autre forme de discrimination.

---

2   Le domaine des injures ou insultes a été largement traité par des chercheurs se situant dans différentes approches, lexico-sémantique, sociolinguistique et ethnolinguistique. Cependant, on reconnaît actuellement que l'approche pragmatique est essentielle pour sa compréhension (*cf.* Laforest : 2004 ; Bonvini : 1995 ; Lagorgette : 2002).

Dans la catégorie du corps et des fonctions corporelles, il s'agira surtout des parties du corps qualifiées comme 'honteuses'. On parlera surtout des parties basses du corps et plus particulièrement des organes génitaux ainsi que toutes autres parties habituellement cachées. Cette tendance relève de la dualité qui existe entre le corps et l'esprit. L'humain tend à associer un sens noble à tout ce qui a trait à l'âme et à l'esprit alors que la vulgarité et la honte sont associées à tout ce qui a trait au corps et à ses fonctions, particulièrement la digestion, la reproduction, etc. (*cf.* p. ex. Keith / Burridge : 1991).

Cela explique le grand nombre d'euphémismes qui existent afin de remplacer ces mots que la société juge comme étant trop crus pour être utilisés. Selon Guiraud (1975, 24), « l'euphémisme est le recours […] à des locutions dépourvues de connotations déplaisantes, proscrites par le bon goût et la bienséance. » Selon Huston (1980, 86s.),

> [l]a recherche de l'euphémie est nécessairement une quête utopique. Car la croyance du 'bon langage' repose sur un idéalisme au niveau des signes eux-mêmes : idéalisme qui envisage l'arbitraire du signe comme susceptible de degrés, et qui attribue au signe le plus arbitraire (le plus 'cuisiné', le plus éloigné du 'cru') la plus haute valeur.

Au niveau des fonctions corporelles, on retrouvera surtout des mots se rattachant aux fonctions sexuelles ainsi qu'à l'excrétion et la défécation. La catégorie des gros mots reliés à la sexualité se rattache de près à celle du corps et comprend tout ce qui désigne les organes sexuels, la sexualité et tout ce qui l'entoure. Cependant, il est intéressant de noter que tous les mots se rattachant aux fonctions corporelles ne possèdent pas la même valeur. Hughes (1993) illustre ce propos en comparant les mots *chier*, *péter* et *pisser*. Le mot *chier* dans l'énoncé *Va chier !* aura un effet beaucoup plus provocateur que le mot *péter* dans le même énoncé. De même, le mot *pisser* est très rarement utilisé à des fins provocatrices. On remarque aussi que *roter*, *cracher* et *vomir* ne sont utilisés que pour leur usage figuratif mais jamais comme injures. Les gros mots provenant du langage religieux sont nommés *blasphèmes* et correspondent à « la profanation du nom de Dieu et des saints » (Vincent : 1982, 36). On retrouve surtout les blasphèmes dans les sociétés où la religion a exercé historiquement une forte autorité. Au Québec, les termes religieux sont les sacres principaux et peuvent se combiner entre eux. Tel que l'explique Charest (1980, 61), « [a]u Québec, notre réalité sentait l'encens et il pleuvait de l'eau bénite ». Sacrer était alors une façon de s'affirmer et de défier la divinité, puisqu'il était interdit aux fidèles d'invoquer Dieu ou d'utiliser son nom hors du contexte religieux. Toutefois, comment expliquer la présence beaucoup plus accrue de blasphèmes chez les Québécois que chez les Français européens ? Bougaïeff / Légaré (1984, 260) l'expliquent ainsi :

> Il n'existe pas de connexion nécessaire entre les communautés à foi vivante et l'utilisation de jurons sacres comme moyen linguistique d'expressivité. Les rapports historiques de la hiérarchie religieuse et des fidèles ou du sacré et du profane ne sont pas identiques d'un peuple à l'autre.

Afin de mieux illustrer leur propos, Bougaïeff / Légaré expliquent que contrairement aux Français, les Canadiens francophones ont compté sur leur solidarité religieuse afin de survivre à la menace d'assimilation à la population anglophone. Huston (1980, 59) donne son point de vue en disant :

> [...] l'empire de l'Église sur la vie quotidienne a été à la fois plus contraignant et plus indispensable qu'en France à la même époque, ce qui a eu pour effet d'entretenir ce sentiment d'ambivalence dont nous avons dit qu'il est au cœur du sacré et de sa transgression. Le terme même de *jurer* se dit *sacrer* ou *maudire* au Québec, et si les gros mots y sont restés à un stade de développement assez primitif, les sacres et les maudissements du joual témoignent d'une richesse syntaxique et sémantique jamais atteinte en France.

Aujourd'hui, le sacre québécois est devenu une forme d'identification et d'appartenance. C'est pour cette raison que les sacres ne sont plus seulement présents dans les couches populaires, mais aussi dans d'autres groupes,

> dont les intellectuels nationalistes qui en émaillèrent stratégiquement leurs discours et leurs écrits comme symboles de l'identité nationale. (Hardy : 1999, 189)

Aujourd'hui, bien que blasphémer ne soit plus nécessairement une fonction d'opposition à l'autorité, l'emploi de termes religieux, ou de dérivations de termes religieux est encore important. On parlera plus souvent de *sacres* qui sont l'équivalent des blasphèmes, mais plus spécifiquement selon Vincent (1982, 36) de

> l'utilisation du vocabulaire religieux à des fins interjectives. Le mot est vidé de son sens et n'appelle pas directement la divinité ou les choses sacrées.

Et malgré le fait que l'utilisation des blasphèmes et autres se fasse aujourd'hui sans nécessairement avoir comme but de défier la religion, ces mots ne sont pas dépourvus de sens. Ils demeurent encore aujourd'hui un producteur d'effet efficace.[3]

Peu importe leur catégorie, on retrouve généralement les gros mots dans un contexte privé ou amical et très peu dans des contextes formels. Ceux-ci appartiennent également à la langue populaire et non à celle de l'élite qui se veut plus raffinée, bien qu'on retrouve de plus en plus de gros mots dans le langage de tous les individus, peu importe leur classe, en raison des fluctuations au niveau des règles de politesse. Toutefois, il est important de noter que c'est précisément dans une situation formelle que l'utilisation d'un gros mot aura le plus d'effet. Un cas illustre est celui du président français Nicolas Sarkozy dont l'insulte publique, lancée devant caméras et foule importante, « casse-toi, pauvre con », a choqué tant de monde ![4]

3. Mise en contexte de l'étude et corpus

Notre recherche constitue la première étude des gros mots ou jurons dans les parlers acadiens. Cette recherche prolonge les premières recherches sur les gros mots acadiens (Kasparian : 2005 ; Kasparian / Gérin : 2005) qui, suite à une analyse de conversations

---

3   « Les sacres s'apparentent aujourd'hui à un mode expressif dépourvu d'un potentiel affectif, mais surtout effectif plus puissant que le vocabulaire courant. Mais ils ont perdu leur contenu face à la religion. On ne sacre pas pour se libérer, mais pour produire un effet particulier. Tandis que certains sursautent encore à l'audition d'un sacre, plusieurs n'y voient qu'un élément stylistique pourvu d'une certaine malléabilité ». (Charest : 1980, 66)

4   Cette insulte visait un visiteur du salon de l'agriculture (février 2008) qui avait refusé de lui serrer la main en lui disant « touche moi pas » et à Sarkozy de répondre du tac au tac : « Casse-toi pauvre con. » (*cf.* la vidéo de cet extrait http://www.youtube.com/watch?v=axDyUNWyuw8).

spontanées entre jeunes, en chiac,[5] a révélé une absence de gros mots en français au profit de gros mots anglais ou mixtes dans les conversations entre jeunes acadiens.

Afin de vérifier ce constat et en savoir plus sur leur comportement jurologique, lors de cette deuxième phase de l'étude qui représente une étude plutôt sociolinguistique des gros mots dans les parlers acadiens, nous avons créé un questionnaire pour sonder l'utilisation des jurons dans les trois grandes régions acadiennes du Nouveau-Brunswick : le Sud-Est, le Nord-Est et le Nord-Ouest. Ce questionnaire est composé de 3 parties : une première partie recueille les informations signalétiques de chaque répondant, une deuxième partie identifie la connaissance et l'utilisation des jurons à partir d'une liste des jurons recueillis dans notre première étude (qu'ils peuvent compléter par d'autres jurons) et enfin une troisième partie concerne l'attitude et l'avis des répondants quant à l'impact de l'âge et de la langue utilisée, vis-à-vis du comportement jurologique des Acadiens.

Nous avons recueilli les questionnaires de 141 répondants qui ont tous le français comme langue maternelle. Nous les avons classés par âge, région d'origine et niveaux d'études :

En ce qui concerne l'âge, 51,1% sont âgés de 18 à 35 ans, 22,7% sont âgés de 35 à 50 ans et 26,2% sont âgés de 50 ans et plus. Pour la région d'origine, 31,7% sont originaires du Nord-Est, 25,9% sont originaires du Nord-Ouest, 30,2% sont originaires du Sud-Est et finalement 12,2% ne sont pas originaires du Nouveau-Brunswick mais y habitent maintenant. Enfin, concernant le niveau d'études, 4,3% des personnes interrogées sont au niveau primaire, 21% sont au niveau secondaire, 28,3% sont au niveau collégial, 22,5% sont actuellement à l'université et 23,9% ont complété un niveau universitaire.

4. Analyse des comportements jurologiques

Le recensement des jurons à partir des questionnaires nous a permis de dresser et de compléter la liste des jurons acadiens, de les classer selon les langues et de répertorier ceux les plus fréquemment utilisés. En plus, le questionnaire nous a permis de relever les perceptions des locuteurs et d'étudier leur comportement jurologique selon l'âge et la région.

4.1. Liste des jurons

Ainsi, nous avons répertorié en 3 catégories la liste des jurons relevés dans notre corpus : les jurons français, anglais et mixtes. Par *mixtes* on entend tous les jurons qui sont soit des emprunts à l'anglais, phonétiquement ou morphosyntaxiquement intégrés, soit des restructurations à partir des deux langues (*gadsèque* ou *gadêche* pour *god sake*). Dans les jurons français (*cf.* tableau 1, ci-dessous), on remarque la présence de jurons surtout utilisés au Québec, reliés au lexique religieux (*ostie, calice, tabernacle, sacrifice, calvaire...* et leurs euphémismes), et d'autres utilisés en France (*merde, putain*), et ceux qui sont des expressions vieillottes (*ma foi de bon djeu, ma grand foi, Sainte viarge, Sainte*

---

5 Dans la région du Sud-Est du Nouveau-Brunswick, s'est développée une variété de langue mixte, le chiac de Moncton. La langue chiac est une langue dont la matrice est française et le lexique généreusement 'enrichi' par l'anglais. L'anglais touche la langue acadienne à tous les niveaux de structuration : lexical, phonologique, morphologique et syntaxique, et ce, en profondeur.

mère de Jésus Christ…), ainsi que quelques rares jurons acadiens encore utilisés (*fripe-moi l'tchu* « lèche moi le cul »).

Baptême	Frippe-moi l'tchu	Sacrifice
Bâtard	Jésus Christ de bon djeu	Sacrement
Calice	Ma foi du bon djeu	Sainte mère de Jésus Christ
Calique	Ma grand foi	Sainte vierge
Calvaire	Mange ma / de la marde	Simonaque
Ciboire	Merde	Tabarnac
Crisse	Mon djeu	Tabarnic
Dèche	Ostie	Tabarslac
Eau bénite	Pelotte	Tabarnow
Enfant de chienne	Putain	Trou d'cul
Foirasse	Sacristie	Va chier

Tableau 1 : Liste des jurons français du corpus

Quant aux jurons en anglais (*cf.* tableau 2, ci-dessous), on remarque surtout le juron le plus productif *fuck*, ses variations et les expressions figées construites avec *fuck* (*fuck, fuck it, fuck off, fuck's sake, fuckin', fuckin' christ, fuckin' right, motherfucker, what the fuck, what the fuck is going on,* …), ensuite les constructions avec *holy* (*holy frig, holy fuck, holy mac,* …), *shit* (*Shit, Shitload, Shitty, Shoot*), *bitch, crap, god*….

Asshole	Fuck off	Huge-ass
Biatch	Fuck's sake	Jerk
Bitch	Fuckin'	Jesus Christ
Christ	Fuckin' Christ	Motherfucker
Christ sake	Fuckin' right	Piss off
Cocksucker	God's sake	Shit
Crap	Goddamn	Shitload
Crappy	Hell	Shitty
Damn it	Holy frig	Shoot
Freakin	Holy fuck	What the fuck
Fuck	Holy mac	What the fuck is going on
Fuck it	Holy shit	What the hell

Tableau 2 : Liste des jurons anglais du corpus

Dans la dernière catégorie (*cf.* tableau 3, ci-dessous), on retrouve les jurons mixtes et les emprunts intégrés phonétiquement : le juron anglais *god sake* intégré phonétiquement au français *Gâde sèque* et ses euphémismes *godèche* ou *gachette* ainsi que les constructions à partir de ces formes (*Godèche de hell, gachette de hell*) et les constructions avec *ass* anglais (*laidasse, eujasse*), jurons mixtes restructurés, nés entre autres de la connexion du lexème *ass* anglais et du morphème *–asse* français.

Jesus Christ	Gâde sèque (god sake)	Laidasse (laid ass)
Fucker	Godèche de hell	
Gachette de hell	Eujasse (hudge ass)	

Tableau 3 : Liste des jurons mixtes ou emprunts intégrés

4.2. Les jurons populaires

En prenant la liste des jurons, nous les avons classés selon leur degré d'utilisation, en nous basant sur le nombre des répondants qui affirmaient les utiliser ou les connaître.

4.2.1. Jurons les plus connus ou utilisés

On remarque que les jurons connus par le plus grand nombre de répondants (60 à 80% des répondants) sont en anglais. En effet, seulement 8 des 27 jurons populaires sont en français. On retrouve surtout les variables de *fuck* et de *shit*, ainsi que les jurons en français reliés à la religion. Les plus populaires étant *fuck / fuck it / fuckin / holy fuck, shit, damn it, bitch, christ / jesus christ, hell / what the hell, goddamn, asshole,* pour l'anglais et *calice, mange de la marde, mon djeu, ostie, putain, tabarnac, trou d'cul, va chier* pour le français. Voici quelques exemples en contexte tirés des corpus *Chiac Kasparian99*, et *Parkton* :

(1) Heille c'est laid en **ostie** c'te costume là !

(2) **Holy fuck** qui fait chaud aujourd'hui !

(3) J'ai jamais vu une **bitch** pareil !

(4) C'est **freakin'** impossible a comprendre !

(5) **Va chier** mon **tabarnac** !

(6) **Mon djeu** quoi qui t'a arrivé toi ?

(7) Depuis j'ai vu ça j'suis vraiment en **calice** !

(8) **What the fuck** que tu parles *about* ?

4.2.2. Jurons plus ou moins connus

Dans les jurons qui étaient plus ou moins connus, c'est-à-dire les termes qu'autant de gens affirmaient connaître et autant ne pas connaître (48%), on retrouve un seul mot français *pelote* et surtout les jurons anglais *holy frig, piss off, cocksucker, crappy, dirt bag, fuck off, fucking right, hell, jerk, motherfucker*. On remarque quelques euphémismes des jurons ou gros mots les plus populaires comme *holy frig* (*holy fuck*) et *shoot* (*shit*). Voici quelques exemples en contexte :

(9) Heille ! **piss off** / j'tai pas parlé !

(10) **Fucking right** que c'tait l'fun !

(11) C'est juste une gagne de **jerks** qui travaillent là.

(12) Ah **shoot** ! J'ai oublié queque chose chez nous.

(13) **Holy frig** tu m'as faite peur !

4.2.3. Jurons les moins connus

Dans les jurons moins connus, c'est-à-dire les jurons que relativement peu de répondants connaissent (les trois quarts ayant dit ne pas les connaître), on retrouve beaucoup de jurons français qu'on pourrait qualifier de vieillots comme *ma grand foi, fripe-moi le l'tchu, Jésus Christ de bon Dieu, ma foi du bon Djeu, ma fri, sacristie, Sainte mère de Jésus Christ, Sainte viarge,* les jurons mixtes ou intégrés *gachette de helle, gâde sèque, godèche de hell,* les jurons anglais et leurs euphémismes *holy mac, huge-ass, shitface, shitload, shitty, dèche (damned)* etc... On retrouve aussi des néologismes utilisés par la nouvelle génération comme *biatch* pour *bitch* et les jurons mixtes restructurés comme *eujasse* (*hudge ass*) et *laidasse* (*laid ass*). Voici quelques exemples en contexte :

(14) On a eu une **shitload** de neige

(15) **Holy mac** check le gars dans la rue !

(16) T'aurais dû voir la **laidasse** qui avait là !

(17) C'est toute la même **sacristie** d'affaire !

(18) **Sainte viarge** ! Descends de là tu vas te faire mal !

(19) Y fait un temps **shitty** dehors

4.3. Utilisation de jurons et langues

Parmi les 141 répondants, 106 (75%) affirment que les jurons font partie de leur vocabulaire contre 35 (25%) qui affirment ne pas utiliser de jurons. Parmi les 106 qui jurent : 19 utilisent seulement les jurons français, 6 utilisent seulement les jurons anglais et 81 utilisent les jurons français et anglais. Ce sont des jugements métalinguistiques, le comportement réel pourrait être différent.

On peut remarquer que les jeunes de 18 à 35 ans ont majoritairement affirmé qu'ils utilisaient autant l'anglais que le français pour jurer. On peut aussi remarquer (*cf.* fig. 1, ci-dessous) que c'est surtout le groupe des 50 et plus qui ont affirmé utiliser seulement le français.

Langue utilisée / Âge				
	18 à 35	35 à 50	50 et plus	Total
Français	4	5	10	19
Anglais	4	1	1	6
Français et Anglais	56	14	11	81
Total	64	20	22	106

Figure 1 : Langue utilisée selon l'âge

4.4. Utilisation de jurons et régions

L'analyse factorielle de correspondance du croisement des deux variables 'langues des jurons' et 'régions' (*cf.* fig. 2, ci-dessous) nous montre sur l'axe horizontal 1 (85% de la variance) que l'utilisation des gros mots anglais uniquement est plus spécifique à la région du Sud-Est (quadrant droit, inférieur de la fig. 2), tandis que l'utilisation du français uniquement semble caractériser la région du Nord-Ouest (quadrant gauche inférieur de la fig. 2). Donc, bien que les gros mots anglais et français soient utilisés dans les 3 régions, les répondants qui disent utiliser uniquement des gros mots anglais se retrouvent dans la région du Sud-Est du Nouveau-Brunswick, alors que ceux qui disent utiliser uniquement des gros mots français se retrouvent dans la région du Nord-Ouest.

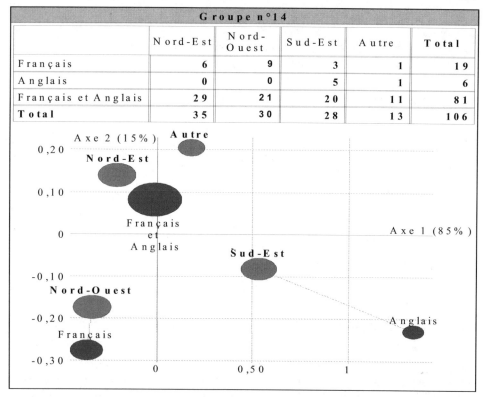

Groupe n°14					
	Nord-Est	Nord-Ouest	Sud-Est	Autre	Total
Français	6	9	3	1	19
Anglais	0	0	5	1	6
Français et Anglais	29	21	20	11	81
Total	35	30	28	13	106

Figure 2 : AFC du tableau croisé des variables 'Région' et 'Langue des jurons'

Ensuite, en croisant la variable 'Jurez-vous ?' avec la région d'origine (cf. fig. 3, ci-dessous), on remarque que c'est dans le Nord-Ouest que les gens affirment jurer le plus, suivi de près par la région du Nord-Est.

	Jurons dans le vocabulaire / Région								
	Nord-Est		Nord-Ouest		Sud-Est		Autre		Total	
	N	% cit.	N	% cit.	N	% cit.	N	% cit.	N	% cit.
Oui	35	79,5%	30	83,3%	28	66,7%	13	76,5%	106	76,3%
Non	9	20,5%	6	16,7%	14	33,3%	4	23,5%	33	23,7%
Total	44	100,0%	36	100,0%	42	100,0%	17	100,0%	139	100,0%

Figure 3 : Utilisation des jurons selon les régions

4.5. L'âge et le comportement jurologique

La majorité des répondants de l'enquête affirment que l'âge est un facteur important dans le comportement jurologique. La plupart conviennent que les jeunes jurent plus que les personnes âgées. Les principales raisons qu'ils citent pour ce choix sont les suivantes :

1. Les jeunes jurent plus parce que les jurons sont maintenant moins condamnés dans la société.

   « Je pense que les jeunes jurent plus parce que ça semble moins grave maintenant. »
   « Les jeunes jurent plus parce qu'ils pensent qu'ils sont *cool*. »

2. C'est surtout le type de jurons utilisés qui est différent :

   « Ma génération mettait beaucoup plus d'importance à l'Église donc on ne jurait pas avec ces mots-là. Les jurons des jeunes aujourd'hui me semblent tellement graves à l'oreille. »
   « Le vocabulaire des jurons parmi les plus âgés tourne autour de la religion et de l'Église. Les plus jeunes ont un vocabulaire plus viré sur le sexe. »

3. Les jurons utilisés par les personnes âgées sont moins vulgaires :

   « Les vieux ont des expressions pour sacrer, mais c'est pas vraiment des jurons. »
   « Les jurons des personnes du troisième âge semblent moins vulgaires que ceux des jeunes. »

4. La langue utilisée pour jurer est différente :

   « Je pense que les personnes du troisième âge en Acadie vont jurer beaucoup plus en français et les jeunes auront plus tendance à jurer en anglais. »

En effet, le tableau suivant (*cf.* fig. 4, ci-dessous) qui croise l'âge des répondants avec leur réponse et la présence ou non des jurons dans leur vocabulaire montre que c'est surtout les jeunes qui disent jurer (près de 90%) et ce pourcentage diminue pour le groupe d'âge des plus vieux. Ceci vient donc confirmer ce que nous avons découvert plus haut.

	Jurons dans le vocabulaire / Âge							
	18 à 35		35 à 50		50 et plus		Total	
	N	% cit.	N	% cit.	N	% cit.	N	% cit.
Oui	64	88,9%	20	62,5%	22	59,5%	106	75,2%
Non	8	11,1%	12	37,5%	15	40,5%	35	24,8%
Total	72	100,0%	32	100,0%	37	100,0%	141	100,0%

Figure 4 : Utilisation des jurons selon la tranche d'âge

4.6. Perceptions de la gravité des injures selon la langue utilisée

Une autre question visait à déterminer si les répondants jugeaient qu'il était moins grave de jurer en anglais ou en français. 81 répondants, la majorité (57%), ont affirmé que la langue importait peu et que jurer était grave dans toutes les langues. 17 (12%) ont répondu que c'était plus grave en français.

Est-ce plus grave de jurer en anglais ou en français ?	
C'est grave dans les deux langues	81 (57%)
Plus grave en français	17 (12%)
Plus grave en anglais	6 (4%)
Moins grave dans la langue seconde	5 (3,5%)
Moins grave en chiac	3 (2%)
Ce n'est pas grave dans n'importe quelle langue	3 (2%)
Non réponse	26 (18,4%)

Figure 5 : Perception de la gravité des jurons selon les langues

Nous avons ensuite tenté de croiser cette variable avec l'âge et la région d'origine des répondants pour tenter de trouver les tendances des différents groupes. Cependant, ces croisements ne donnaient pas de réponse significative. Quels que soient l'âge ou la région d'origine, c'est la modalité « c'est pareil dans les deux langues », « c'est grave dans les deux langues », qui l'emporte.

5. Synthèse des résultats

Notre étude permet de dire que les jurons sont toujours tabous dans les parlers acadiens : jurer est grave quels que soient l'âge, la région ou la langue utilisée. Cette perception a toujours été véhiculée dans la culture acadienne et lui a donné un trait culturel particulier, celui de l'inhibition de ce champ sémantique (*cf.* Kasparian : 2005 ; Kasparian / Gérin : 2005). Pascal Poirier, lexicographe et grand écrivain de la renaissance acadienne, fait l'observation suivante, généralement admise : « Les Acadiens […] n'ont jamais été […] jurifs » (1928, 260).

Néanmoins dans notre corpus 75% affirment utiliser des jurons, et 90% de ceux qui jurent sont des jeunes de moins de 35 ans. Il y aurait donc une tendance à un changement dans le comportement jurologique ou dans ses représentations auprès de la nouvelle génération.

Or, les gros mots ont différentes fonctions dans la communication.

> Une analyse de leurs emplois en conversation révèle qu'ils peuvent contribuer à la coordination des interlocuteurs et à la structuration de l'échange verbal. Tout en gardant une nuance expressive ou affective, ils peuvent indiquer l'ouverture ou la clôture d'unités discursives, signaler des problèmes de formulation ou de compréhension et transmettre des attitudes évaluatives ou des informations touchant à la relation interpersonnelle. Ils ressemblent sous certains égards à des marqueurs discursifs, dont l'apport à l'articulation du discours n'est pas à négliger. Il s'agit apparemment d'unités hautement plurifonctionnelles. (Drescher : 2000, 139)

Par *plurifonctionnelle* Drescher entend non seulement que ces unités remplissent des fonctions différentes selon le contexte, mais aussi qu'elles signalent simultanément différentes valeurs communicatives dans un même contexte.

Les gros mots et injures servent aussi entre autres à manifester plus ou moins simultanément une émotion face à une situation donnée, une interjection afin de donner plus d'impact à un propos. Ils permettent également au locuteur l'affirmation de soi, puisque l'utilisation de ceux-ci est une forme de transgression des normes sociales, qui concède au locuteur l'affirmation de son indépendance et de sa liberté de penser. De plus, les gros mots peuvent servir de moyen de défoulement et de libération pour le locuteur, peut-être même avec une certaine agressivité. Dans un spectre tout à fait contraire, les gros mots peuvent aussi être utilisés comme multiplicateurs d'effet au niveau de l'humour, avoir une fonction stylistique.

> Pour plusieurs, jurer, c'est donner du relief à une conversation terne, la rendre plus agréable à son auditeur. […]. Un bon 'sacreur' peut ainsi donner plus de poids à ses affirmations, les renforcer, les rendre plus vraisemblables, marquer le degré de sa conviction ou de sa sincérité. (Pichette : 1980, 92)

Il s'agit donc d'un domaine lexical important pour la communication et les locuteurs acadiens ont recours pour cela massivement à la langue anglaise. C'est ainsi qu'on constate que les jurons les plus connus et utilisés de nos répondants des trois régions sont anglais (*fuck, shit, bitch, asshole, damn it, goddamn, holy shit*) et quelques-uns seulement français, notamment ceux que nous soupçonnons d'être des emprunts au québécois et au franco-français (*calice, christ, mon djeu, tabarnac, va chier*). Bien que la plupart disent qu'ils utilisent les deux langues, la proportion de l'utilisation des gros mots est beaucoup plus élevée en anglais, surtout auprès des jeunes (moins de 35 ans), tandis que l'utilisation du français caractérise la tranche d'âge des plus de 50 ans. Les gros mots en anglais touchent les trois champs sémantiques mentionnés plus haut alors qu'en français les jurons appartiennent surtout au champ sémantique de la religion.

Ce trait du parler acadien a été bien observé par plusieurs auteurs. Marichette, dans sa lettre du 14 mars 1895 (*cf.* Gérin / Gérin : 1982, 61), en tire une courte anecdote humoristique :

> Y a reinque des fois le vieux Pite qui s'fâche et qui jure en anglais, quanqui buche avec sa vieille hache ébrèché. Et pi quanque j'y demande ce qui dit là, i dit qu'il prie en anglais.

et LeBlanc (1972, 53) l'exprime autrement dans son poème intitulé « Je suis acadien » dont voici les deux premiers vers :

> Je jure en anglais tous mes goddams de bâtard
> Et souvent les fuck it me remontent à la gorge

Les emprunts à l'anglais du lexique injurieux acadien ont suscité des questions, surtout en raison de leur nombre ou de leur masse lexicale. Certes, nous avons affaire à une innovation lexicale majeure, mais qui a révélé aussi une transgression du tabou existant en acadien (*cf.* Kasparian : 2005 ; Kasparian / Gérin : 2005) par l'utilisation de la langue de l'Autre qui déculpabilise puisqu'elle augmente la distance et l'implication avec l'énoncé. Comme l'a démontré Freud (1930), l'inconscient utilise différents moyens de représentations indirectes pour s'exprimer. Les bi-multilingues qui refoulent dans une langue se libèrent dans d'autres langues.[6]

C'est dans le Nord-Ouest que les gens affirment jurer le plus, suivi de près par la région du Nord-Est. Il semble donc que la nouvelle génération ainsi que le Nord-Ouest soient plus actifs dans le domaine jurologique et plus à l'aise de l'afficher. Le Sud-Est reste la région la plus conservatrice dans ce domaine – on y jure moins que dans les autres régions – et aussi celle où l'on utilise le plus de gros mots anglais uniquement. Tandis que le Nord-Ouest est plus dynamique et représente la région où le tabou est le

---

6   *Cf.* aussi Reisigl (1999, 82-123) qui a travaillé sur un phénomène similaire, à savoir les jurons italiens dans le dialecte allemand du Tyrol du sud.

moins présent puisque non seulement ce sont ceux qui affirment le plus jurer mais que c'est aussi la région où ils disent jurer le plus en français.

La majorité des répondants affirment que l'âge est un facteur important dans le comportement jurologique. La plupart conviennent que les jeunes jurent plus que les personnes âgées. En effet, notre étude montre que la tranche d'âge 18-35 ans est la tranche qui dit jurer le plus, tandis que les 35 ans et plus affirment jurer moins. D'après les répondants, les jeunes jurent plus parce que les jurons sont maintenant moins condamnés dans la société. Les répondants trouvent aussi que le type de jurons utilisés par les jeunes est différent : les jurons utilisés par les personnes âgées sont moins vulgaires parce qu'ils concernent la religion et l'Église, alors que les plus jeunes ont un vocabulaire lié au sexe. Ce qui montre que – contrairement au passé – les mots liés au sexe sont plus tabous actuellement que les mots liés à la religion.

Les répondants trouvent aussi que les personnes du troisième âge en Acadie jurent beaucoup plus en français et que les jeunes ont plus tendance à jurer en anglais, ce qui malgré tout semble être moins gênant que d'utiliser le français...

Enfin, on note que les jeunes sont plus créatifs dans ce domaine. Les néologismes dans le domaine jurologique que nous avons trouvés dans notre corpus proviennent de la tranche des jeunes et de la région de Moncton.

6. Conclusion

Ce travail, bien que basé sur un petit échantillon, nous a permis de dresser un premier tableau du comportement jurologique des Acadiens du Nouveau-Brunswick et de concevoir le premier dictionnaire des gros mots en acadien, disponible dans le module acadien du logiciel *NooJ* en ligne (www.nooj4nlp.net).[7] Notre étude montre que le lexique des jurons et gros mots des Acadiens du Nouveau-Brunswick ainsi que ses représentations sont en profonde évolution et que l'âge, l'époque et la région semblent être des facteurs importants de la variation dans leurs représentations et leurs comportements jurologiques. On observe aussi un renouveau de la vitalité linguistique de la langue acadienne du Nouveau-Brunswick, qui laisse prévoir que ce champ lexical pourrait se modifier encore.

7. Références bibliographiques

Bougaïeff, A. / C. Légaré (1984), *L'Empire du sacre québécois*, Québec.
Bonvini, E. (1995), « L'injure dans les langues africaines », *Faits de langue*, 6, 153- 162.
Charest, G. (1974), *Le livre des sacres et blasphèmes québécois,* Montréal.
Charest, G. (1980), *Sacres et blasphèmes québécois*, Montréal.
Chevalier, G. / S. Kasparian / M. Silberztein (2004), « Éléments de solution pour le traitement automatique d'un français oral régional », *Traitement automatique des Langues*, 45/2, 41-62.
Drescher, M. (2000), « *Eh tabarnouche! C'était bon.* Pour une approche communicative des jurons en français québécois », *Cahiers de Praxématique*, 34, 133-160.
Freud, S. (1930), *Le mot d'esprit et ses rapports avec l'inconscient,* Paris.

---

[7] Ce dictionnaire fait partie d'un projet plus vaste concernant la construction et la mise en ligne d'un dictionnaire morpho-lexical de l'acadien (*cf.* Kasparian : 2008 ; Chevalier / Kasparian / Silberztein : 2004).

Gérin, P. / P. M. Gérin (1982), *Marichette. Lettres acadiennes (1895-1898)*, Sherbrooke.
Guiraud, P. (1975), *Les Gros Mots*, Paris.
Hardy, R. (1999), *Contrôle social et mutation de la culture religieuse au Québec, 1830-1930*, Montréal.
Hughes, G. (1993), *Swearing : A Social History of Foul Language, Oaths and Profanity in English*, Cambridge.
Huston, N. (1980), *Dire et interdire : éléments de jurologie*, Paris.
Kasparian, S. (2005), « *Holy fuck ça te coûte cher* : Gros mots et euphémisme linguistique en acadien », dans : Brasseur, P. / A. Falkert (éds.), *Français d'Amérique : approches morphosyntaxiques*, Paris, 313-326.
Kasparian, S. / P. M. Gérin (2005), « Une forme de purification de la langue : étude des jurons et des gros mots chez des minoritaires francophones, le cas des Acadiens », *Francophonie d'Amérique*, 19, 125-138.
Kasparian, S. (2008), « Acadian Nooj Module : Automatic Processing of a regional oral french », *Linguistica Atlantica*, 29, 117-136.
Keith, A. / K. Burridge (1991), *Euphemism & Dysphemism. Language used as Shield and Weapon*, New York / Oxford.
Laforest, M. (2004), « La qualification péjorative dans tous ses états », *Langue française*, 144, 59-81.
Lagorgette, D. (2002), « Les axiologiques négatifs sont-ils une classe lexicale ? », dans : Lagorgette, D. / P. Larrivée (éds.), *Représentations du sens linguistique*, Munich, 121-136.
Léard, J.-M. (1995), *Grammaire québécoise d'aujourd'hui : comprendre les québécismes*, Montréal.
LeBlanc, R. G. (1972), *Cri de Terre*, Moncton.
Pichette, J.-P. (1980), *Le guide raisonné des jurons : langue, littérature, histoire et dictionnaire des jurons*, Montréal.
Poirier, P. (1928), *Le parler franco-acadien et ses origines*, Québec.
Reisigl, M. (1999), *Sekundäre Interjektionen. Eine diskursanalytische Annäherung*, Frankfurt a.M.
Rey, A. (1992), *Dictionnaire historique de la langue française*, Paris.
Vincent, D. (1982), *Pressions et impressions sur les sacres au Québec*, Québec.

Pages web :
http://www.nooj4nlp.net – Logiciel NOOJ- Max Silbeztein.
http://atilf.atilf.fr/tlf.htm – *Trésor de la Langue Française Informatisé* (TLFI).
http://www.youtube.com/watch?v=axDyUNWyuw8.

Mari C. Jones (Université de Cambridge, Grande-Bretagne)

Comment déterminer la syntaxe de l'oral ?
Une étude de cas des Îles Anglo-Normandes[1]

1. Introduction

Malgré sa longue implantation à Jersey (îles anglo-normandes), selon toute probabilité l'avenir du dialecte jersiais sera d'une courte durée. Le dernier recensement (2001) a noté qu'il n'y restait que 2874 dialectophones (3,2% de la population), dont les deux tiers avaient plus de soixante ans. La chaîne de transmission linguistique a donc été effectivement coupée. Dans un premier temps, mon article visera à traiter des difficultés qui se manifestent lorsqu'on essaie d'établir les normes syntaxiques de cette variété essentiellement parlée. Dans un deuxième temps, il suggérera des stratégies éventuelles pour surmonter ces difficultés.

Jersey fait partie des îles anglo-normandes, petit archipel qui se trouve dans la Manche, entre la France et la Grande-Bretagne.[2] Les îles faisaient partie du duché de Normandie quand Guillaume le Conquérant envahit l'Angleterre en 1066 et elles ne cessèrent de l'être qu'en 1204 quand Jean d'Angleterre céda le duché au roi de France Philippe Auguste. Mais les îles anglo-normandes ne furent pas reprises par la couronne française en 1204, elles conservèrent leur allégeance à l'Angleterre. En outre, contrairement à ce qu'on pourrait penser, le territoire insulaire ne subit aucune anglicisation à ce moment-là. En fait, l'anglais ne prit pied à Jersey qu'à la fin du XIXe siècle (Jones : 2001). Au XXe siècle, la diffusion de l'anglais sur l'île au détriment du dialecte normand autochtone fut encouragée par le développement du tourisme, l'évacuation d'un pourcentage considérable des femmes et des enfants après l'occupation de Jersey par les Allemands lors de la Deuxième Guerre Mondiale, et plus récemment, par la forte immigration et le développement des services financiers. Qui plus est, aucun des dialectophones n'est monolingue – depuis déjà quelques décennies, tous sont bilingues (anglais / jersiais). Le dialecte se trouve exclu de presque tout domaine officiel et est surtout réservé à l'interaction en famille ou entre amis.

Il ne fait donc aucun doute que le jersiais et l'anglais sont en contact à Jersey depuis plusieurs siècles et que même si ce contact est plutôt localisé, ayant son plus profond effet aux alentours de la capitale, St. Hélier, presque toute l'île connaît un bilinguisme depuis au moins la moitié du XXe siècle.

---

1   Pour la version intégrale de cet article, *cf.* Jones (2005a).
2   L'archipel se compose de huit îles, à savoir, Jersey, Guernesey, Aurigny, Sercq, Herm, Jethou, Lihou et Brecqhou. Jadis, les quatre premières îles avaient leur propre dialecte normand, mais le parler d'Aurigny (l'auregnais) est déjà éteint. Les trois dialectes existants (le jersiais, le guernesiais et le sercquais) connaissent une forte régression du nombre des locuteurs (Jones : 2001).

2. Le transfert linguistique à Jersey

2.1. Problèmes de méthode

La longue interaction entre le jersiais et l'anglais à Jersey a fait en sorte que les traits de contact se manifestent en abondance au sein du dialecte moderne (*cf.* Jones : 2001 ; 2005b). Ainsi, beaucoup de mots sont empruntés à l'anglais,

(1) Chenna s'en va méthiter un grand **do**.[3]
 « Cela va mériter une grande **fête**. »

(2) Ou 'tait **disappointée**.
 « Elle était **déçue**. » (anglais : *disappointed*)

et le *code-switching* est également assez répandu : à l'extérieur (3) et à l'intérieur (4) de la phrase :[4]

(3) Ma fil'ye et ma femme fitent tant de train, **they made such a fuss that I had a hot bath. By two o'clock I was in hospital in Bournemouth.**
 « Ma fille et ma femme ont fait tant d'histoires, **elles ont fait tant d'histoires que j'ai pris un bain chaud. À deux heures j'étais à l'hôpital à Bournemouth.** »

(4) Quand j'avons du **free time**, j'vais à ch'va.
 « Quand nous avons du **temps libre**, je vais monter à cheval. »

Ces formes font la preuve manifeste de l'influence exercée par l'anglais sur le jersiais.

Beaucoup d'études qui traitent du changement linguistique dû au contact (Thomason / Kaufman : 1988 ; Mougeon / Beniak : 1991, p. ex.) conduiraient à s'attendre à un autre phénomène de contact à Jersey, à savoir, le transfert linguistique. Ce phénomène a été défini par Weinreich de la façon suivante :

> Those instances of deviation from the norms of either language which occur in the speech of bilinguals as a result of their familiarity with more than one language, i.e. as a result of language contact. (1953, 1)

Étant donné la longue histoire de contact entre le jersiais et l'anglais à Jersey, il serait également raisonnable d'y prévoir la présence d'un transfert bi-directionnel éventuel – mais, de nos jours, vu la position dominante de l'anglais, la plupart des exemples s'avèrent être dans la direction anglais → jersiais.

Cet article étudiera le transfert linguistique en jersiais. Il distinguera deux types de transferts en jersiais parlé contemporain, nommés *overt transfer* et *covert transfer* par Mougeon et Beniak (1991). Dans cet article, ces termes sont traduits par « transfert manifeste » et « transfert voilé ».

Le **transfert manifeste** produit un éloignement de la norme établie sur le plan qualitatif. Autrement dit, l'on observe un usage linguistique nouveau. Mougeon et Beniak ont traité de ce phénomène dans le français d'Ontario en étudiant le remplacement de la préposition *à* par *sur* dans les compléments nominaux tels que :

---

[3] Dans cet article, le jersiais est transcrit selon l'orthographe du *Dictionnaire jersiais – français* (Le Maistre : 1966). – Le mot anglais *do* est un mot familier dont le sens dans ce contexte n'est pas loin du français *pot*.

[4] Pour la distinction entre le *code-switching* à l'intérieur et à l'extérieur de la phrase, *cf.* Myers-Scotton (1993 ; 2002). Pour une analyse du *code-switching* à l'intérieur de la phrase en jersiais, et une discussion de la distinction entre l'emprunt et le *code-switching*, *cf.* Jones (2005b).

(5)   C'est toute de la musique **su'** la radio.

Il est bien évident que ce développement atteste l'influence de l'anglais, qui utiliserait plutôt la préposition *on* dans un tel contexte.[5]

À la différence du transfert manifeste, le **transfert voilé** a pour conséquence un éloignement de la norme linguistique traditionnelle sur le plan statistique ou quantitatif. Il est difficile à démontrer de façon catégorique car, comme le remarquent Mougeon et Beniak, « it is manifested by the decline of a form which has no counterpart in the superordinate language » (1991, 160). Mougeon et Beniak illustrent ce type de transfert dans le français d'Ontario par le remplacement de la préposition *chez* par d'autres constructions qui ressemblent plus à l'anglais comme, p. ex., *à la maison de*. Cependant, ces auteurs ont également noté que même si, à première vue, cette innovation structurale paraît bien avoir été provoquée par une influence anglaise, l'on ne pourrait nullement exclure une motivation dite *interne*, telle que la simplification (1991, ch. 9).

Il est relativement facile d'établir la présence du transfert dans la direction jersiais → anglais. Après tout, l'anglais est une langue bien documentée : il abonde en grammaires qui décrivent (et prescrivent) ses formes et son usage. En outre, puisque l'anglais est parlé à l'extérieur de Jersey, il est parfaitement possible d'isoler le transfert linguistique en dressant une comparaison entre l'anglais de l'île et une variété externe, qui n'a subi aucun contact avec le jersiais.

Donc, *a priori*, il n'y a aucune difficulté à discerner un 'nouvel' usage dans l'anglais de Jersey qui relève du transfert linguistique p. ex. dans une phrase conditionnelle telle que :

(6)   You'd have seen that, you'd never have thought there was any news in it.
anglais standard: « If you'd have seen that, you'd never have thought there was any news in it. »

Cette innovation est facile à observer pour plusieurs raisons. En premier lieu, les grammaires montrent que l'anglais utilise le subordinateur *if* dans ce contexte (*cf.*, p. ex., Huddleston / Pullum : 2002, 748-752) ; ensuite, cet usage n'est nullement présent dans l'anglais britannique ; et dernièrement, il est facile de montrer que cette construction s'est formée à partir d'une structure syntaxique jersiaise telle que (7) :

(7)   J'éthais l'temps, j'pouôrrais l'vaie aniet.
« J'aurais le temps, je pourrais le voir aujourd'hui. »[6]
français standard : « Si j'avais le temps, je pourrais le voir aujourd'hui. »

Selon Mougeon et Beniak, ce transfert serait 'manifeste' car il produit « a new usage or qualitative change » (Mougeon / Beniak : 1991, 179), plutôt qu'un éloignement statistique de la norme monolingue.

Il est pourtant bien plus difficile de démontrer le transfert dans l'autre sens (direction anglais → jersiais), et cela pour deux raisons. D'abord, étant donné l'absence totale de monolingues jersiais, le parler de tous les dialectophones est *a priori* ouvert à l'influence de l'anglais – d'où l'impossibilité d'avoir accès aux normes monolingues par rapport auxquelles il serait éventuellement possible de mesurer le transfert. Ensuite, le jersiais

---

5   Comme nous voyons dans cet exemple, le transfert manifeste peut se présenter sous forme d'un calque. Cependant, ce n'est pas toujours le cas (*cf.* 3.1. ci-dessous).
6   Bien sûr, la même structure se trouve également en français parlé.

n'est parlé qu'à Jersey.[7] Il est donc impossible d'identifier le transfert linguistique par moyen d'une comparaison transdialectale entre le jersiais de Jersey et le jersiais d'une communauté linguistique qui n'a subi aucun contact avec l'anglais. Enfin, il faudrait également tenir compte du fait que la codification du jersiais est très récente et que le premier dictionnaire du dialecte, le *Dictionnaire jersiais – français* (Le Maistre : 1966, dorénavant DJF) ainsi que les grammaires (Birt : 1985 ; Liddicoat : 1994) mettent l'accent sur le jersiais contemporain, et par conséquent, ne représentent pas forcément des comptes rendus définitifs des normes antérieures. Démontrer la présence d'une innovation par rapport aux normes antérieures du jersiais n'est donc pas facile : d'où la difficulté de déterminer de façon concluante l'occurrence du transfert dans la direction anglais → jersiais. Il serait donc utile de développer une stratégie pour examiner de telles données. Les paragraphes suivants présentent une piste éventuelle à suivre dans ce but.

2.2. Une piste méthodique potentielle
Une première possibilité serait d'examiner le trait correspondant en normand moderne qui, à la différence des dialectes insulaires, n'a subi aucun contact avec l'anglais – quoiqu'il n'ait pas, bien sûr, évité l'influence du français. Le normand continental n'est nullement une variété uniforme – l'existence même de l'*Atlas linguistique et ethnographique normand* (Brasseur : 1980 ; 1984 ; 1997) apporte la preuve de sa variation régionale. Cependant, une grammaire (Université Populaire Normande du Coutançais : 1995, dorénavant UPN) et un *Dictionnaire normand – français* (Bourdon / Cournée / Charpentier : 1993, dorénavant DNF) ont été produits et fournissent des renseignements sur les normes linguistiques actuelles.

Les données de l'*Atlas linguistique de la France* (Gilliéron / Edmont : 1902-1910, dorénavant ALF) ont été recueillies entre 1897-1910 : les îles ont été visitées en 1898 (Gilliéron / Edmont : 1902, 25-28). Pour cette raison, l'ALF est une source importante pour la situation du normand insulaire et continental d'il y a un siècle. Même si l'*Atlas linguistique et ethnographique normand* (Brasseur : 1980 ; 1984 ; 1997) est plus récent que l'ALF, il examine les mots de façon isolée plutôt que dans un contexte grammatical et se révèle donc moins utile que l'ALF pour la présente étude.

Il est également possible d'examiner les traits linguistiques en question par rapport aux autres dialectes insulaires. Cette stratégie est loin d'être infaillible, car les parlers de Guernesey et de Sercq sont, eux aussi, en contact quotidien avec l'anglais – d'où la possibilité d'un transfert complémentaire. Mais il ne va pas de soi que le transfert apparaisse nécessairement dans les mêmes contextes dans tous les dialectes insulaires. Le premier dictionnaire du guernesiais (Métivier : 1870) et l'étude lexicale de Sjögren (publiée en 1964, mais basée sur des données recueillies à Guernesey en 1926) sont, l'un comme l'autre, antérieurs au DJF : et même si le dictionnaire le plus répandu (de Garis : 1982) et la seule grammaire du guernesiais (Tomlinson : 2008, qui se base sur une thèse doctorale de 1981), sont tous les deux plutôt récents, ces ouvrages offrent, néanmoins, des renseignements supplémentaires sur les normes linguistiques d'une autre variété du normand contemporain. Le seul dictionnaire du sercquais (Liddicoat : 2001) est assez rudimentaire. Les traits grammaticaux de ce dialecte sont examinés dans Liddicoat (1994), mais

---

[7] Aux XVIIIe et XIXe siècles, le jersiais était également parlé sur la péninsule de Gaspé (Québec), mais il y est maintenant éteint.

l'ouvrage a été vivement critiqué (*cf.* p. ex. Morin : 1996) et, par conséquent, on peut douter de sa fiabilité.

Comme le montrent les exemples suivants, il est donc possible d'examiner un cas éventuel de transfert syntaxique en jersiais parlé contemporain en mettant en corrélation les renseignements obtenus grâce à toutes ces sources et en essayant de 'deviner juste'.

2.2.1. La position des adjectifs de couleur
À la différence du français, en jersiais parlé contemporain les adjectifs de couleur non-marqués précèdent le substantif :

(8) Un **nièr** cat « un chat noir »

(9) Un **blianc** j'va « un cheval blanc »

Le fait que l'anglais favorise cet ordre syntaxique nous incite à interpréter les données jersiaises comme un cas de transfert. Une analyse faite dans le cadre théorique présenté ci-dessus produit les résultats suivants : les adjectifs de couleur précèdent le substantif

- en normand continental (UPN : 1995, 36ss.),[8]

- en guernesiais (Tomlinson : 2008, 23 ; ALF, carte 568),

- en sercquais (Liddicoat : 1994, 217 ; ALF, carte 568),

- en auregnais (ALF, carte 568).

Prises ensemble, ces preuves suggèrent que la position des adjectifs de couleur en jersiais est due à une tendance normande plutôt qu'au transfert. Mais bien sûr, il est fort probable que le contact avec l'anglais contribue à renforcer cette tendance.

2.2.2. L'auxiliaire dans les constructions exprimant l'âge
À la différence de l'anglais, le jersiais (tout comme le français) se sert de l'auxiliaire *aver* (« avoir ») pour exprimer l'âge :

(10) J'**ai** dgix ans. – *cf.* l'anglais : *I am ten years old.* (avec *être*)

Au cours de mes enquêtes, il s'est avéré que, dans ces constructions, l'usage jersiais fluctuait entre *aver* et *être*. Cette variable a également été analysée dans le cadre théorique proposé ci-dessus :

- bien qu'aucune des sources métalinguistiques ne prescrive l'auxiliaire dans ce contexte, la phrase suivante (en normand continental) se trouve dans l'UPN (1995, 50) :

(11) La drényire (éfaunt) **a** neuf ans. « L'(enfant) le plus jeune a neuf ans. » (avec *avoir*)

- selon la carte 9 de l'ALF, *avoir* est utilisé dans l'expression *Quel âge (as-tu) ?* en normand insulaire comme en normand continental ;

- de Garis (1982, 120) cite l'expression guernesiaise

(12) J'**ai** tchinze ans « j'ai quinze ans » (avec *avoir*) ;

- Liddicoat (1994) n'examine pas l'auxiliaire dans ce contexte. Cependant, dans les textes sercquais (transcrits en API) qui se trouvent à la fin de sa grammaire, l'on constate :

(13) /dʒ n **avwɛ** kə kɒtr ã/ « je n'avais que quatre ans » (avec *avoir*)

---

[8] Il est, pourtant, intéressant de noter que la carte 568 de l'ALF met en évidence des adjectifs de couleurs postposés en Manche et en Calvados (356, 363, 394, 386, 387).

(14) /kã ʃ tɛ ʃẽ/ « quand j'avais cinq ans » (avec *être*) (348)

(13) et (14) indiquent donc clairement que la fluctuation dans l'usage de l'auxiliaire en jersiais parlé contemporain se trouve également en sercquais.

À part l'usage sercquais qui, étant donné la situation sociopolitique du dialecte (Jones : 2007), est peut-être également dû au transfert, les autres sources indiquent que, selon toute probabilité, l'usage de *être* dans ce contexte en jersiais parlé contemporain représenterait un cas de transfert manifeste.

3. Études des cas

Le parler quotidien usuel des locuteurs, qui aurait fourni un contexte optimal pour l'étude du transfert linguistique, n'est pas facile à recueillir sur le plan méthodique (Milroy / Gordon : 2003, 57-68). En outre, étant donné le caractère systématique de mon étude, il était indispensable d'examiner les mêmes variables linguistiques dans les mêmes contextes syntaxiques chez tous les locuteurs de mon échantillon (50 locuteurs natifs, de diverses paroisses). Il a fallu donc obtenir les données au moyen d'un questionnaire qui contenait des phrases à traduire. Bien que la traduction d'une langue à l'autre soit, éventuellement, susceptible d'augmenter les exemples de transfert, on peut supposer que cela a une incidence plus importante sur le transfert manifeste que sur le transfert voilé.

3.1. Transfert manifeste[9]

3.1.1. Genre

Etant donné que le jersiais – comme le français standard mais contrairement à l'anglais – marque la différence des genres, la question se pose de savoir si cette distinction est aussi marquée sur les adjectifs (épithètes et attributs) et sur les pronoms.

(15) Un j'va (« un cheval »); eune fil'ye (« une fille »)

Les données ont été analysées afin de déterminer dans quelle mesure le genre est marqué pour les adjectifs (épithètes et attributs) et les pronoms.

3.1.2. Pronom négatif

À la différence du français standard, le pronom négatif du normand continental régit un verbe au pluriel (UPN : 1995, 112). Il en va de même pour le jersiais :

(16) Persaonne ne saivent. (« Personne ne sait. »)

Cependant, Birt (1985, 193) et le DJF (1966, 400) constatent que ce pronom peut régir également un verbe au singulier. Du fait que le pronom négatif du guernesiais (*autchun*) exige un verbe au pluriel, il se peut que l'emploi jersiais du verbe au singulier représente une innovation récente, qui serait peut-être motivée par l'anglais, où le pronom négatif régit toujours un verbe au singulier. Les données ont été analysées afin de déterminer l'importance de la généralisation éventuelle du verbe au singulier dans ce contexte.[10]

---

9   Pour les résultats de l'enquête, *cf.* tableau 1 ci-dessous.
10 Cette variable est traitée dans l'ALF (carte B1665A). Cependant l'Atlas ne contient pas de données pertinentes pour la Normandie insulaire et continentale.

3.1.3. L'emploi de l'auxiliaire
Pour ce qui est de l'emploi de l'auxiliaire *avoir* ou *être* dans l'indication de l'âge *cf.* 2.2.2. ci-dessus.

3.2. Transfert voilé

3.2.1. *Avec*
Le jersiais se sert de trois prépositions pour traduire l'*avec* du français standard. Chaque préposition correspond à une fonction syntaxique diverse. *Auve*, la forme non-marquée, est également la plus usuelle :

(17) P'têt qué d'main, j'éthons eune chance de pâler **auve** not' vaîsîn.
« Peut-être que demain, nous aurons l'occasion de parler **avec** notre voisin. »

Atout exprime une fonction instrumentale :

(18) Frappez l'cliou **atout** chu marté.
« Frappez le clou **avec** ce marteau. »

et *acanté* exprime l'accompagnement :

(19) Je m'en vais **acanté** lyi.
« Je vais **avec** elle. » (Birt : 1985, 166)

Cette répartition de fonctions syntaxiques se révèle également dans d'autres variétés linguistiques normandes. Le normand continental se sert des prépositions *avec / d'avec*, *d'o* et *(d')aquant(et)* (UPN : 1995, 117, 128) bien que leur distribution soit quelque peu différente (*cf.* 3.4.1. ci-dessous). Le *Französisches Etymologisches Wörterbuch* (von Wartburg : 1946, t. 2, II, 1417) note la présence de la forme *acanté* « en compagnie de » à plusieurs endroits en Normandie continentale et constate celle de *acanté* à Jersey. Le DJF (1966, 3) et de Garis (1982, 214) notent la présence de, respectivement, *quànt-et* et *à quanté* à Guernesey, mais cette forme ne figure ni dans Métivier (1870) ni dans Sjögren (1964). En fait, il semble que le guernesiais parlé contemporain se contente d'une opposition entre *dauve* (non-marqué) et *atou* (instrumental). *Atou(t)* est noté dans Métivier (1870, 33ss.) et Tomlinson (1981, 86). Liddicoat (1994, 282) confirme la présence d'une forme /atut/ à Jersey et à Sercq.

Les cartes 345A et 568A de l'ALF (respectivement, *Marquer avec de la craie* et *Coudre un bouton avec du fil blanc*) examinent l'usage instrumental, et la carte 864 (*Je pars si tu viens avec moi*) étudie l'accompagnement. Les formes suivantes sont notées pour le 'avec instrumental' : *dauve / auve* (jersiais), *dauve* (guernesiais), *duv / uv* (sercquais), *dauve* (auregnais), *avoe / do / d'avoe / avec* (normand continental). L'absence de l'ALF de la forme *atou(t)* suggère donc que cette distinction était précaire même à la fin du XIXe siècle. Les formes notées dans la carte 864 ('*avec* comitatif') sont les mêmes que pour 'l'*avec* instrumental'.[11] *Acanté* est également absent de l'ALF.

Les données obtenues de la part de mes informateurs ont donc été examinées afin de déterminer si l'opposition *auve – atou* était toujours en vigueur en jersiais parlé contemporain (*cf.* tableau 1 ci-dessous).

---

11 Aucune réponse n'est notée pour Aurigny.

3.2.2. L'emploi du préfixe *re-*

En jersiais, la répétition peut s'exprimer par l'insertion de l'adverbe *acouo* (« encore ») après le verbe, ce qui rend une construction isomorphe à l'anglais : *sétchi acouo* ← *to dry again* (« sécher encore »), *netti acouo* ← *to clean again* (« nettoyer encore »). Cependant, le moyen le plus courant et le plus idiomatique d'exprimer la répétition est le préfixe *re-* (Birt : 1985, 92-94). En jersiais, la métathèse du préfixe crée la forme *èr-* : *èrcaûffer* (« réchauffer »), *s'èrmuchi* (« se cacher encore »). Il va sans dire que la répétition s'exprime par le préfixe *re-* en français aussi, mais l'envergure de son équivalent jersiais est plus large puisque, à la différence du français, il est souvent utilisé avec *être* et *aver* :

(20) I'**r'est** malade l'pouôrre baloque. « Il est de nouveau malade, le pauvre. »

(21) J'allons **r'aver** d'la plyie. « Nous allons avoir encore de la pluie. » (Birt : 1985, 94)

La forme *r'aver* est attestée en normand continental (DNF : 1993, 271), en jersiais (DJF : 1966, 445 ; Spence : 1960, 20 ; Liddicoat : 1994, 59), en guernesiais (de Garis : 1982, 275) et en sercquais (Liddicoat : 1994, 59). *R'être* est attesté en normand continental (DNF : 1993, 277) et en jersiais (DJF : 1966, 452). L'ALF n'examine pas le préfixe *re-* avec *avoir* et *être*.

Mes données ont été analysées afin de déterminer si la construction syntaxique isomorphe à l'anglais gagnait du terrain au détriment du préfixe *re-* (*cf.* tableau 1 ci-dessous).

3.3. Résultats

Variable	Transfert linguistique	Aucun transfert linguistique	% Transfert	Type de transfert
Genre : adjectifs (épithètes)	7	24	22,5%	Manifeste
Genre : adjectifs (attributs)	16	19	45,7%	Manifeste
Genre (pronoms)	6	36	14,3%	Manifeste
Pronom négatif	6	31	19,35%	Manifeste
Auxiliaire *avoir* ou *être* : « âge »	7	35	16,67%	Manifeste
« Avec »	Avec 40 Auve 3	0	100%	Voilé
Le préfixe *re-*	31	11	73,8%	Voilé

Tableau 1 : Le transfert linguistique en jersiais parlé contemporain[12]

Tableau 1 montre que le transfert voilé figure bien plus souvent dans mes données que le transfert manifeste. Du fait que le transfert voilé ne conduit à aucune innovation syntaxique (sous forme d'une nouvelle structure linguistique, p. ex.), il est possible que les locuteurs soient moins conscients de cette sorte de transfert que du transfert manifeste, qui nécessite forcément la 'transgression' de règles grammaticales. Comme Silva-Corvalán l'a dit :

---

[12] Notons que les pourcentages représentent des tendances générales plutôt qu'une indication précise du transfert en jersiais. Tous les informateurs n'ont pas produit d'exemple pour chacune de ces variables. Ils ont parfois traduit une phrase en évitant l'emploi de la variable en question.

Comment déterminer la syntaxe de l'oral ? 145

the influence of one language on another may be evident only through differences in the frequency of use of a certain structure, rather than in the development of ungrammatical constructions. (cité d'après Mougeon / Beniak : 1991, 178)

3.4. Discussion : transfert voilé ou simplification interne ?

Comme l'indiquent les données jersiaises, le transfert manifeste se distingue du transfert voilé par sa motivation claire – à savoir l'influence d'une autre langue –, tandis que le transfert voilé pourrait s'expliquer éventuellement par la simplification interne. Les deux variables 'voilées' décrites ci-dessus représentent des contextes où le jersiais se munit de plusieurs stratégies pour exprimer le sens en question. La perte de cette opposition pourrait donc également être interprétée comme étant une simplification interne (Dorian : 1981, 136 ; Mougeon / Beniak : 1991, 91 ; Jones : 1998, 249ss.). Autrement dit, il se peut que le transfert, qui 'pousse' le jersiais vers l'isomorphisme à l'anglais, et la simplification interne, qui encourage l'iconicité de sens et de forme, se combinent et se renforcent.

Par conséquent, le transfert voilé est bien plus difficile à 'prouver' que son homologue manifeste. Mougeon et Beniak ont pu mieux comprendre leurs données ontariennes en vérifiant les mêmes variables dans une communauté francophone qui n'a pas subi de contact avec l'anglais. L'absence des mêmes tendances dans une autre communauté linguistique renforcerait la probabilité d'une explication interne plutôt qu'externe pour un changement linguistique attesté en jersiais.

Cependant, le jersiais n'est parlé qu'à Jersey et les autres dialectes insulaires sont, eux aussi, en contact avec l'anglais. Il restait, pourtant, une possibilité 'faute de mieux', à effectuer la vérification de ces constructions syntaxiques en normand continental. Les variables 'voilées' ont ainsi été étudiées dans l'UPN, le DNF et dans un corpus de 57 textes normands tirés des anthologies suivantes : Pasturel (s.d.), Collège des Pieux (2000) et Conseil Régional de Basse Normandie (2001).

Revenons encore une fois à nos exemples du chapitre 2.

3.4.1. *Avec*

L'UPN distingue trois prépositions qui correspondent à *avec* en français standard. À titre d'exemple :

(22) Il fait du varet **d'aveu** sa vulle querrue.
« Il fait du travail léger avec sa vieille charrue. »

(23) No féchoune eune ormuère **d'o** du quêne.
« On fait une armoire avec du chêne. »

Mais *d'avec* et *d'o* peuvent également marquer l'accompagnement :

(24) Ven-ous **d'aveu** (d'o) mei ? « Venez-vous avec moi ? »

L'UPN note également que « pour marquer l'accompagnement, le normand emploie très souvent les prépositions de même valeur *aquaunt*, *d'aquaunt* ou *d'aquaunt et* » :

(25) Vyins-t'en **aquaunt (d'aquaunt ou d'aquaunt et')** mei.
« Venez avec moi. » (UPN : 1995, 128)

Ces prépositions, et une quatrième – *atou* –, figurent également dans le DNF :

(26) *aveu (d')* Avec. *t'en vyins-tu d'aveu mei ?* viens-tu avec moi ? On dit parfois d'aveuc.
acaunt ou *d'acaunt* Avec, en même temps. *t'en vyins-tu d'acaunt mei ?* viens-tu avec moi ?
atou Avec.
do Avec. *vyins-t'en d'o mei* viens avec moi.

Selon toute probabilité, donc, le normand continental présente le même développement que le jersiais dans ce contexte. Si le domaine syntaxique de *d'aquaunt (et)* se distinguait autrefois de celui des autres prépositions, ce n'est plus le cas. L'absence totale de *atou* et de *d'aquaunt (et)* dans le corpus de textes normands a confirmé cette conclusion.

Il semble donc qu'une simplification se produise dans le système syntaxique du normand continental contemporain. Étant donné que cette tendance s'est révélée en normand, qui n'est nullement en contact avec l'anglais, il est impossible de prétendre que les résultats jersiais représentent incontestablement un cas de transfert voilé.

3.4.2. L'emploi du préfixe *re-*

Bien que l'UPN ne fasse aucune référence précise au préfixe *re-*, dans le DNF (1993, 24) il est défini comme « à nouveau ». La forme préfixée *r'aver* est attestée en normand continental (DNF : 1993, 271), en guernesiais (de Garis : 1982, 275 qui constate que ce préfixe s'utilise « so freely with verbs esp[ecially] that it is impossible to give a full list ») et en sercquais (Liddicoat : 1994, 59). *R'être* est attesté en normand continental (DNF : 1993, 277). Si le préfixe figure aussi dans l'ALF, ce n'est que dans les mêmes contextes qu'en français (*revoir, revenir*, p. ex.). L'analyse des données dans le corpus de textes normands a produit les résultats suivants :

Enco[13] (= « toujours »)	*Enco* (= répétition)	*Re-* (= répétition)
4 exemples	5 exemples	31 exemples

Puisqu'en normand continental le préfixe *re-* s'avère fréquent dans ce contexte, il semble que l'empiètement de *acouo* sur *re-* représente un transfert voilé en jersiais parlé contemporain. Il faut, néanmoins, noter également la fréquence croissante de *encore* dans ces constructions en français populaire : ce qui suggère également une explication interne éventuelle (à savoir, l'emploi d'une variante analytique plutôt qu'une forme synthétique), où le contact avec l'anglais ne joue, peut-être, qu'un rôle de renforcement.

4. Conclusion

On pourrait penser que, tout comme l'emprunt et le *code-switching*, un phénomène de contact tel que le transfert linguistique serait facile à démontrer – dans la mesure où on observe l'incorporation d'éléments d'une variété linguistique dans un énoncé d'une deuxième variété. Il n'en est pas toujours de même, toutefois, dans une variété relativement peu documentée telle que le jersiais, dont les normes linguistiques ont été établies assez récemment. Cela vaut d'autant plus pour le transfert voilé, où l'influence d'une variété linguistique sur une autre se manifeste par l'éloignement vis-à-vis des normes monolingues sur un plan quantitatif plutôt que qualitatif.

---

13 *Enco* représente le réflexe normand du jersiais *acouo*. Dans l'ALF, cette forme se trouve avec le sens de « toujours » (carte 458).

Le cadre théorique proposé dans cet article n'est pas sans problèmes – car il est souvent difficile de prouver un exemple de transfert linguistique de l'anglais au jersiais puisqu'il s'agit d'un dialecte récemment documenté. Cependant, j'espère avoir pu montrer le rôle éventuel que peuvent jouer des variétés linguistiques apparentées dans l'étude du transfert linguistique.

5. Références bibliographiques

Birt, P. (1985), *Lé Jèrriais pour tous : A Complete Course on the Jersey Language*, Jersey.
Bourdon, J.-P. / A. Cournée / Y. Charpentier (1993), *Dictionnaire normand – français*, Paris.
Brasseur, P. (1980 ; 1984 ; 1997), *Atlas linguistique et ethnographique normand*, Paris.
Collège des Pieux Auteurs normands (2000), *Vous avez dit patois ? Petite anthologie des écrivains de langue normande*, Les Pieux.
Conseil Régional de Basse Normandie (2001), *Les Rouaisons : dieries, countes, caunchons et daunches dé Normandie*, s.l.
Dorian, N. (1981), *Language Death : The Life Cycle of a Scottish Gaelic Dialect*, Philadelphia.
Garis, M. de (1982), *Dictiounnaire angllais – guernesiais*, Chichester.
Gilliéron, J. / E. Edmont (1902-1910), *Atlas linguistique de la France*, 35 vols., Paris.
Gilliéron, J. / E. Edmont (1902), *Notice servant à l'intelligence des cartes*, Paris.
Huddleston, R. / G. K. Pullum (2002), *The Cambridge Grammar of the English Language*, Cambridge.
Jones, M. C. (1998), *Language Obsolescence and Revitalization : Linguistic Change in Two Sociolinguistically Contrasting Communities*, Oxford.
Jones, M. C. (2001), *Jersey Norman French : A Linguistic Study of an Obsolescent Dialect*, Oxford.
Jones, M. C. (2003), *Jèrriais : Jersey's Native Tongue*, Jersey.
Jones, M. C. (2005a), « Transfer and Changing Linguistic Norms in Jersey Norman French », *Bilingualism : Language and Cognition,* 8/2, 159-175.
Jones, M. C. (2005b), « Intrasentential code-switching in Jersey Norman French », *Journal of French Language Studies,* 15/1, 1-23.
Jones, M. C. (2007), « French in the Channel Islands », dans : Britain, D. (éd.), *Language in the British Isles*, Cambridge, 358-367.
Le Maistre, F. (1966), *Dictionnaire jersiais – français*, Jersey.
Liddicoat, A. J. (1994), *A Grammar of the Norman French of the Channel Islands : The dialects of Jersey and Sark*, Berlin / New York.
Liddicoat, A. J. (2001), *Lexicon of Sark Norman French*, Munich.
Métivier, G. (1870), *Dictionnaire franco – normand ou Recueil des mots particuliers au dialecte de Guernesey, faisant voir leurs relations romanes, celtiques, tudesques*, London / Edinburgh.
Milroy, L. / M. Gordon (2003), *Sociolinguistics : Method and Interpretation*, Oxford.
Morin, Y.-Ch. (1996), « Review of A. J. Liddicoat, *A Grammar of the Norman French of the Channel Islands : The dialects of Jersey and Sark* », *Canadian Journal of Linguistics,* 41/2, 177–184.
Mougeon, R. / E. Beniak (1991), *Linguistic Consequences of Language Contact and Restriction : The Case of French in Ontario, Canada,* Oxford.
Myers-Scotton, C. (1993), *Social Motivations for Code-switching*, Oxford.
Myers-Scotton, C. (2002), *Contact Linguistics : Bilingual Encounters and Grammatical Outcomes*, Oxford.
Pasturel, J.-B. (s.d.), *Histouères de t'chu nous : Patois normand de la région de Périers*, Coutances.
Sjögren, A. (1964), *Les Parlers bas-normands de l'île de Guernesey*, 1 : *Lexique français – guernesiais*, Paris.

Spence, N. C. W. (1960), *A Glossary of Jersey-French*, Oxford.
Thomason, S. G. / T. Kaufman (1988), *Language Contact, Creolization and Genetic Linguistics*, Berkeley / Los Angeles / London.
Tomlinson, H. (1981), *Le Guernesiais – Étude grammaticale et lexicale du parler normand de l'île de Guernesey*, Thèse de doctorat, Université d'Edimbourg.
Tomlinson, H. (2008), *A Descriptive Grammar of Guernsey French*, s.l.
Université Populaire Normande du Coutançais (1995), *Essai de grammaire de la langue normande*, Périers.
Wartburg, W. v. (1922ss.), *Französisches Etymologisches Wörterbuch*, Tübingen.
Weinreich, U. (1953), *Languages in Contact : Findings and Problems*, The Hague.

Elissa Pustka (Ludwig-Maximilians-Universität München, Allemagne)

La subordination sans subordonnant en français guadeloupéen – créolisme ou pseudo-créolisme ?

1. Introduction[1]

Dans les rares descriptions du français parlé en Guadeloupe, on découvre que les subordonnées peuvent ne pas être marquées en tant que telles. Oliel (1979), dans son recueil de créolismes repérés dans des copies d'élèves, cite le cas d'un discours indirect dans lequel le verbe se trouve à l'impératif (*cf.* ex. (1a)) ainsi que celui d'une interrogation indirecte, construite non avec *ce que*, mais avec l'inversion du verbe (*cf.* ex. (1b))[2] :

(1)   (a) l'homme dit (à) l'enfant dépose ton fardeau (au lieu de *de déposer son fardeau*)
      (b) j'ai demandé au garçon qu'as-tu apporté (au lieu de *ce qu'il a apporté*)
      (français guadeloupéen ; exemples d'Oliel : 1979, 75)

Mazama (1997), quant à elle, présente deux exemples de discours indirect et un exemple d'une mise en relief dans lesquels la conjonction manque :

(2)   (a) Il m'a dit Ø il va venir demain.
      (b) Le maître dit aux élèves Ø la promenade est terminée.
      (c) Alors c'est pour ça Ø tu viens pas jouer avec eux ?
      (français guadeloupéen ; Mazama : 1997, 66)

À y regarder de plus près, on constate que seuls les exemples (2a) et (2c) représentent des cas incontestables de subordonnées sans subordonnant (le discours direct qui correspond à (2a) étant « Il m'a dit: '**Je vais** venir demain.' »). Les trois autres exemples sont ambigus : il pourrait tout aussi bien s'agir de cas de discours direct dans lequel – à l'écrit – les deux points, les guillemets et la ponctuation (point d'exclamation ou d'interrogation) manquent.

Les deux auteurs expliquent les cas cités par l'influence du créole,[3] où la subordonnée n'est traditionnellement pas introduite par un subordonnant (*cf.* Ludwig : 1996) :

(3)   An ka règrété Ø Jan sòti. « Je regrette que Jean soit sorti. » (Ludwig : 1996, 342)

---

[1]   Je remercie Gudrun Ledegen, qui a attiré mon attention sur ces structures dans mon corpus à l'occasion des journées PFC (Phonologie du Français Contemporain) de Tromsø en été 2005, Hector Deglas et Hector Poullet pour leurs intuitions sur le créole guadeloupéen, ainsi que Thomas Krefeld, Bart Jacobs et Rose-Marie Eisenkolb pour leurs relectures critiques. Mes remerciements vont aussi au DAAD qui a financé le voyage en Guadeloupe en février / mars 2004.

[2]   La transcription des exemples est reprise telle quelle des sources citées. J'y ai rajouté le symbole Ø afin d'indiquer la place où on pourrait s'attendre à une conjonction de subordination. Les soulignements dans les exemples cités sont de mon fait et ne correspondent pas forcément à la source citée. La transcription des exemples de mon propre corpus suit les principes du projet Phonologie du Français Contemporain dans le cadre duquel il a été établi (*cf.* http://www.projet-pfc.net/ ; Durand *et al.* : 2002, Durand *et al.* : 2005).

[3]   « La conjonction de subordination *que* est remplacée par la marque zéro (Ø) du guadeloupéen » (Mazama : 1997, 66). Pour le cas (1a), Oliel (1979) écrit : « Or la plupart des relevées sont des interférences du créole en français et tendent à intégrer la forme directe dans le tour indirect. » (Oliel : 1979, 75)

L'objectif de cet article est de fournir une description plus détaillée de l'absence de subordonnant en français guadeloupéen. Je me limiterai aux complétives, en particulier celles qui peuvent être remplacées par un groupe nominal complément d'objet (du type *il dit **(qu')il fait beau*** ↔ *il dit qqch.*, *il demande **s'il fait beau** / il demande **est-ce qu'il fait beau*** ↔ *il demande qqch.*). En revanche, je mettrai de côté tous les autres types de subordonnées : mises en relief, relatives, etc. L'étude se base sur un corpus[4] d'environ 13 heures de parole spontanée, recueilli en 2004-2005 auprès de 40 locuteurs, à moitié en Guadeloupe (G) et à moitié en région parisienne (P). Les données montrent notamment que l'absence de subordonnant en français de la Guadeloupe concerne non seulement le discours indirect et les interrogatives indirectes, mentionnés par Oliel (1979) et Mazama (1997), mais aussi – et surtout – les complétives avec les 'verba sciendi' *savoir*, *penser*, *croire*, etc. (p. ex. *je pense **il fait beau***).

L'article est structuré de la façon suivante : il s'agira tout d'abord (section 2) de distinguer les complétives sans subordonnant d'un côté des propositions indépendantes, notamment du discours direct, et de l'autre côté des emplois parenthétiques des verbes en question (p. ex. *Il fait assez beau, **je pense**, pour aller à la plage.*). Après avoir clarifié ce point, une analyse détaillée des nouvelles données permettra de mieux connaître et de comprendre ce phénomène dans le français de la Guadeloupe (section 3). Ensuite, il s'agira de déterminer son statut et son origine (section 4) : s'agit-il d'un créolisme, comme le suggèrent les travaux précédents, ou bien d'une structure existant dans la langue parlée en général ?

2. Subordination ou non ?

Le problème crucial qu'il faut résoudre avant de pouvoir commencer toute analyse, est celui de savoir s'il s'agit dans les cas que nous venons de voir véritablement de subordinations ou tout simplement de juxtapositions de deux propositions indépendantes. Pour l'allemand, Eisenberg (^{2}2004) soulève la question à propos des complétives déclaratives et interrogatives, qui peuvent être dépourvues de subordonnant et dans lesquelles l'ordre des mots est celui des propositions indépendantes et non des subordonnées :

> Verbzweitsätze dieser Art sind syntaktisch weitgehend desintegriert und es fragt sich, ob sie noch als untergeordnet und damit als Nebensätze anzusehen sind […].[5] (Eisenberg : ^{2}2004, 319)

Il illustre ses propos par les exemples suivants :

> (4) (a) Karl weiß, Paul ist deutscher Tennismeister.
> (b) Karl will wissen, wer ist eigentlich deutscher Tennismeister.[6]

En français, ce problème ne se pose pas au niveau de l'écrit, où les complétives sont toujours introduites par un subordonnant (*que*, *si*, *ce que*, etc.). Dans la langue parlée, en

---

4   Pour les détails des enquêtes voir Pustka (2007).
5   Traduction (E.P.) : « Les phrases de ce type avec le verbe en deuxième position sont tellement peu intégrées sur le plan syntaxique qu'on peut se demander si elles sont encore à considérer comme subordonnées. »
6   Traduction (E.P.) : (4a) « Charles sait, Paul est le champion d'Allemagne de tennis. » (4b) « Charles veut savoir qui est en fait le champion d'Allemagne de tennis. »

revanche, il n'est pas aisé de distinguer discours direct et indirect (*cf.* Blanche-Benveniste : 2000). Partons d'un exemple fictif, dépourvu de tout contexte : [iladiifɛbo]. Théoriquement, deux transcriptions sont possibles :

(5) (a) Il a dit : « Il fait beau. »
    (b) Il a dit, il fait beau.

Dans l'exemple (5a), le transcripteur aurait interprété la séquence comme composée d'une phrase introductrice et d'un discours direct, dans (5b) comme un discours indirect sans subordonnant, avec une principale et une subordonnée.

Par opposition à l'allemand, l'ordre des mots ne permet généralement pas, en français, de distinguer les propositions indépendantes des subordonnées (*cf.* Riegel / Pellat / Rioul : 2001). Seules les interrogations indirectes 'in situ'[7] (*cf.* ex. (17) : *Il sait pas c'est quoi*) et par inversion (*cf.* ex. (1b)), qui s'alignent sur le modèle du discours direct, contredisent l'ordre standard des mots dans les subordonnées. Il faudra donc recourir à d'autres critères pour distinguer les discours direct et indirect (*cf.* Andersen : 2000 ; Blanche-Benveniste : 2000). Souvent, la différence se fait sentir au niveau de l'intonation et du rythme. Il faut cependant reconnaître que l'identification prosodique des subordonnées est une entreprise épineuse que j'ai dû écarter dans cette étude (pour la subordination par intonation *cf.* Raible : 1992 ; Ludwig : 1996). Mais il existe des critères plus faciles à identifier. Ainsi le discours direct peut-il être prononcé, quand le locuteur veut imiter celui qu'il cite, avec un timbre de la voix différent, un style différent éventuellement, voire une autre langue. Dans le contexte guadeloupéen, il n'est en effet pas rare qu'un locuteur cite quelqu'un en créole au sein d'un discours en français ou bien l'inverse. Dans le cas des interrogations, la présence d'une intonation d'interrogation permet d'identifier les interrogations directes. D'autres critères qui permettent d'identifier le discours direct sont l'impératif, les déictiques spatiaux (p. ex. *ici, là*) et temporels (p. ex. *maintenant*), les adresses explicites de l'interlocuteur (*madame, monsieur, maman, ma chère,* etc. ou bien un nom propre), les salutations (*bonjour*), les exclamations (*ah, oh, oh là là, mon Dieu, tiens*), les marqueurs discursifs, marqueurs d'ouverture (*ben, bon*) ainsi que de clôture (*hein, quoi*), qui indiquent les limites des paroles rapportées, et finalement les mots phrase comme *oui* et *non*, qui se prononcent uniquement dans la situation discursive et non dans le récit. Au niveau discursif, la fin des paroles rapportées s'annonce par un retour à la structure précédente. Le discours direct n'est par ailleurs pas obligatoirement accompagné d'un verbe de citation ; il peut aussi être non introduit. Dans ce cas-là, il n'y a aucun lien syntaxique entre les paroles rapportées et le reste de l'énoncé. Le discours indirect, pour sa part, se caractérise par la transposition de la personne des pronoms et des verbes.

Je résume les résultats de cette discussion dans le tableau 1 ci-dessous. La subordination sans subordonnant se situe au milieu (*cf.* tableau 1 : colonne 3, encadrée) du continuum entre agrégation et intégration (*cf.* Raible : 1992),[8] entre le discours direct (2) et le discours indirect sans concordance des temps (4), comme on le trouve fréquemment à l'oral (*cf.* Koch / Oesterreicher : 1990).[9] Elle se distingue du premier par l'intonation, le

---

[7] Dans les interrogations indirectes 'in situ', le morphème interrogatif se trouve à la même place que le complément dans la phrase déclarative correspondante.

[8] Koch / Oesterreicher (1990, 80) parlent explicitement de « transitions glissantes entre discours direct et indirect » (« gleitende Übergänge zwischen direkter und indirekter Rede »).

[9] Je laisserai ici de côté la possibilité de l'intégration syntaxique maximale, l'infinitif, qui, après certains

changement de personne (quand cela est nécessaire, p. ex. *Il a dit: « **Je** suis d'accord. »* ↔ *Il a dit, **il** est d'accord.* ; non nécessaire dans *J'ai dit: « Je suis d'accord. »* ↔ *J'ai dit, je suis d'accord.*) et l'absence d'adresses, de salutations, etc., du dernier par l'absence de subordonnant.[10]

	agrégation				intégration
	(1)	(2)	(3)	(4)	(5)
déclaration	---	---	Je savais, il est d'accord.	Je savais qu'il est d'accord.	Je savais qu'il était d'accord
discours	« Je suis d'accord. »	Il a dit: « Je suis d'accord. »	Il a dit, il est d'accord.	Il a dit qu'il est d'accord.	Il a dit qu'il était d'accord.
interrogation partielle	« Qu'est-ce que c'est? » / « C'est quoi? »	Il a demandé: « Qu'est-ce que c'est? » / « C'est quoi? »	Il a demandé qu'est-ce que c'est. / Il s'est demandé c'est quoi.	Il a demandé ce que c'est.	Il a demandé ce que c'était.
interrogation totale	« Tu es d'accord? » / « Est-ce que tu es d'accord? » « Es-tu d'accord? »	Il a demandé: « Tu es d'accord? » / « Est-ce que tu es d'accord? »/ « Es-tu d'accord? »	--- Il a demandé est-ce que tu es d'accord. Il a demandé es-tu d'accord.	Il a demandé si tu es d'accord.	Il a demandé si tu étais d'accord.
verbe introducteur	-	+	+	+	+
concordance des personnes	-	-	+	+	+
exclamations, adresses, etc.	+	+	-	-	-
subordonnant	-	-	-	+	+
concordance des temps	-	-	-	-	+

Tableau 1 : Continuum des complétives entre agrégation et intégration

Comment expliquer l'absence de subordonnant ? Ludwig (1996) met en avant la valence des 'verba dicendi et sciendi' (auxquels il faudrait ajouter le verbe d'interrogation *demander*), qui, du fait de leur valence lexicale, sont obligatoirement suivis d'un complément d'objet. L'absence de groupe nominal objet indiquerait donc que la phrase suivante joue ce rôle ; le subordonnant n'est donc pas indispensable pour décoder la structure voulue. La construction sans subordonnant présente l'avantage d'une plus grande

---

      verbes, peut ou doit se substituer à la subordonnée, quand le sujet ou le complément indirect du verbe principal est identique au sujet de l'infinitif (p. ex. *Il a dit **en avoir marre**. Il lui a dit **de venir**.*).

10   Cette représentation unidimensionnelle, par un seul axe entre agrégation et intégration, ne peut bien évidemment pas rendre compte de tous les cas observés. On rencontre p. ex. aussi des discours directs introduits par la conjonction *que* (p. ex. *Quand par exemple, ils sont en perte de vitesse, je pense **que** : « Ouais, on va parler en créole, machin, c'est nous, c'est le peuple, c'est. »* (G)) et des cas où la deixis spatiale et temporelle n'est pas concrétisée (p. ex. *S'il sort, il va **à tel endroit**, il dit : « Maman, bon je suis pas là, je vais [à] tel endroit. » Il va au match : « Maman, je vais au match, je rentre **à telle heure**. »* (G)).

La subordination sans subordonnant en français guadeloupéen 153

transparence, puisque la subordonnée est identique à la proposition indépendante correspondante.

Il existe cependant des cas dans lesquels certains verbes plurivalentiels ne sont pas suivis d'un objet : les 'emplois parenthétiques'. Ici, les formes verbales fonctionnent comme marqueurs discursifs (*cf.* Andersen : 1993 ; 1996) :

(6) (a) oui : **je crois** on fait toutes le même constat eh
(b) ça faisait partie **je crois** de l'éducation
(c) bon c'est pas.. c'est pas très intéressant enfin ben ça n'apporte rien.. **moi je trouve !** (Andersen : 1996, 307 ; ponctuation de l'original)

Comme le montrent les exemples sous (6), les verbes parenthétiques peuvent se trouver en antéposition (*cf.* ex. (6a)), en interposition (*cf.* ex. (6b)) ou en postposition (*cf.* ex. (6c)). Dans ces cas, la forme verbale en question n'est pas le noyau d'une proposition principale suivie d'une complétive, mais elle se retrouve elle-même subordonnée à la principale (*cf.* déjà Stempel (1964) pour l'ancien français). Elle se caractérise par une faiblesse sémantique (p. ex. *je crois* au sens de « à mon avis » et non de « accorder sa croyance ») et a plutôt la fonction de marquer une hésitation, raison pour laquelle on peut l'omettre. L'auteur le formule très clairement : « on ne peut pas parler de subordination » (Andersen : 1993, 9) et « il ne faut pas […] parler d'omission ou d'ellipse de *que* » (Andersen : 1996, 307).

Pour identifier ces emplois parenthétiques, Andersen (1996) propose plusieurs critères. Tout d'abord, il s'agit de formes des verbes d'opinion (*penser, croire, trouver, supposer*) et de souvenir (*se souvenir, se rappeler*) à la première personne du présent et après *on*, qui n'interrompent pas l'intonation de la phrase. Un test de pronominalisation permet de clarifier la question en cas de doute. Dans le cas d'une parenthèse, le 'reste' de la phrase ne peut en effet pas être repris par le pronom objet *le*, car il ne s'agit pas d'une complétive. C'est par exemple le cas de *je crois* au sens affaibli « à mon avis » (*cf.* ex. (7a)). Quand le verbe en revanche a son sens plein, en l'occurrence « accorder sa croyance », la pronominalisation est possible (*cf.* ex. (7b)). De plus, on peut y ajouter un adverbe comme *vraiment* ou *fermement* (*cf.* aussi ex. (7b)).

(7) (a) /euh je sais **je crois** j'avais treize ans – tu crois – oui **je crois**
(b) moi **je crois que** Jésus est vivant – **tu le crois** vraiment – oui **je le crois** fermement (Andersen : 1996, 310)

Le test de pronominalisation pose néanmoins problème en français guadeloupéen, car le pronom objet clitique y est souvent omis par les locuteurs du créole comme L1 (*cf.* Pustka : 2007) :

(8) Au début, au début de siècle, mais c'était en latin qu'on faisait la messe, hein. On faisait en latin. (au lieu de : *on la faisait*) (G)

Comme critères supplémentaires, Andersen (1996) évoque l'impossibilité d'ajouter un verbe modal (*cf.* ex. (9b)), de mettre le verbe au subjonctif (*cf.* ex. (9c)) et au conditionnel (*cf.* ex. (9d)) ainsi que de former la négation (*cf.* ex. (9e)).

(9) (a) **je crois** on fait toutes le même constat
(b) ***je peux croire** on fait toutes le même constat
(c) ***je croie**[11] on fait toutes le même constat

---

11 Le subjonctif serait également exclu dans cette position si le verbe était suivi d'une complétive.

>   (d) *je croirais on fait toutes le même constat
>   (e) *je (ne) crois pas on fait toutes le même constat (Andersen : 1996, 311)

Andersen (1996) signale que les formes verbales à la deuxième personne des verbes *savoir*, *voir* (*tu vois*, *vous voyez*, *voyez*), *regarder*, *remarquer*, *comprendre*, *écouter* et *vouloir* (*si tu veux*, *si vous voulez*) peuvent également avoir un emploi parenthétique, cette fois-ci en mettant l'accent non sur le locuteur, mais sur l'interlocuteur. Dans son article de 1993, elle évoque en outre que la conjonction *que* peut également manquer après les verbes de citation, notamment après *dire*, introduisant un discours rapporté, car ce dernier serait généralement « le message principal non subordonné d'un énoncé » (Andersen : 1993, 12).

Dans le corpus étudié, il se trouve en effet un grand nombre de formes parenthétiques. Je n'en citerai que quelques-unes, d'un verbe non mentionné dans ce contexte par Andersen (1996) : *dire* (10). Le *(moi) je dis* parenthétique (*cf.* ex. (10a)) apparaît par ailleurs exclusivement chez les Guadeloupéens du corpus et non chez les Parisiens.

>   (10) (a) **Moi je dis** ça dépend avec qui et le milieu dans lequel il vit. (G)
>   (b) Et, **je vous dis**, on y retournait euh, ben, bien longtemps après hein (P)
>   (c) Et ben, **je vais vous dire honnêtement** euh, j'ai jamais aimé ça. (P)
>   (d) quand je dois échanger avec, **je dirais**, des Guadeloupéens (G)
>   (e) Mais euh, moi je le vois euh, enfin, **je veux dire**, je le ressens euh, euh, je ressens dans l'attitude des gens euh (P)
>   (f) Mais **disons**, globalement, avec les métropolitains, on parle le français quoi. (G)
>   (g) si on est, ts, ts, si on est, **on va dire**, euh, en train d'expliquer quelque chose à quelqu'un, on fera, on le fera en français (G)

Quelques exemples se trouvent en contradiction avec les critères d'Andersen (1996) mentionnés plus haut : la mise au conditionnel (*cf.* ex. (10d)) et la combinaison avec un verbe modal (*cf.* ex. (10e)). Pour le cas de *je veux dire*, on note que le caractère parenthétique ne se fait pas seulement sentir dans l'intonation, mais aussi dans le débit (beaucoup plus rapide que le reste de la phrase) et la phonologie segmentale (élisions).[12]

3. Analyse du corpus

Le corpus étudié contient au total 59 complétives sans subordonnant, 46 déclaratives et 9 interrogatives, tous les cas douteux, notamment les emplois parenthétiques (*cf.* section 2), ayant été éliminés d'emblée. C'est extrêmement peu si on tient compte du fait que le nombre d'occurrences de la conjonction *que* après un verbe conjugué ou une locution verbale (p. ex. *c'est vrai*) s'élève à 765. Pour ce qui est des complétives déclaratives, le taux des variantes sans subordonnant n'est donc que de 6%. Quant aux interrogatives indirectes totales, on relève dans le corpus seulement 10 exemples avec subordonnant, introduits par la conjonction *si*, et 3 sans, commençant par *est-ce que* (*cf.* ex. (14)). En ce qui concerne les interrogations partielles, je ne mentionnerai ici que le cas du

---

12   Il existe aussi des formes parenthétiques suivies de *que* (*cf.* Andersen : 1996). Voici un exemple du corpus: « Donc maintenant, **je dis que** la génération a beaucoup, a changé, donc il y a beaucoup de parents, je dis que, je dirais peut-être le pourcentage est vraiment minime maintenant, peut-être cinq pour cent, peut-être autour de la Guadeloupe, parce qu'en fait, je veux dire le, la Guadeloupe a beaucoup évolué. » (G)

subordonnant standard le plus fréquent, *ce que*, dont le nombre d'occurrences s'élève à 31 (sans les cas après *c'est*)[13] tandis que le corpus comporte seulement deux exemples sans subordonnant, l'un avec *qu'est-ce que* (*cf.* ex. (15)) et l'autre 'in situ' (*cf.* ex. (17)).

Pour les complétives déclaratives sans *que*, il n'existe à ma connaissance pas de données quantitatives concernant d'autres variétés de français auxquelles le nombre ici relevé pourrait être confronté. Le corpus même permet toutefois de comparer le français de la Guadeloupe avec celui de Paris. Résultat : la différence est minime. Sur les 47 complétives déclaratives sans subordonnant, 17 proviennent de 9 locuteurs parisiens différents (sur 20) et 29 de 13 locuteurs guadeloupéens (sur 20). De plus, on constate avec surprise qu'il n'y a pas de différence notable entre les locuteurs ayant le créole comme première langue (L1) et ceux qui ont d'abord acquis le français : parmi les 13 Guadeloupéens produisant des subordonnées sans subordonnant, 6 ont le français comme L1 et 7 le créole.[14] Ces résultats vont clairement à l'encontre de l'hypothèse de l'influence du substrat.

On trouve en revanche quelques enquêtes sur les complétives interrogatives sans subordonnant, avec lesquelles la présente étude peut être comparée (*cf.* tableau 2 ci-dessous), bien que le nombre absolu très bas des occurrences appelle à la prudence. Dans le corpus étudié, quatre interrogations indirectes totales sont construites avec *est-ce que* et 10 avec *si,* alors que chez Ledegen (2007), qui étudie le français de la Réunion, la seule occurrence contient *est-ce que*. En ce qui concerne l'interrogation partielle, les résultats des études précédentes suggèrent que l'absence de subordonnant est un phénomène diatopique, les interrogations par *qu'est-ce que* ou 'in situ' étant assez fréquentes en français réunionnais (*cf.* Ledegen : 2007) et québécois (*cf.* Lefebvre / Maisonneuve : 1982) tandis qu'elles sont rares, voire inexistantes en français de France. Ainsi Defrancq (2000) compte-t-il dans le CORPAIX seulement 13 constructions en *qu'est-ce que / qui* et aucune 'in situ', mais des « centaines de structures sans *est-ce que* » (Defrancq : 2000, 135). Le présent corpus remet en cause cette opposition entre français hexagonal et non-hexagonal (même si le nombre de subordonnées sans subordonnant chez les Guadeloupéens reste loin derrière les données réunionnaises et québécoises). On ne constate en effet pas de différence notable entre les Guadeloupéens et les Parisiens du corpus : sur les 12 complétives interrogatives, 4 sont prononcées par des Parisiens (4 personnes différentes sur 20) et 5 par des Guadeloupéens (4 / 20). Contrairement aux corpus de Lefebvre / Maisonneuve (1982), Andersen (1993) et Ledegen (2007), dans lesquels ce sont surtout les jeunes qui produisent des interrogatives indirectes sans subordonnant, le corpus ne montre pas d'effet d'âge.

---

13 Je ne prends pas en compte 15 cas de *ce que* après *c'est* (p. ex. *c'est **ce que** j'ai vécu, c'est **ce qu'**il faut faire, c'est **ce que** je remarque*), car ceux-ci se rapprochent de la mise en relief dont je fais abstraction ici.
14 Sur les 20 Guadeloupéens du corpus, 10 ont le créole comme L1, 9 le français et un les deux.

	Interrogation totale		Interrogation partielle		
	si	*est-ce que*	*ce que*	*qu'est-ce que*	'in situ'
Corpus guadeloupéen et parisien	11	3	31	2	2
Corpus réunionnais de Ledegen (2007)	0	1	9	5	20
Corpus québécois de Lefebvre / Maisonneuve (1982)	---	---	9	44	12
CORPAIX cité par Defrancq (2000)	---	---	« des centaines »	13[15]	0

Tableau 2 : Fréquence absolue des types d'interrogations dans différents corpus

Venons-en donc aux facteurs internes qui caractérisent les subordonnées sans subordonnant, tout d'abord le verbe introducteur. Dans le cas des complétives déclaratives, la conjonction *que* manque seulement après les 'verba sciendi' (*savoir, penser, croire, voir, sembler*) et les locutions verbales *c'est vrai* et *c'est sûr*[16] (*cf.* ex. (11)) ainsi que – dans le cas du discours indirect (*cf.* ex. (12)) – après les 'verba dicendi' (*dire, expliquer*) :

(11) (a) Mais non, je pense pas Ø ils connaissent vraiment grand chose. (P)
     (b) je sais Ø je vais jamais insulter cette personne en français quoi (G)
     (c) on voit Ø ce sont des gens de Guadeloupe (G)

(12) (a) Ah ouais, c'était, moi je disais Ø c'était monsieur français. (G)
     (b) Ma sœur qui habite à Montpellier, elle dit Ø c'est quand même, qui a vécu à Paris aussi, elle dit Ø c'est quand même plus tranquille à Montpellier. (P)
     (c) Vous l'expliquez Ø c'est telle chose. (G)

L'exemple (12a) est remarquable dans le sens où la concordance des temps est respectée bien que le subordonnant *que* manque, phénomène également observé en Haïti (*cf.* ex. (28b)).

Il faudrait préciser que tous ces verbes sont beaucoup plus souvent construits avec la conjonction *que* que sans, comme le montre le tableau 3 :

	avec *que*	**sans *que***
savoir	47	6
penser	145	6
croire	51	3
voir	38	3
sembler	2	1
comprendre	8	0[17]
dire	156	18
expliquer	3	1
c'est vrai	80	2
c'est sûr	5	1

Tableau 3 : Nombre des complétives déclaratives avec et sans subordonnant en fonction du verbe introducteur

---

15 Defrancq (2000) parle indifféremment de « structures en *est-ce que* » et en cite trois exemples, l'un avec *qu'est-ce qui* et deux avec *qu'est-ce que*. Il n'est pas clair s'il inclut également les interrogations totales.
16 Andersen (1993) cite en outre la locution verbale *c'est évident*.
17 Il est surprenant qu'on ne trouve aucun exemple sans subordonnant après *comprendre*, mais peut-être cela est-il dû au petit nombre d'occurrences.

Contrairement au corpus d'Andersen (1993), on note cependant des absences de *que* après les verbes d'opinion *croire* et *penser* qui, selon elle, « modifient le contenu de la complétive » (Andersen : 1993, 10), comme les verbes de volition, ce qui expliquerait pourquoi la conjonction ne pourrait pas manquer. Dans le corpus étudié, la ligne de démarcation passe plutôt entre les verbes du dire et du savoir (auxquels j'ajoute *croire* et *penser*) d'un côté et les verbes et constructions verbales exprimant la nécessité (*falloir*), la volition (*vouloir, aimer*), le jugement (*trouver, c'est normal*) et le sentiment (*sentir, avoir peur*) de l'autre côté. C'est donc exactement après les verbes demandant le subjonctif[18] – qui marque déjà le fait qu'il s'agit d'une subordonnée – que le *que* ne manque jamais.

Cette coïncidence suggère que l'absence de la conjonction *que* marquerait, comme l'indicatif, que le locuteur assume la responsabilité communicative (Heger : ²1976). Afin de tester cette hypothèse, il faudrait comparer pour le même verbe des cas de présence et d'absence de *que*. On note pourtant que la variante avec et sans subordonnant apparaît chez un même locuteur dans exactement le même contexte :

(13) (a) Parce que si un Martiniquais est là, un vrai Martiniquais, dès qu'il parle le français, **on sait Ø** c'est un Martiniquais. Et un Guadeloupéen là, s'il parle français, **on sait que** c'est un Guadeloupéen. (G)
(b) Bon, **je pense que** ça a beaucoup en fait évolué. Mais **je pense Ø** il y a quand même en Guadeloupe des secteurs où les enfants sont vraiment entourés de créole quoi. (G)

Il est impossible de voir dans les exemples cités sous (13) des différences de sens entre l'une et l'autre variante ; les exemples ne corroborent de toute façon pas la piste selon laquelle la présence ou l'absence de *que* marquerait le degré d'acceptation de la responsabilité communicative dans le sens de Heger (1976).

La question de la responsabilité communicative ne se pose bien évidemment pas pour les complétives interrogatives. Celles-ci peuvent se construire en parallèle avec leurs pendants directs : avec *est-ce que* au lieu de *si* (*cf.* ex. (14)), avec *qu'est-ce que* (*cf.* ex. (15)) au lieu de *ce que*, avec *qui est-ce que*, *où est-ce que* et *quand est-ce que*[19] (*cf.* ex. (16)) au lieu de *qui*, *où* et *quand* – et aussi 'in situ' (*cf.* ex. (17)) (*cf.* aussi Damoiseau (1999, 152), qui explique ce phénomène par la « pression du système créole »). Le corpus ne contient en revanche pas d'exemple d'interrogation indirecte par inversion, comme Oliel (1979) en mentionne pour la Guadeloupe (*cf.* ex. (1b)) et Pompilus (1961) pour Haïti (*cf.* ex. (28)).

(14) (a) Et même des fois, je me s/, je m'adresse en créole, quand, selon la physionomie, la, la tenue de la personne, je sais **est-ce que** c'est quelqu'un qui vient de la campagne ou quelqu'un qui vient de la ville. […] en fonction de la tenue de la personne, on sait **est-ce que** c'est quelqu'un qui pourra mieux s'exprimer en créole ou en français. (G)
(b) beaucoup de personnes font la réflexion à ma maman, **est-ce qu'**elle est de Martinique (G)

---

18 Il faudrait cependant noter que le subjonctif est souvent remplacé par l'indicatif dans le français de la Guadeloupe (*cf.* Reutner : 2005 ; Pustka : 2007).
19 Sur ce point, le corpus étudié permet de renouveler la phénoménologie : dans CORPAIX, Defrancq (2000) ne trouve en effet que des exemples de *qu'est-ce que* et *qui est-ce que*, mais non de *où est-ce que* et *quand est-ce que* et Ledegen (2007) uniquement *qu'est-ce que* et *qu'est-ce qui*. Le corpus montre que les morphèmes interrogatifs *quand* et *où* peuvent également apparaître en combinaison avec *est-ce que* dans les interrogations indirectes.

(15) je sais pas vraiment **qu'est-c/**, enfin (P)

(16) (a) pour voir **où est-ce qu'**on en était (G)
    (b) je sais pas **d'où, d'où est-ce que** ils l'ont sorti (P)
    (c) on est venus me demander **quand est-ce qu'**on allait poser les papiers peints. (P)

(17) Il sait pas **c'est quoi**. (G)

Ledegen (2007), qui compte dans son corpus réunionnais beaucoup plus d'exemples 'in situ', en trouve non seulement avec *c'est quoi*, mais aussi avec *c'est qui, c'est à qui, c'est quand* et *c'est où* (*cf.* ex. (18a-d)):

(18) (a) je sais pas **c'est qui**
    (b) on sait pas **c'est à qui**
    (c) je comprends plus trop **c'est quand** les soldes
    (d) peut-être elle connaît **c'est où**
    (e) j(e) voulais savoir en fait euh : ben **vous pensez quoi**
        (français de la Réunion, Ledegen : 2007, 199s.)

On note que la structure 'in situ' est presque toujours suivie du même prédicat, à savoir *c'est* (*cf.* ex. (17) et (18a-d)). Chez Ledegen (2007), c'est effectivement le cas dans 25 formes observées sur 28 (et dans le corpus étudié dans 2 cas sur 2).

Quant au verbe introducteur, il s'agit seulement dans un seul cas du verbe interrogatif *demander*. La majorité des phrases est en revanche construite avec un verbe du savoir (*savoir, voir*). Dans un cas, la subordonnée dépend d'un substantif, en l'occurrence *réflexion* (*cf.* ex. (14b)). Devant *si*, on trouve aussi des occurrences des verbes *dire, ignorer* et *regarder*, devant *ce que* les verbes *comprendre, expliquer, faire* et *trouver* (*cf.* tableau 4 ci-dessous).[20]

	avec subordonnant		sans subordonnant
	si	*ce que*	
demander	4	0	1
savoir	1	5	7
voir	1	5	1
dire	2	2	0
ignorer	1	0	0
regarder	1	0	0
comprendre	0	17	0
expliquer	0	1	0
faire	0	2	0
trouver	0	2	0

Tableau 4 : Nombre des interrogatives avec et sans subordonnant selon le verbe introducteur

---

20 Une partie de ces verbes apparaît aussi en complétive déclarative, en l'occurrence *savoir, voir, dire, comprendre* et *expliquer*.

4. Origine et statut des subordonnées sans subordonnant

L'absence de subordonnant constitue une infraction à la norme prescriptive du français ; on est vite amené à l'expliquer par le substrat créole, lequel connaît également ce phénomène (*cf.* section 1). Cela est illustré par les exemples sous (19), tirés du *Corpus créole* de Ludwig / Telchid / Bruneau-Ludwig (2001).

(19) (a) ou ké pati an pléran ɛ̃ ka di manman Ø ou hont
« tu partais en pleurant, tu allais dire à ta mère **que** tu avais honte »
(b) paskè an ka chonjé Ø on on fanmi an' rakonté / rakonté-mwen
« Ainsi je me rapelle **qu**'un de mes parents m'a raconté »
(créole guadeloupéen, Ludwig / Telchid / Bruneau-Ludwig : 2001, 90, 80)

On remarque que la subordination sans subordonnant se retrouve dans le créole de la Guadeloupe dans beaucoup plus de contextes que dans le français de l'île, à savoir non seulement après les verbes du dire et du souvenir (*cf.* ex. (19)), mais aussi après les verbes de nécessité et d'opinion (*cf.* ex. (20)) :

(20) (a) fò pa Ø an di non
« il ne faut pas **que** je dise non »
(b) ébyen mwen an ka touvé an tan an-mwen té MIEUX[21] ki tan aprézan
« Eh bien moi, je pense **que** c'était mieux de mon temps qu'à présent »
(créole guadeloupéen, Ludwig / Telchid / Bruneau-Ludwig : 2001, 92, 71)

Alors que le subordonnant est quasiment toujours absent dans le basilecte parlé (*cf.* Ludwig : 1996), on trouve aujourd'hui dans le créole francisé la conjonction *kè* (< fr. *que*) et autrefois *konmkwa / konmkwè* (< *comme quoi*) ainsi que *ki* (< fr. *qui*), qui est cependant limité aux situations de distance (*cf.* ex. (21)).

(21) (a) An ka règrété **kè** Jan sòti. « Je regrette que Jean soit sorti. » (Ludwig : 1996, 351)
(b) An ka règrété **ki** Jan sòti. « Je regrette que Jean soit sorti. » (348)
(c) I di-mwen **konmkwa** i pé ké la jòd-la « Il m'a dit qu'il ne serait pas là aujourd'hui. » (349)

D'autres créoles à base lexicale française (*cf.* Ludwig : 1996) et non-française (*cf.* les chapitres « zero-subordinator » dans Holm / Patrick : 2007) connaissent également la subordination sans subordonnant. Quant à la question de savoir s'il s'agit dans ce cas d'infinitifs (puisque les verbes créoles ne possèdent qu'une seule forme invariable, qui peut être accompagnée d'un marqueur de temps ou de mode, mais ne l'est pas toujours), le débat est ouvert. Selon Damoiseau (1999), il faut distinguer (en créole martiniquais) le verbe non marqué, qui correspondrait à l'infinitif, du verbe accompagné de la marque zéro, correspondant au passé des verbes dynamiques (*cf.* ex. (22)). Quant à l'infinitif, il remarque qu'on le retrouve en créole seulement après des verbes comme *kité* « laisser » ou *fè* « faire » (*cf.* ex. (22a)), mais pas après les verbes de perception, lesquels se construisent toujours avec une complétive (*cf.* ex. (22b)).

(22) (a) I ka fè yich li **travay** « Elle fait **travailler** son fils. »
(b) Man ka wè sé timanmay la Ø jwé. « Je vois que les enfants **ont joué**. »
(non : « Je vois les enfants **jouer**. »)
(créole martiniquais, Damoiseau : 1999, 156)

---

21 Le passage aux majuscules indique une alternance codique (ici : du créole au français).

Pour ce qui est de l'interrogation totale, la structure parallèle du discours direct et indirect, que l'on observe en français guadeloupéen, se retrouve aussi en créole (*cf.* Cyrille : 2000). Celui-ci permet non seulement la construction avec *si*, comme en français, mais aussi avec *on* (< fr. *non ?*) et *ès* (< fr. *est-ce que*), donc comme l'interrogation directe (*cf.* ex. (23), (24) ; *cf.* aussi tableau 5 ci-dessous).

(23) (a) I ké vin ? (intonation)
(b) **Es** i ké vin ?
(c) I ké vin **on** ? « Viendra-t-il / elle ? » (Cyrille : 2000, 75)

(24) (a) An ka mandé-mwen **si**'y kè vin.
(b) An ka mandé-mwen **ès** i ké vin. « Je me demande s'il / elle viendra. »
(Cyrille : 2000, 76 ; graphie adaptée)

Les interrogations partielles directe et indirecte se construisent également de manière parallèle avec *sa ki* ou *ka*.

(25) (a) **Ki sa** i fè ?
(b) **Ka** i fè? « Qu'est-ce qu'il a fait ? » (exemples construits)[22]

(26) (a) An ka mandé-mwen **ki sa** i fè.
(b) An ka mandé-mwen **ka** 'y fè. « Je me demande ce qu'il a fait. »
(exemples construits)

	français standard		français parlé en Guadeloupe		créole guadeloupéen	
	directe	indirecte	directe	indirecte	directe	indirecte
Interrogation totale	intonation		intonation	*si*	intonation	*si*
	est-ce que	*si*	*est-ce que*		...*on*	
	inversion		(inversion)		*es*	
Interrogation partielle	*qu'est-ce que*	*ce que*	*qu'est-ce que*	*ce que*	*ka*	*ka*
				qu'est-ce que		
				'in situ'		*ki sa*

Tableau 5 : Types d'interrogation directe et indirecte en français et en créole

Les subordonnées sans subordonnant se rencontrent également dans les français d'autres îles créolophones, notamment en Haïti :

(27) (a) Le Directeur de l'Institut m'a dit Ø j'ai beaucoup de chances.
(b) Elle m'a dit Ø sa mère était malade.
(c) Il paraît Ø il n'y a personne.
(d) Moi, je trouve Ø c'est bon.
(e) Plus tard quand tu verras ces marques, tu te rappelleras Ø c'est pour ton bien que tu les as reçues.
(français d'Haïti, Pompilus : 1961, 114s.)

Pour ce qui est des interrogations indirectes, Pompilus (1961) cite plusieurs exemples d'inversion, dont deux sont reproduits sous (28) :

---

22   Les exemples (25) et (26) ont été construits par deux créolistes guadeloupéens, Hector Deglas et Hector Poullet (commentaire personnel), afin d'illustrer sur la base d'un matériau comparable les différents types de constructions.

(28) (a) Je vous dirai tout à l'heure pourquoi **veut-on** qu'il soit jugé
(b) Il doit nous dire comment **s'y est-il** pris pour connaître l'opinion du peuple
(français d'Haïti, Pompilus : 1961, 121)

À la Réunion, on trouve des interrogatives indirectes en *est-ce qui / que* (*cf.* ex. (29a)) et 'in situ' (*cf.* ex. (29b-d)) :

(29) (a) alors je me demande **qu'est-ce qui** se passe (201)
(b) elle connaît [« sait »] **elle veut quoi** (200)
(c) je comprends plus trop **c'est quand** les soldes (199)
(d) histoire de savoir **c'était qui** les trois boss de ce soir : […] (199)
(français de la Réunion, Ledegen : 2007, 199ss.)

Les subordonnées sans subordonnant se trouvent cependant non seulement dans des français régionaux (dialectes tertiaires) avec un substrat créole, mais aussi dans de nombreuses variétés non-hexagonales du français issues directement du français colonial (dialectes secondaires) :

(30) (a) L'plus vieux 'l a vu Ø i' pouvait pas avouère la couronne d'autre magnière.
(français de Vieille Mine / Missouri, Etats-Unis, Valdman : 2007, 69)
(b) voulais pas Ø le monde save j'étais après cuire des nutria
(français cadien, Stäbler : 1995, 163)
(c) on comprend **qu'est-ce qu**'i veulent
(français du Massachusetts, Szlezák : à paraître, 42)
(d) Il y en a qui savent pas **c'est quoi**
(français québécois, Lefebvre / Maisonneuve : 1982, 190)

Mais ici également, les contextes dépassent ceux du français de la Guadeloupe. La conjonction *que* peut notamment manquer après le verbe *falloir* :

(31) (a) l' fallait Ø i' sarrête, l'vieux (français de Vieille Mine, Valdman : 2007, 69)
(b) il a fallu Ø il va à l'hôpital pour une semaine (français cadien, Stäbler : 1995, 161)

Les colons de l'Amérique du Nord et des îles créolophones étant issus des mêmes régions de France, on est amené à chercher une explication de ce phénomène dans leurs variétés d'origine : s'agirait-il éventuellement d'un archaïsme ou d'un dialectalisme ?

Pour l'ancien français, il est en effet bien connu que la conjonction de subordination peut être absente :

(32) (a) E or sai ben n'avons guaires a vivre « Et je sais bien **que** nous n'avons plus beaucoup de temps à vivre » (*Chanson de Roland*, 1923 ; cité d'après Glikman : 2006)
(b) Tresbien revoudroie / Vostre amors fust moie « je voudrais **que** votre amour fût de nouveau le mien. » (*Colin Muset*, VII ; cité d'après Grevisse : [13]1993, §1069 c, remarque 2)
(c) Je vos plevis, tuz sont jugez a mort « Je vous promets, ils sont tous condamnés à mort » (*Chanson de Roland*, 1058 ; cité d'après Glikman : 2006)

Cela arrive notamment après les verbes de parole et de cognition (*cf.* ex. (32a)), comme en français guadeloupéen, mais – contrairement à ce dernier – surtout après les verbes déclenchant le subjonctif (*cf.* ex. (32b-c)), c'est-à-dire que :

Quand le caractère subordonné de la proposition qu'il introduit est suffisamment signifié par d'autres moyens, le subordonnant peut être effacé. (Buridant : 2000, 571)[23]

Beaucoup de traits communs des dialectes secondaires et du créole proviennent aussi du français dit *populaire* ou tout simplement de la langue parlée, dont on connaît bien la préférence pour les structures agrégatives (*cf.* Raible : 1992), notamment pour le discours direct, qui ramène l'événement rapporté au moment de l'énonciation et qui rend le récit plus vif (*cf.* Koch / Oesterreicher : 1990). On y retrouve ainsi des discours indirects sans *que* (*cf.* ex. (33)) et des interrogations indirectes avec le morphème interrogatif de l'interrogation directe (*cf.* ex. (34)) :

(33) (a) il a dit Ø i viendrait. (Bauche : 1920, 123)
(b) il m'a dit Ø il va venir (Gadet : 1987, 87)

(34) (a) je sais pas **qu'est-ce qu'**il veut (Gadet : 1987, 100)
(b) il demande **qu'est-ce qu'**il doit faire (CORPAIX, Defrancq : 2000, 135)
(c) Je voudrais savoir **qui est-ce qui** a, qui a, qui a eu l'idée de ce procédé. (CORPAIX, Defrancq : 2000, 135)

En outre, il y a des cas où l'interrogation indirecte suit l'ordre des mots de son pendant direct, soit celui de l'interrogation par intonation (interrogation indirecte 'in situ' ; *cf.* ex. (35)), soit celui de l'interrogation par inversion[24] (*cf.* ex. (36)) :

(35) on sait pas **c'est qui** qui l'a fait (Gadet : 1987, 100)

(36) explique-moi **où est-il** (Gadet : 1987, 100)

Mais encore une fois, les absences de subordonnant se trouvent non seulement dans les contextes repérés en Guadeloupe, mais aussi après les verbes de nécessité ou de volition :

(37) (a) faut Ø je m'en alle ? (Bauche : 1920, 123)
(b) tu veux Ø je vienne ? (Bauche : 1920, 123)
(c) moi j'accepterai pas Ø mon petit frère il fume (Gadet : ²1997, 96)

Il reste à clarifier si ces constructions sont marquées dans la dimension diastratique ou diaphasique (le terme de *français populaire* étant assez vague et semblant inclure les deux dimensions) ou bien s'il s'agit tout simplement d'un phénomène de la langue parlée. Pour les interrogatives indirectes, les avis divergent : Lefevbre / Maisonneuve (1982) suggèrent (pour Montréal) qu'elles sont marquées comme diastratiquement et diaphasiquement basses, Riegel / Pellat / Rioul (2001) les considèrent comme « familières » ; par contre, selon Blanche-Benveniste (1997), c'est tout simplement du « français parlé ».

Reste à mentionner que les conjonctions sont acquises tardivement par l'enfant. Quand les premières subordonnées apparaissent à l'âge de deux ans et demi environ, elles ne contiennent pas encore de subordonnant (*cf.* Kielhöfer : 1997). On note cepen-

---

[23] Contrairement à certains qui ramènent ces constructions à l'influence de la langue parlée sur une langue populaire encore peu élaborée, Stempel (1964) souligne l'impact du genre littéraire : les subordonnées sans subordonnant se retrouvent en effet surtout dans les épopées en vers et presque pas dans la prose. En ce qui concerne l'interrogation indirecte, il faut savoir que la construction avec *est-ce que* appartenait jusqu'au XVIIIe siècle au bon usage (*cf.* Grevisse : ¹³1993).

[24] Gadet (1987) note que l'inversion est prononcée dans les interrogatives indirectes même par des locuteurs qui ne la produisent jamais dans les interrogations directes.

dant que les exemples sous (38) ne pourraient pas être réalisés tels quels en français de la Guadeloupe. Dans (38a), *si* ne serait pas omis, mais remplacé par le morphème de l'interrogation directe *est-ce que* (*cf.* section 2), dans (38b) l'absence de *que* ne serait pas possible (*cf.* section 3).

(38) (a) veux voir Ø il pleut « je veux voir **s'**il pleut » (Kielhöfer : 1997, 100)
(b) il faut Ø fasse pipi « il faut **que** je fasse pipi » (Kielhöfer : 1997, 100)

5. Conclusion

L'analyse montre qu'il est, comme pour beaucoup d'autres caractéristiques du français guadeloupéen (*cf.* Pustka : 2007), très difficile de décider s'il s'agit dans le cas de la subordonnée sans subordonnant d'un créolisme ou non. Tout d'abord, nous avons pu vérifier qu'il existe en effet des structures parallèles en créole et en français guadeloupéen, et ce pour les complétives déclaratives de même que pour les interrogations, totales autant que partielles. Le fait qu'on les retrouve aussi dans des variétés de français non influencées par un créole (dialectes secondaires en Amérique du Nord, ancien français, français populaire, français parlé parisien, etc.) pourrait cependant amener le lecteur à conclure précipitamment qu'il n'en est rien d'une influence du créole. Or, les créoles doivent une grande partie de leurs particularités aux variétés non-standard de leur langue lexificatrice ; il est donc tout à fait évident qu'une bonne partie des interférences du créole en français ne sont pas des traits exclusifs du créole. Toutefois, il faudrait aussi reconnaître qu'on note beaucoup de pseudo-créolismes dans les territoires créolophones :

> En zone franco-créolophone s'atteste une tendance générale – auprès des locuteurs bilingues et des enseignants – qui est de considérer toute variation linguistique en français parlé comme une réalisation 'fautive' eu égard à la norme du français standard écrit et de l'attribuer à une interférence avec le créole. (Ledegen : 2007, 193)

L'argument décisif contre la thèse du créolisme est néanmoins qu'il n'y a pas de différence significative parmi les Guadeloupéens entre les locuteurs L1 et L2 du français (comme pour beaucoup d'autres créolismes syntaxiques). De plus, on note des différences de détail entre le créole et le français : en créole guadeloupéen, l'absence de subordonnant s'observe en effet non seulement après les verbes du dire et du savoir (comme en français guadeloupéen), mais également après les verbes de nécessité, de volition et de persuasion.

6. Références bibliographiques

Abecassis, M. *et al.* (éds. 2007), *Le français parlé au XXIe siècle*, 1, Paris.
Andersen, H. L. (1993), « Les complétives non introduites en français parlé », *Travaux linguistiques du Cerlico*, 6, 5-14.
Andersen, H. L. (1996), « Verbes parenthétiques comme marqueurs discursifs », dans : Muller, C. (éd.), *Dépendance et intégration syntaxique*, Tübingen, 307-315.

Andersen, H. L. (2000), « Discours rapporté en français parlé : rection du verbe de citation et éléments délimitant la citation directe », dans : Andersen, H. L. / A. B. Hansen (éds.), *Actes du colloque Français parlé – Corpus et résultats. Études Romanes,* Université de Copenhague, 143-155.

Bauche, H. (1920), *Le français populaire,* Paris.

Blanche-Benveniste, C. (1997), *Approches de la langue parlée en français,* Gap.

Blanche-Benveniste, C. (2000), *Approches de la langue parlée en français,* Paris.

Brasseur, P. (1997), « Créoles à base lexicale française et français marginaux d'Amérique du Nord : quelques points de comparaison », dans : Hazaël-Massieux, M.-C. / D. de Robillard (éds.), *Contacts de langues, contacts de cultures, créolisation,* Paris, 141-166.

Buridant, C. (2000), *Grammaire nouvelle de l'Ancien Français,* Paris.

Cyrille, O. E. (2000), « Minimalisme et interrogation totale en créole guadeloupéen », *Études créoles,* 23/1, 73-87.

Damoiseau, R. (1999), *Éléments de grammaire comparée Français – Créole Martiniquais,* Matoury.

Defrancq, B. (2000), « Un aspect de la subordination en français parlé : l'interrogation indirecte », dans : Andersen, H. L. / A. B. Hansen (éds.), *Le français parlé,* Copenhague, 131-142.

Durand, J. / B. Laks / C. Lyche (2002), « La Phonologie du français contemporain : usages, variétés et structure », dans : Pusch, C. / W. Raible (éds.), *Romanistische Korpuslinguistik. Korpora und gesprochene Sprache,* Tübingen, 93-106.

Durand, J. / B. Laks / C. Lyche (2005), « Un corpus numérisé pour la phonologie du français », dans : Williams, G. (éd.), *La linguistique de corpus,* Rennes, 205-217.

Eisenberg, P. (^{2}2004), *Grundriß der deutschen Grammatik,* 2 : *Der Satz,* Stuttgart / Weimar.

Gadet, F. (1987), *Le français populaire,* Paris.

Gadet, F. (^{2}1997), *Le français ordinaire,* Paris.

Glikman, J. (2006), « Les propositions subordonnées sans mot subordonnant, étude diachronique », dans : *Publication des actes du séminaire thématique de formation doctorale de sciences du langage du vendredi 5 mai 2006. Syntaxe.* (http://www.u-paris10.fr)

Grevisse, M. (^{13}1993), *Le bon usage,* Paris.

Heger, K. (^{2}1976 [1971]), *Monem, Wort, Satz und Text,* Tübingen.

Holm, J. / P. Patrick (éds. 2007), *Comparative Creole Syntax,* Battlebridge.

Kielhöfer, B. (1997), *Französische Kindersprache,* Tübingen.

Koch, P. / W. Oesterreicher (1990), *Gesprochene Sprache in der Romania : Französisch, Italienisch, Spanisch,* Tübingen.

Ledegen, G. (2007), « L'interrogative indirecte *in situ* à la Réunion : *elle connaît elle veut quoi* », dans : Abecassis, M. *et al.* (éds.), 179-201.

Lefebvre, C. / H. Maisonneuve (1982), « La compétence des adolescents du Centre-Sud : les structures complexes », dans : Lefebvre, C. (éd.), *La syntaxe comparée du français standard et populaire : approches formelle et fonctionnelle,* 1, Québec, 171-206.

Ludwig, R. (1996), *Kreolsprachen zwischen Mündlichkeit und Schriftlichkeit,* Tübingen.

Ludwig, R. / Telchid, S. / Bruneau-Ludwig, F. (2001), *Corpus créole. Textes oraux dominicais, guadeloupéens, guyanais, haïtiens, mauriciens et seychellois : enregistrements, transcriptions et traductions,* Hambourg.

Mazama, A. (1997), *Langue et identité en Guadeloupe : une perspective afrocentrique,* Pointe-à-Pitre.

Oliel, J. (1979), *Le Bilinguisme franco-créole ou la difficulté d'enseigner le français en milieu créolophone,* Pointe-à-Pitre.

Pompilus, P. (1961), *La langue française en Haïti,* Paris.

Pustka, E. (2007), *Phonologie et variétés en contact. Aveyronnais et Guadeloupéens à Paris,* Tübingen.

Raible, W. (1992), *Junktion. Eine Dimension der Sprache und ihre Realisierungsformen zwischen Aggregation und Integration,* Heidelberg.

Reutner, U. (2005), *Sprache und Identität einer postkolonialen Gesellschaft im Zeitalter der Globalisierung. Eine Studie zu den französischen Antillen Guadeloupe und Martinique*, Hamburg.

Riegel, M. / J.-C. Pellat / R. Rioul (2001), *Grammaire méthodique du français*, Paris.

Stäbler, C. K. (1995), *Entwicklung mündlicher romanischer Syntax. Das français 'cadien' in Louisiana*, Tübingen.

Stempel, W.-D. (1964), *Untersuchungen zur Satzverknüpfung im Altfranzösischen*, Braunschweig.

Szlezák, E. (à paraître), *« La langue elle part avec les gens » – Franco-Americans in Massachusetts*, Tübingen.

Valdmann, A. (2007), « Variation et élaboration de normes pour la revitalisation des français endogènes en Amérique du Nord hors Québec », dans : Abecassis, M. *et al.* (éds.), 59-82.

Georges-Daniel Véronique (Université de Provence, UMR 6057 CNRS, France)

Quelques aspects de l'organisation syntaxique et discursive du français parlé d'arabophones à Marseille

1. Introduction

Cette contribution propose une analyse de certains aspects morphosyntaxiques et discursifs du français parlé par des adultes arabophones,[1] arrivés en France dans le cadre des migrations économiques post-coloniales. Elle décrit quelques propriétés grammaticales, en rapport avec des structurations informationnelles et discursives, de ces usages et aborde la question du statut sociolinguistique de ce parler. Cette variété de français sera analysée à travers l'étude des présentatifs *se* / *jãna* et de quelques connecteurs.

2. Remarques préalables

Les données qui seront abordées sont constituées de productions en langue française d'adultes arabophones, sans alternance codique avec l'arabe dialectal, obtenues dans le cadre d'échanges avec des locuteurs natifs de français, usant d'une variété différente de la leur, donc dans des contextes de communication exolingue (Porquier : 1984). Ce mode d'expression représente l'un des 'styles' de ces locuteurs bilingues. Les variétés linguistiques observées sont 'instables'. Elles présentent des particularités phoniques et prosodiques et des traits morphosyntaxiques qui portent témoignage de leur appropriation, au sens où Manessy (1994) emploie ce terme. En effet, ces variétés manifestent à la fois une acquisition en cours, une incorporation dans le répertoire linguistique bilingue

---

[1] Les informateurs arabophones étaient quasi-débutants en français au moment où l'enquête du programme dit ESF (European Science Foundation) a démarré (Perdue : 1984).

	Abdelmalek (A)	Abdessamad (AD)	Abderrahim (AB)	Zahra (Z)	Malika B. (M)
Age (1983)	20	24	26	34	18
État-Civil	Célibataire	Célibataire	Célibataire	Mariée	Célibataire
Scolarisation	École primaire	aucune	École primaire	aucune	aucune
Arrivée	Sept. 81	Oct. 81	Sept. 81	1981	Oct. 82
Début d'enquête	13.11.82	20.11.82	14.11.82	18.11.82	16.11.82
Cours de français	1h/sem(aine) (7 mois)	1 h/sem. (7 mois)	aucun	1h/sem. (4 mois)	
Autres langues	Arabe écrit + rudiments d'espagnol	aucune	Arabe écrit + rudiments d'espagnol	aucune	aucune
Emploi	pêcheur	maçon	plongeur	femme de ménage	Employée (bar)

Ces personnes ont été enquêtées en trois cycles de neuf rencontres, chaque séance d'enregistrement ayant lieu à un mois d'intervalle du précédent. Dans les extraits de corpus cités, la référence au temps de l'enquête s'effectue ainsi : Cycle 1, entretien 1, etc.

de ces apprenants / utilisateurs arabophones et un usage dans de nombreuses circonstances de la vie, à Marseille. Il s'agit, certes, de pratiques langagières mises en place essentiellement lors de l'installation en milieu urbain, dans le pays de migration, à l'occasion de contacts avec des locuteurs diversement compétents en français, certains francophones monolingues et d'autres, locuteurs bilingues disposant du français dans leur répertoire linguistique. Le mode de constitution de ce parler pourrait conduire à user du terme d'*interlangue* pour le désigner. Cependant, cette appellation qui renvoie au mode de constitution de ces pratiques langagières, est insatisfaisante, car elle ne comporte aucune indication quant à leur usage social. Or, il s'agit bien d'un 'style' partagé par l'ensemble des locuteurs enquêtés, qu'ils emploient régulièrement et qui accompagne leur résidence à Marseille. Ces données sociolinguistiques justifient d'une certaine manière que l'on désigne ce 'style' comme une variété de français exogène.

En conclusion de ce texte, je reviendrai précisément sur les enjeux de description que posent ces variétés socialisées de français parlées par les travailleurs migrants. Certes, on ne peut pas comparer les usages évoqués ici aux variétés abidjanaises non-standard décrites par Ploog (2002 ; et ici même) mais la vernacularisation (Manessy : 1994 ; 1995) de ce français non-standard de migrants mérite d'être abordée. Cette discussion finale interrogera la notion d'élaboration que développe Ploog ici même.

3. Le traitement de l'information et la syntaxe du français parlé

En règle générale, on s'accorde à reconnaître 'l'instabilité définitionnelle' de la notion de *topic*, au sein des approches conceptuelles tout autant que dans le cadre des approches formelles de la question (Berthoud : 1996, 3ss.). Dans cet article, je suivrai la définition que propose Berthoud (1996, 7) du *topic*, « ce à propos de quoi parle l'énoncé », et ce qu'elle ajoute :

> le topic peut alternativement jouer le rôle de fond permettant de faire progresser le discours, celui de centre de l'attention ou celui d'organisateur de la mémoire discursive (1996, 7),

qui combine ces deux démarches. Effectivement, j'aborderai la question du topic et du focus au niveau de la structuration de l'énoncé, tout autant qu'au niveau des plans discursifs. Je ferai également mienne la distinction reprise par Lambrecht (1994, 138) entre les énoncés thétiques – les énoncés d'identification, les énoncés existentiels, les énoncés à présentatif – qui sont des « sentence-focus structures » (des structures à focalisation phrastique) et les énoncés catégoriques, des « predicate-focus structures » (des structures focalisées sur le prédicat, à organisation en topic-commentaire).

Comme de nombreux auteurs, Berthoud (1996) recense la diversité des moyens syntaxiques disponibles en français pour les opérations d'identification et d'instanciation des topics. Elle relève, entre autres, le rôle des déterminants définis, des marqueurs existentiels, de certains connecteurs et les procédures thématiques de dislocation. Dans ce texte, je m'attacherai tout particulièrement à l'étude des marqueurs *c'est* et *il y a* et à celle des connecteurs.

L'organisation syntaxique et discursive du français parlé d'arabophones 169

Quelques hypothèses

Dans l'étude qu'il consacre à la structuration des énoncés chez des locuteurs natifs de français et chez un apprenant arabophone, Abdelmalek, Deulofeu (1986) énonce les thèses suivantes :

- les schémas d'énoncés ont un caractère plus universel que les constructions grammaticales et [...] [ils] vont donc se développer plus rapidement (1986, 276) ;
- l'organisation grammaticale de l'interlangue n'est pas qualitativement différente de celle de la langue source ou de la langue cible [mais] pour certains apprenants le principe fonctionnel semble gouverner le jeu de certaines marques grammaticales (1986, 276).

Cet auteur s'interroge alors dans ces termes :

peut-on [...] avancer l'hypothèse que ce n'est pas tant au niveau des structures mais dans la façon dont elles sont mises en œuvre que se situe la différence la plus nette entre la façon dont l'interlangue hiérarchise l'information et la façon dont le fait la langue cible ? (1986, 283)

Le raisonnement de Deulofeu (1986) repose sur l'idée de l'existence de « schémas d'énoncés », de structures informationnelles, disjoints des régularités morphosyntaxiques et d'une possible opposition entre un principe fonctionnel de communication et un principe formel de respect de la bonne forme morphosyntaxique de la langue. Dans cette perspective, la différence ultime entre les textes des natifs et ceux des alloglottes résiderait dans les modes de hiérarchisation de l'information. Je ne reprendrai pas à mon compte le terme d'*interlangue* utilisé par Deulofeu (1986) pour opposer le français des natifs et celui des non-natifs, préférant celui de *variété constituée par appropriation*.

Les propositions de Deulofeu s'apparentent à la thèse de Manessy (1995) à propos du français d'Afrique, selon laquelle les catégories grammaticales de cette variété de français sont celles de la langue cible mais que les productions en français d'Afrique sont façonnées par l'existence de « catégories sémantactiques propres à la langue maternelle » (Manessy : 1995, 228).

Dans cette contribution, contre Deulofeu (1986), je voudrais montrer que les différences entre le français des alloglottes observés et celui des natifs s'inscrivent bien au niveau morphosyntaxique plutôt que dans le domaine de la hiérarchisation de l'information.

4. Unités et catégories syntaxiques dans le français parlé des arabophones

Dans les parlers observés, saisis dans le processus de l'appropriation, la distinction catégorielle 'classe des noms – classe des verbes' est incertaine en certains contextes, et selon le degré d'avancement de la maîtrise du français.

(1) AB. (Abderrahim, entretien 5, premier cycle). /ilja/ madame /ja/ /se/ pas /mõnzi/ /se/ voilà et avec /vølur/ une baguette de pain
« Il y a une dame qui n'a pas mangé (qui a faim) et qui vole une baguette de pain. »

Dans cette séquence, *mõnzi* et *vølur* sont prédiqués. *Mõnzi* et *vølur une baguette de pain* sont en position de focus par rapport au topic *madame*. Alors que le savoir partagé permet d'identifier le caractère nominal de *madame*, *mõnzi* et *vølur* sont morphologiquement indéterminés. Le schème de construction des énoncés de la séquence est : présentatif

(/ja/, /se/, voilà, et avec) + X (en position de topic ou de focus). Je reviendrai ultérieurement sur l'emploi de /ja/, /ilja/ et de /se/ dans ces contextes.

Voici d'autres exemples du même type obtenus de Zahra (Z) et d'Abdelmalek (A) :

(2). Z. /se/ pas la femme /**levolur**/ le pain (entretien 5, premier cycle, 15 mois de séjour en France)
« Ce n'est pas la femme qui a volé le pain. »

(3) A. oui /**lapje**/ (entretien 1, second cycle, 12 mois de séjour en France).
« Oui, à pied. »

En (2) et en (3), *levolur* et *lapje* présentent la même indétermination morphologique que les unités en (1). L'énoncé suivant, recueilli environ neuf mois plus tard, porte la trace d'une auto-correction significative :

(4) AB. le fille /sa fe/ /jãna/ pas le /mãze/ (second cycle)
« la fille, elle n'a pas mangé »
E(nquêteur). attends j'ai pas compris la fille tu dis n'a pas quoi ?
Abr. voilà /jãna pas mõz/.
« voilà, elle n'a pas mangé »

Devant la réaction de l'enquêteur, Abderrahim se montre conscient de l'ambiguïté potentielle de *le /mãze/*, indéterminé entre les deux classes, et propose une auto-correction qui semble en faire un verbe. La position de la négation conforte cette analyse.

Les unités à valeur prédicative comme les éventuels nominaux reçoivent un affixe *li / le* dont le statut est indéterminé. Il évoque tantôt une copule,

(5) Z. la maison /le/ rustique (premier cycle) – « la maison est rustique »
(6) A. comme /le/ Bruce Lee (premier cycle) – « comme (l'acteur) Bruce Lee »

tantôt un déterminant comme en (7) ou en (8) :

(7) A. parce que /õna **le**problem/ des papiers (premier cycle)
« parce qu'on a des problèmes (avec) les papiers »

(8) A. /ãmars/ pas /**le**mãze/ pas /**le**sigaret/ (premier cycle)
« on marche, on ne mange pas, (on n'a) pas de cigarettes »

et contribue à l'indistinction entre classes d'unités. Seule l'insertion de la négation permet de distinguer entre verbe et nom (voir également (4), ci-dessus) :

(9) A. /le/ pas /travaj/ (premier cycle) – « (je) n'ai pas de travail »
(10) A. moi /le/ pas /perdi/ le passe du Maroc (premier cycle)
« moi je n'ai pas perdu le passeport du Maroc »

5. La lente émergence de la structure topic – focus et de son marquage

Pour comprendre le fonctionnement des variétés de français davantage stabilisées de certains des locuteurs étudiés, il est nécessaire de commencer par des productions recueillies auprès d'une personne qui en est à ses débuts dans l'appropriation du français, Malika, mais qui ne tente pas moins de communiquer dans cette langue.

L'organisation syntaxique et discursive du français parlé d'arabophones 171

    (11) a. E(nquêtrice). dans le café qu'est-ce que tu fais ? (entretien 1)
          b. M. Zaʕma eš ka n dir f café ?[2] + la machine à café
          « voilà ce que je fais dans le café ? » + « (je m'occupe de) la machine à café » (traduit de l'arabe)
          c. E. attends + quoi là ? + quoi ?
          d. M. hm
          e. E. le café + qu'est-ce que tu fais dans le café ?
          f. M. / keskø/ + café + le café (tentative de répétition de la réplique en 11e.)
          g. E. (geste d'approbation)
          h. M. un café

Dans cet extrait du premier entretien réalisé avec Malika, l'enquêtrice introduit le thème du travail. Eu égard d'une part, aux conventions de l'enquête qui requiert qu'elle s'exprime en langue 2, et d'autre part, à sa non-maîtrise de cette langue, Malika utilise une forme d'alternance codique où apparaissent au sein d'un énoncé en arabe, des items appartenant au français : *café, la machine à café* (ligne 11b). D'ailleurs, en ligne (11b), elle traduit et reformule la question de l'enquêtrice en arabe marocain. Les occurrences subséquentes de *café* à la ligne (11f) relèvent de la répétition de l'énoncé de l'enquêtrice. Il n'en est pas de même en (11h) où apparaît *un café*. Ainsi, Malika parvient tout d'abord à spécifier son lieu de travail *f café* (arabe : « dans le café »), puis son instrument de travail *la machine à café*. *Un café* attesté à la ligne (11h), qui pourrait être un cas de discours rapporté non marqué, semble avoir plutôt une valeur numérale ; cette expression apparaît en position de focus.

    (12) a. E. à la poste + comment ça se passe à la poste ? + quand tu veux téléphoner ? (entretien 3)
          b. M. /e/ la maison
          « /est/ et/ (de) la maison »
          c. E. oui ? quoi ?
          d. M. /tilifuni/ de la poste /e/ la maison
          « (je) téléphone de la poste / et/ est/ (de) la maison »
          e. E. tu teléphones à la poste
          f. M. /e/ la maison
          « /est/ et/ (de) la maison »

L'enquêtrice introduit une information topicale complexe *comment ça se passe à la poste quand tu veux téléphoner ?* Tout au long de ces échanges, l'information en focus est */e/ la maison*. Dans ce contexte, Malika utilise un élément vocalique /e/ pour introduire une expression référentielle dont l'ancrage dans la situation n'est pas tout à fait clair. Ce segment d'énoncé peut être compris comme signifiant qu'elle téléphone de la maison ; la construction *e + maison* reçoit un focus contrastif (Givón : 1990, 700-703).

    (13) a. E. tu travailles chez Madame F ? (entretien 3)
          b. M. Madame F + Madame F
          c. E. oui
          d. M. moi /li/ bar
          « Je suis dans le bar. »

---

2   Transcription d'un énoncé arabe : Adverbe (*zaʕma*) + mot interrogatif (*eš*) + marqueur de realis (*ka*) + Inaccompli personne 1 (*n*) + *faire* (*dir*) + f (*dans*) + Ø + *café* (*café*).

e. E. hm hm
f. M. /li/ bar moi +++ toi /jãna li/ café
« Je suis dans le bar. +++ Toi, tu as du café. »
g. E. tu t'occupes du café
h. M. /di/ café ou un café + moi /li/ bière
« Du café ou un café + moi (je veux) une bière »
i. E. hm hm
j. M. moi limonade
« Je veux une limonade. »
k. E. hm hm
l. M. moi + petit whisky + /se/ pas
« Je veux un petit whisky. + je ne sais pas »

À partir de la thématique définie par l'enquêtrice, à propos du travail de Malika, celle-ci introduit des unités lexicales en position focale. D'abord, elle formule la relation *moi – bar* explicitée par */li/*, où *moi* est le topic et *bar* le commentaire (ligne 13d) ; les mêmes éléments sont répétés avec une dislocation à droite en ligne (13f). Même si l'énoncé est embryonnaire et l'ordre des constituants est peu pertinent à ce stade, l'ordre des mots en (13f) est inattendu. L'alternance *moi /li/ bar* et *toi /jãna li/ café*, illustre l'ambiguïté de *li*. D'autres informations sont construites à l'aide du schème *moi /li/ X*, énoncés qui semblent reproduire les commandes que les clients du bar passent à Malika, du discours rapporté en somme. Les toniques *moi, toi* fonctionnent comme topic et support de prédication.

(14) E. Qu'est-ce que tu fais avec le savon ? (entretien 4)
M. /sa se le sabon/
« Ça, c'est le savon. »
E. oui
M. ça va /ê mwa pase le/ pomade
« Ça va, pendant un mois, j'ai passé une pommade. »
E. oui
M. /sa se le boton/ – « Ça, c'est le bouton. »

Cet extrait provient d'un moment de la conversation où le thème traité est celui des soins médicaux. Malika utilise des structures présentatives du type *sa se* pour introduire des « present topics », des topics déjà là, plutôt que des « brand new topics », des candidats au statut de topic (Berthoud / Mondada : 1992, 134-140). Malika construit dorénavant des énoncés équatifs à l'aide de *sa* et de l'existentiel */se/*.

(15) Abdelmalek raconte son arrivée en France. (Cycle 1, entretien 1)
a. E. tu peux / oui alors tu peux me dire quand c'est / depuis combien de temps tu es là ?
b. A. comment le problème comme /ãtre/ la France ?
« le problème de savoir, comment je suis entré en France »
c. E. ouais par exemple ouais
d. A. ah ouais parce que moi /liãtre/ la France /jãna/ pas de passeport /jãna/ pas de rien
« Oui parce que je suis entré en France, je n'avais pas de passeport, je n'avais rien. »
e. E. ouais
f. A. parce que /ãtre/ la France /e/ la montagne
« Parce que je suis entré en France par la montagne. »
g. E. tu es passé par la montagne ?

h. A. ouais
i. E. ah
j. A. /jãna/ cinq jours /e/ la montagne après /lãtre/ la France /lepase/ la douane de France /komjes/ ? quinze kilomètres
« j'ai passé / je suis resté cinq jours dans la montagne après je suis entré en France, j'ai passé la douane de France ; combien ? Quinze kilomètres. »
k. E. à pied ?
l. A. ouais /lapje/ /e/ après /ilaparte/ l'autoroute /jãna/ pas des sous /jãna/ rien après /jãna/ /e/ le stop après /leveny/ le gendarme
« ouais, à pied et après je suis parti sur l'autoroute, je n'avais pas d'argent, je n'avais rien après il y a eu le stop après les gendarmes sont arrivés »

Dans l'exemple (15), à la ligne (15d), l'information en focus est introduite par *jãna* (*/jãna/ pas de passeport /jãna/ pas de rien*) et en ligne (15f) par *e* (*/e/ la montagne*). Dans la suite du récit, où le topic implicite est *moi*, le commentaire est, soit un énoncé thétique (*/jãna/ cinq jours /e/ la montagne*), soit un énoncé organisé par un verbe de mouvement (*/lãtre/ la France*). À partir de la ligne (15j), le récit est structuré en plans textuels, *jãna* introduit tantôt des éléments d'arrière-plan (*/jãna/ pas des sous /jãna/ rien*), tantôt des éléments de premier plan en liaison avec */e/* (*/jãna/ /e/ le stop*).

Les exemples (1) à (15) ci-dessus montrent que les variétés de français analysées respectent les contraintes typologiques de l'ordre des mots dans cette langue :

- l'ordre déterminant – nom,
- l'ordre Nom – Verbe – Nom,[3]
- ou, encore, celui qui gouverne la relation préposition – nom.

Selon les contextes, la position initiale des énoncés est occupée par le topic ou le focus, quand ce dernier apparaît isolément dans un contexte dialogique. L'apprenant utilise les latitudes qu'offrent les différents sites d'un énoncé pour exprimer, grâce aux adverbiaux et aux particules de portée, différentes valeurs aspectuelles. Des unités comme /e/, /jãna/, /ilja/, /se/ introduisent des éléments en position focale. Dans le cadre de récits, les éléments précédés de *jãna / ilja* constituent, en règle générale, l'arrière-plan du discours.

6. La polyfonctionnalité de *se / jãna*[4]

Se / jãna – de même que *c'est* et *il y a* chez les locuteurs natifs du français – sont des unités largement attestées dans les productions recueillies auprès de nos informateurs.

---

3 J'emploie N-V-N plutôt que la traditionnelle formule SVO, afin de ne pas préjuger des fonctions syntaxiques remplies par ces unités.
4 Dans le français parlé par les locuteurs natifs, ces unités seront notées *c'est* et *il y a / y a*, alors que les notations *se, ja / jãna* seront employées pour le français des arabophones.

6.1. *C'est* et *il y a* en français parlé des natifs : quelques travaux

Dans la recension que dressent Blanche-Benvéniste et Jeanjean (1987) des études grammaticales consacrées à cet aspect du français parlé, on relève une dizaine de titres consacrés à *il y a* et *c'est*. Dans leurs analyses de ces unités, Wagner (1980) et Chevalier (1969) leur reconnaissent trois propriétés essentielles : leur relative invariabilité, leur compatibilité avec de nombreuses classes d'unités, et les moyens qu'elles offrent de modifier l'ordre canonique de la phrase de la langue parlée. Gadet (1989) réunit sous le terme générique de *détachement* toutes les procédures qui permettent de transgresser le schème SVO en français parlé. Au rang de celles-ci, elle note la spécialisation suivante dans les structures à présentatif : *c'est* est polyvalent en matière de détachement alors que *y a* et *voilà* sont réservés au détachement du sujet, la deuxième partie de la séquence introduite par *qui / que* n'étant pas une vraie subordonnée.

Blanche-Benvéniste (1990) considère *il y a* et *c'est* comme des auxiliaires au sein des dispositifs de rection, c'est-à-dire comme des éléments intervenant entre le verbe recteur et ses éléments régis. La polyvalence de *c'est* se manifeste par son fonctionnement comme facteur d'un dispositif d'extraction et comme verbe auxiliaire de dispositif. Ce dernier rôle est aussi assumé par *il y a*, tantôt en position de verbe recteur, et tantôt en position de support à des recteurs de temps ou de restriction. Blanche-Benvéniste (1990), tout comme François (1974), note une affinité particulière entre *il y a* et *en*, pronom sujet indéfini du verbe qui suit ; il faut y voir la source du *jāna* des interlangues françaises.

Morel (1992) distingue *il y a*, prédicatif qui pose l'existence d'un fait dans un univers de discours, de *c'est*, présentatif prédicatif qui remplit des fonctions de spécification ou de mise en relation.

6.2. *C'est* et *il y a* dans le corpus de français parlé des arabophones

Giacomi et Véronique (1982) comparent *il y a...* et *il y en a...* dans deux corpus de conversations et de récits recueillis à Marseille, l'un auprès de locuteurs natifs et l'autre auprès de travailleurs émigrés du Maghreb, tunisiens et algériens principalement. Ils relèvent des identités dans l'emploi de *il y a...* et *il y en a...* par les deux groupes de locuteurs :

- *y a*, facultativement suivi d'un quantifieur, apparaît dans le contexte *SN / N propre / prep. + V inf.* suivi d'un quantifieur ou d'un pronom ;

- *y en a*, facultativement suivi d'un quantifieur, est attesté dans le contexte de *de SN / prép. + inf.*, suivi d'un quantifieur ou d'un pronom.

Ces auteurs relèvent deux particularités dans les productions des locuteurs non-natifs :

- l'attestation de *y en a Ø* (sans préposition *de*) suivi de SN, comme en (16), (16a) et (16b),

   (16) y en a un restaurant
        a. y en a quelques mois
        b. y en a une voiture qui sortait comme ça de la petite rue

- et la non-perception de la valeur anaphorique de *en* dans *y en a*, d'où

   (17) y en a quelqu'un en retard i vient à pied

Y en a est également susceptible d'être interprété comme un marqueur tantôt de possession, tantôt d'existence d'où,

a. j'en ai mon frère ici
b. y en a une fille

C'est (/se/) et *il y a* (/jãna/, /ilja/, /ja/) remplissent des rôles multiples dans le français parlé des arabophones :

- l'expression de l'existence et de la possession (*il y a*),
- l'identification, la monstration et l'attribution associées à *c'est*,
- l'emploi de /jãna/ et de *c'est* comme auxiliaires de détachement, sans que l'expression morphologique de ce dispositif soit parfaitement maîtrisée.

Sur le plan de la pragmatique discursive, *il y a* et *c'est* sont utilisés pour introduire les topics (Véronique : 1994) et pour la délimitation de plans textuels, tout particulièrement du plan des commentaires et de l'arrière-plan (Giacomi : 1986). Sur le plan de la sémantique propositionnelle, ces unités, fonctionnant comme des présentatifs, sont les supports de la négation, de certaines informations modales, d'informations temporelles et argumentatives (Gajo : 1994), et permettent l'évitement de l'expression du contrôleur / de l'agent. *Il y a* et *c'est* se distinguent par leurs valeurs sémantiques et énonciatives : la prédication d'existence et l'expression de la possession pour *il y a* et l'identification et la monstration dans le cas de *c'est*.

7. Productions textuelles et structuration informationnelle

L'analyse de quelques productions textuelles (des récits et des descriptions spatiales statiques) permettra de décrire l'apport des marqueurs existentiels et des connecteurs à la structuration des informations référentielles.

7.1. Connecteurs et structurations textuelles chez les natifs
À la suite de Riegel / Pellat / Rioul (1994, 617ss.), on rangera dans la classe des connecteurs les unités qui assurent l'organisation textuelle, quelle que soit leur catégorisation dans la tradition grammaticale. Ainsi, on inclura dans cette catégorie des conjonctions comme *et* et *parce que*, des adverbes comme *puis* ou *alors* tout autant que des expressions verbales comme *tu vois* ou *tu sais*. Ces marqueurs discursifs sont les vecteurs de différents types d'information sémantique (temporelle, spatiale etc.) et de valeurs pragmatiques, telle la valeur phatique.

7.2. Un discours narratif (Les 'Temps Modernes')[5]
Deux aspects de la construction narrative seront décrits ici : l'introduction des actants (seules les séquences avec les personnages de la jeune orpheline et de la dame délatrice ont été retenues) et la mise en séquence des épisodes du récit.

---

5   Il s'agit de raconter un extrait du film de Charlie Chaplin, après visionnement, à une tierce personne qui n'a pas vu le film.

7.2.1. La référence aux personnes

La tâche du narrateur est de caractériser trois personnages qui sont mis en scène dans l'épisode des 'Temps Modernes' qui est à raconter : Charlot, une jeune fille qui a volé une miche de pain, et une femme, témoin du vol.

Infor-mateur	Enregistrement[6]	Référence à la jeune fille	Référence à la femme témoin	Référence à Charlot
Abderrahim	1	- /ilja/ un femme + /ilja/ madame /ja/ /se/ pas /mãzi/ - le femme /li/ problème du pain	- /ilja/ madame /eleparle/ pour la police /se/ pas le Charlot /ile/ voleur du pain /ilja/ l'autre madame /ileregard/ mademoiselle	- le charlot
	2	- la fille /jãna/ pas le /mãze/ sa fille le chômeur	- /jãna/ une femme et /ileparle/ le monsieur du fourgonnette	
	3	- /se/ la fille /ilevole/ un baguette de pain	- /jãna/ une femme /se/ une vieille /iladi/	
Abdessamad	1	- la femme /ilevole/ le banane	- alors /jãna/ la femme /elepase/ tu /ladi/ la patron boulangerie alors tu /madi/ /ja/ une fille /ilevole/ du pain /røgard/	- charlot
	2	- même le fille /ilevole/ parce que /ja/ pas le du pain		
Zahra	1	- la dame	- et après la dame l'autre /le røgard/ la dame /levalør/	
Abdelmalek	1	- /jãna/ le femme pas /travaj/ /jã/ pas des sous pas /mõzi/	- le femme /ke garde/ il a vole un restaurant - comme le femme /sa le garde il avole il madi/ le patron la femme /il a vole/ le restaurant	- charlot
	2	- une petite fille ++ déjà tu /vole/ avec un baguette de pain	- l'autre dame l'autre dame voilà tu /madi/ voilà la femme tu /vole/	

Tableau 1 : La première mention des protagonistes

---

6   Ce récit a été enregistré trois fois à un an d'intervalle.

L'organisation syntaxique et discursive du français parlé d'arabophones 177

Dans ces extraits, tandis que /jãna/ introduit principalement des éléments nominaux en position de topic, /se/ introduit des éléments d'arrière-plan. Face à la nécessité communicative de différencier deux personnages du récit, les apprenants usent massivement de moyens paratactiques. Cela les incite à faire des tentatives de production de relatives, lesquelles ne sont effectivement marquées que chez deux des informateurs, à la fin de la phase d'observation, comme le montrent les énoncés suivants d'Abdelmalek et d'Abdessamad,

(18) A. voilà /jãna/ deux personnes /iveni/ /ʃerʃe/ avec quelqu'un /jãna/ des drogues +
« Voilà il y a deux personnes (qui) sont venus (ils) fouillent quelqu'un (qui) a de la drogue »
voilà /eveni/ euh voilà /ja/ rien
« Voilà (ils) sont venus voilà il n'y a rien »
/itrap/ avec l'autre qui /mãz/ à côté
« Ils fouillent l'autre (personne) qui mange à côté. » (Cycle 3, entretien 5)

(19) AD. le première /sete/ Charlot qui /pase/ dans la rue (Cycle 3, entretien 5)
« La première (image) c'était Charlot qui passait dans la rue. »

7.2.2. La mise en séquence des événements

Dès les premières productions recueillies auprès des informateurs arabophones, on trouve trace des connecteurs et marqueurs de consécution /e/, *et après* :

(20) AB /e/ avec accident /ilja tõbe/ tous les trois (Cycle 1, entretien 5)
« Avec l'accident, ils sont tombés tous les trois. »

(21) Z. et après Charlot /jadømãde/ à la police + /se/ pas la dame /levalør/ le pain + /se/ moi (Cycle, entretien 5)
« Après Charlot il a dit à la police, ce n'est pas la dame (qui) a volé le pain, c'est moi. »

Dans ces énoncés, les connecteurs lient les énoncés entre eux tandis que les marqueurs existentiels /ja/, /ilja/ et /se/ contribuent à l'organisation des propositions en topic et focus ; ici, /se/ introduit des éléments en position de focus alors que /ja/, /ilja/ marque indifféremment le topic et le focus.

D'autres connecteurs sont aussi attestés tels *alors, comme* et *voilà* :

(22) A. comme le femme /sa le garde il avole il madi/ le patron la femme / il a vole / le restaurant (Cycle 1, entretien 5)
« La dame qui a vu le vol a dit au boulanger la femme, elle a volé un restaurant. »

(23) AD. alors le flic /ilaramen/ le mec /ki/ /ivãde/ la drogue dans le prison (Cycle 3, entretien 5)
« Alors le policier, il a ramené l'homme qui a vendu la drogue en prison. »

(24) AB. voilà /ileparti/ + ouais + /iljatõbe/ un peu (Cycle 1, entretien 5)
« Voilà, il est parti, il est tombé un peu. »

Dans ces productions textuelles, /jãna/ et /se/ servent non seulement à répartir de l'information en plans textuels et à introduire des unités en position de topic ou de focus, mais en tant que dispositifs à « verbes recteurs faibles » (Blanche-Benveniste : 1990), ils permettent également d'enchaîner des propositions sans lien grammatical explicite. Les marqueurs *voilà, bon* etc. servent également à la structuration du texte.

7.3. Les enchaînements discursifs et la construction des expressions référentielles spatiales dans une description statique spatiale

La tâche verbale consiste à décrire une affiche.[7] La scène représentée se déroule sur le Vieux-Port, en bas de la Canebière, lieu identifiable par tout habitant de Marseille. Je m'intéresserai principalement au mode de construction des expressions référentielles spatiales et au conflit entre la référence spatiale et la référence aux entités dans ces productions textuelles.

Dans cette tâche verbale, la préoccupation principale des énonciateurs est de caractériser des entités plutôt que des espaces. Pourtant en (25), Zahra nomme immédiatement le lieu où se déroulent les événements par le terme repère de *Vieux-Port*. Les mouvements et déplacements des entités sont alors repérés par rapport à l'actant mis en scène.

(25) Z. /rəgarde/ la /fənetr/
« Regarde par la fenêtre. »
E. oui
Z. euh vieux port

E. t'es au vieux port ?
Z. là + /jãna/ beaucoup les / beaucoup euh les hommes
« Là, il y a beaucoup d'hommes. »
E. oui +
Z. et / + et /le ʒue/ avec euh / + avec euh / ++ /puli/ ?
« Et / et ils jouent avec / avec / boules ? »
E. quoi ? + vas y

E. il y a des gens qui jouent aux boules ?
Z. oui

Dans l'exemple précédent et dans celui qui suit, Zahra a recours à /jãna/ N, enchaîné de façon paratactique à la proposition subséquente, plutôt qu'à l'aide d'un lien grammatical, pour caractériser des personnages spécifiques.

(26) Z. /jãna/ les hommes /i ʒue/ avec le chapeau
« Il y a des hommes (qui) jouent avec un chapeau (qui le lancent en l'air). »
E. mmh
Z. et /jãna/ un / + euh + un garçon + /e plore/ + /le tõbe/
« Et il y a un garçon (qui) pleure, il est tombé. »
E. oui

Un an plus tard environ, Zahra produit un texte qui ne se différencie du précédent que par une moindre dépendance de l'informatrice à l'égard de son interlocutrice. L'organisation en est strictement paratactique comme le montre (27) :

(27) Z. /jãna/ beaucoup les hommes euh + euh les hommes les femmes + euh les enfants
« Il y a beaucoup d'hommes, de femmes, d'enfants. »
E. mmh
Z. et /i ʒue/
« et ils jouent »

---

7   Il s'agit d'une affiche de cinéma qui caractérise une scène 'pagnolesque' à Marseille (affiche de Dubout). La consigne donnée était « vous êtes au téléphone et vous décrivez à un / une ami(e) une scène que vous voyez de votre fenêtre, de telle sorte qu'il / elle puisse la dessiner ». La nature de l'image où de nombreux personnages s'agitent privilégie la référence aux entités et la référence à l'espace.

E. mmh
Z. /i ʒue/ avec / /ja/ /i ʒue/ avec euh la boule.
« Ils jouent avec (des) boules. »

Abdessamad, plus avancé que Zahra dans la maîtrise du français, commence par définir le sous-espace *dans la rue* lors de la description de l'affiche. Il y situe, en position de focus, les événements et les différents référents spatiaux. Les autres référents spatiaux *le bâtiment* et *le bateau* sont introduits en position focale. Les propositions de la trame sont reliées par des connecteurs comme *alors, et, parce que, tu /vwa/, voilà*. Cette forme de structuration est proche de celle qu'il développe dans des tâches narratives.

(28) AD. dans la rue euh ++ euh tout le monde /i ʒu / + / le / le / tennis
« Dans la rue tout le monde joue au tennis. »
E. tennis ?
AD. oui

AD. + **alors** euh **et** l'autre / + l'autre euh /ile/ dans le / dans le bâtiment
« Alors l'autre (personne) est dans le bâtiment. »

AD. **tu /vwa/ et** / + **et** /ja/ quelqu un /ile gane/ **tu /vwa/** tout le monde **et** / +
« Tu vois, il y a quelqu'un (qui) a gagné tout le monde. »
et quelqu'un /i lev/ le chapeau euh **voilà** l'autre euh / +
« Quelqu'un a levé [dans ce contexte : lancé] son chapeau en l'air voilà l'autre (personne). »
et / + /i rigole/ + /ja/ beaucoup beaucoup de choses / ici +
« Et il rigole + il y a (il se passe) beaucoup de choses ici. »
/ja/jãna/jãna / + /jãna/ quelqu un et **tu /vwa/** /ile sote/
« Il y a quelqu'un (qui) a sauté. »
E. il saute ?

Décrivant la même image un an plus tard, Abdessamad produit un texte analogue dans sa structuration. La différence essentielle dans le domaine de la référence aux entités entre les deux textes produits à un an d'intervalle, tient au recours à des constructions clivées comme */ja/ X qui P*.

(29) AD. je /vwa/ une fête là
« Je vois une fête là. »
E. y a une fête
AD. /ja/ une grand fête une foule enfin
« il y a une grande fête, une foule enfin »
E. ouais
AD. /ja/ / /ja/ les / les / /ja/ les hommes **/ja/ les femmes /ki/ /ʒu/ au tennis**
« Il y a des hommes, il y a des femmes qui jouent au tennis. »
E. au tennis ?
AD. tennis ouais
E. oh
AD. tennis ou comment /sapel/ + /pul/ / boules **voilà** + comme ça ? boules
« Tennis ou comment ça s'appelle + boules voilà. »
E. boules ah des gens qui jouent aux boules ? y a une fête les gens ils jouent aux boules ?
AD. /ʒu/ ouais /i ʒu/ aux boules
« (ils) jouent aux boules »
E. hm hm

AD. **ja/ les habitants qui / qui / les habitants qui / qui** /i uver/ le / la fenêtre **qui** /røgard/ le / le / jeu / le / le / + **qui** /røgard/ le jeu enfin
« Il y a des habitants qui ont ouvert leurs fenêtres, qui regardent le jeu. »

8. Synthèse

Les productions des adultes arabophones en français respectent les grandes régularités syntagmatiques de cette langue, même quand leur maîtrise du français est approximative. Des marqueurs tels /se/ et, surtout, /jãna/ servent à introduire les items informationnels pertinents en position de topic ou en position focale. Ces usages sont les précurseurs des constructions clivées qui constituent une voie d'accès aux constructions syntaxiques. Le recours à ces marques d'existence et d'identification permet à l'apprenant de dépasser les contraintes de la parataxe pour construire les significations souhaitées. L'emploi des connecteurs ainsi que de la distinction topic – focus permet de structurer des narrations et des descriptions spatiales alors que la grammaire de la subordination n'est pas encore stabilisée.

Dans les productions textuelles des apprenants arabophones, l'interrelation entre l'organisation syntaxique et la structuration informationnelle est complexe. La position des unités en topic ou en focus n'est pas liée à leur statut syntaxique ni au marqueur qui les introduit, même si /se/ signale plutôt des commentaires d'arrière-plan. La dynamique de développement de la morphosyntaxe du français est dissociée des contraintes discursives qu'imposent le dialogue, le récit ou la description.

L'analyse conduite ici ne permet ni de vérifier l'existence d'une sémantaxe (Manessy : 1995) différente qui façonnerait les productions des arabophones en français, ni un mode de hiérarchisation de l'information distinct de celui des natifs. Il convient d'ajouter, cependant, que je n'ai guère exploré la question de l'introduction et de la reprise des éléments référentiels, y compris de l'ellipse de ces unités, sur lesquels se base la démonstration de Deulofeu (1986, 281s.).

9. Du statut sociolinguistique du français approprié des arabophones

Travailler sur le français parlé par des arabophones installés en France conduit inévitablement à s'interroger sur le statut sociolinguistique de ce parler. Celui-ci est lié au mode d'existence même de ces personnes dans l'espace social français. Les locuteurs dont il a été question dans ce texte relèvent du point de vue de leur répertoire linguistique, quelle que soit la date de leur arrivée en France, de ce que l'on pourrait nommer la première génération d'immigrés. En effet, le français est pour ces locuteurs issus de l'immigration coloniale ou post-coloniale une langue étrangère ou seconde ; il n'est jamais leur langue de première socialisation. Il est utile de distinguer cette notion de *première génération* ainsi entendue de celle d'*âge de l'immigration* (Sayad : 1977), terme qui renvoie à la réalité historique des flux migratoires.

Le séjour, plus ou moins prolongé sur le territoire français, a rendu et rend visibles leurs usages du français, distincts à bien des égards des personnes issues de la migration maghrébine en France, nées sur le sol français ou arrivées en bas âge, pour qui la langue française constitue l'un des éléments de leur répertoire linguistique, avec un statut de langue de première socialisation ou d'une des langues de socialisation dans le cadre d'un bilinguisme familial. La réalité sociale des mouvements migratoires et leur implantation urbaine ou rurale en France, font que co-existent au sein des familles et des réseaux sociaux des personnes qui appartiennent à des strates différentes de la migration et qui entretiennent des rapports différents à la langue française.

Il est hasardeux de poser l'existence d'une entité sociale unifiée, celle des travailleurs migrants maghrébins par exemple, en dépit du développement d'idéologies communautaristes. Il est encore plus délicat de postuler l'existence d'un parler français spécifique aux arabophones. En vérité, on ne saurait parler d'un français parlé des arabophones. Les circonstances sociales et linguistiques ne sont certainement pas réunies

> [pour qu']une nébuleuse d'usages approximatifs se condense en un parler suffisamment cohérent pour satisfaire aux besoins communicationnels d'une communauté et pour se perpétuer dans la durée selon une ligne d'évolution continue. (Manessy : 1994, 203)

À l'hétérogénéité sociale des groupes sociaux issus pour certains de leurs membres des anciens départements français d'Algérie, et des protectorats français de Tunisie et du Maroc, et, pour d'autres, des différents états-nations du Maghreb, correspond une diversité peu décrite de pratiques linguistiques en français, voire entre le français et les dialectes arabes et berbères.

Ces locuteurs plurilingues s'engagent, quand ils conversent en français, dans des échanges que l'on peut qualifier d'*exolingues*, ce qui les différencie des locuteurs des générations subséquentes qui se situent, eux, du côté du pôle *endolingue*. Ces usages témoignent de l'existence d'un procès d'*élaboration* au sens où l'emploie Ploog dans ce volume, dans le répertoire de ces locuteurs bilingues. En effet, les contraintes communicatives auxquelles ils sont exposés les mettent en demeure de restructurer leurs productions textuelles et de les élaborer en fonction de l'état de leur appropriation. C'est ainsi que l'on peut expliquer leurs usages partiellement inédits de *se* et de *jāna*, l'emploi de connecteurs comme moyens de suture au sein du discours et le recours tardif à *que*. La différence majeure entre le parler décrit ici dans sa dynamique langagière propre et celle qu'étudie Ploog réside dans l'éventuelle sédimentation des pratiques discursives décrites en normes. Rien n'indique que les locuteurs arabophones enquêtés vivent une situation d'isolement par rapport à des locuteurs pour qui le français est langue de première socialisation, vu que cette variation linguistique traverse leurs réseaux sociaux, voire leurs propres familles.

10. Références bibliographiques

Berthoud, A.-C. (1996), *Paroles à propos. Approche énonciative et interactive du topic*, Paris.
Berthoud, A.-C. / L. Mondada (1992), « 'Entrer en matière dans l'interaction verbale' : Acquisition et co-construction du topic en L2 », *Acquisition et Interaction en langue étrangère*, 1, 107-142.
Blanche-Benveniste, C. / C. Jeanjean (1987), *Le français parlé. Transcription & édition*, Paris.
Blanche-Benveniste, C. (1990), *Le français parlé. Études grammaticales*, Paris.
Chevalier, J.-C. (1969), « Exercices portant sur le fonctionnement des présentatifs », *Langue Française*, 1, 82-92.

Deulofeu, José (1986), « Sur quelques procédés de hiérarchisation de l'information dans des récits d'apprenants marocains en milieu naturel. Pour une conception souple des rapports entre phénomènes de micro- et de macro-thématisation », dans : Giacomi, A. / D. Véronique (éds.), 263-283.
François, D. (1974), *Français parlé*, Paris.
Gadet, F. (1989), *Le français ordinaire*, Paris.
Gajo, L. (1994), « Entre argumentation et modalisation, l'impact dans l'interaction exolingue : l'exemple de *c'est* », Communication au Colloque « Pratiques sociales et médiations symboliques », Neuchâtel.
Giacomi, A. (1986), « Processus de structuration de l'énoncé en acquisition et en interaction », dans : Giacomi, A. / D. Véronique (éds.), 285-303.
Giacomi, A. / D. Véronique (1982), « A propos de *il y a... / il y en a ...*», *Le français moderne*, 3, 237-242.
Giacomi, A. / D. Véronique (éds. 1986), *Acquisition d'une langue étrangère : perspectives et recherches*, Aix-en-Provence.
Givón, T. (1990), *Syntax. A Functional-Typological Introduction*, Amsterdam.
Lambrecht, K. (1994), *Information Structure and Sentence Form*, Cambridge.
Manessy, G. (1994), *Le français en Afrique noire. Mythe, stratégies, pratiques*, Paris.
Manessy, G. (1995), *Créoles, pidgins, variétés véhiculaires, procès et genèse*, Paris.
Morel, M.-A. (1992), « Les présentatifs en français », dans : Morel, M.-A. / L. Danon-Boileau (éds.), *La deixis*, Paris, 507-516.
Perdue, C. (1984), *Second Language Acquisition by Adult Immigrants : A Field Manual. The European Science Foundation Project*, Rowley (Mass.).
Porquier, R. (1984), « Communication exolingue et apprentissage des langues », dans : Py, B. (éd.), *Acquisition d'une langue étrangère,* 3, Paris, 17-47.
Ploog, K. (2002), *Le français à Abidjan. Pour une approche syntaxique du non-standard*, Paris.
Riegel, M. / J.-Chr. Pellat / R. Rioul (1994), *Grammaire méthodique du français*, Paris.
Sayad, A. (1977), « Les trois âges de l'immigration algérienne en France », *Actes de la recherche en sciences sociales*, 5, 59-79.
Véronique, D. (1994), « Premières étapes de l'émergence des constructions grammaticales en français, langue étrangère », dans : Giacalone-Ramat, A. / M. Vedovelli (éds.), *Italiano lingua seconda / lingua straniera*, Roma, 139-151.
Wagner, R.-L. (1980), *Essais de linguistique française*, Paris.

Stefan Pfänder / Marie Skrovec (Université de Freiburg i. Br., Allemagne)

Donc, entre grammaire et discours.
Pour une reprise de la recherche sur les universaux de la langue parlée à partir de nouveaux corpus

1. Introduction

Le français hors de France a suscité un vif intérêt à la fin des années 70 avec l'apparition de l'œuvre synthétique de Valdman en 1979 (voir également Bal : 1977), ensuite de nouveau au début des années 90 (de Robillard / Beniamino : 1993 ; 1996 ; Chaudenson : 1993 ; Chaudenson / Mougeon / Beniak : 1993). Tout récemment, on constate un renouveau de cet intérêt pour le français à l'échelle mondiale (Cerquiglini : 2007 ; Chevalier : 2007 ; Dermarkar / Pfänder / Pusch / Skrovec : à paraître ; Gadet / Ludwig / Pfänder : 2008 ; Galazzi / Molinari : 2007 ; Holter / Skattum : 2008 ; Pfänder / Ennis : à paraître).

Certes, le français se parle dans le monde entier. Quant à la diversité géographique, ceci est plus vrai pour le français que pour le portugais, le chinois, le tamoul ou le hindi pour citer d'autres langues avec une très grande proportion de locuteurs à l'échelle mondiale. La question est de savoir (et pendant longtemps on n'osait guère la poser) si tout le monde parle de la même manière dans le monde entier. Ce n'est que depuis peu qu'on assiste à une série de publications comme l'article de Klinkenberg (2003, 161-174 : « Français, encore un effort pour être la langue de la diversité »). En outre, les ouvrages avec un titre au pluriel, comme *Les français en émergence* (Galazzi / Molinari : 2007) font plutôt figure d'exception.

La nécessité de considérer la syntaxe orale dans son milieu naturel a fait l'objet d'une réflexion approfondie dans Dermarkar / Gadet / Ludwig / Pfänder (2008). Cette approche écologique nous semble pertinente car elle met en évidence plusieurs aspects que notre étude a permis de confirmer :

- l'étude empirique des phénomènes grammaticaux montre qu'il est nécessaire, pour une description complète des constructions, de ne pas se cantonner au niveau de la phrase, mais d'envisager ces structures également au niveau du discours ;

- les propriétés associées aux constructions sont de nature interactionnelle et pas seulement référentielle. Nous montrerons dans ce qui suivra, en prenant pour exemple une construction, parmi d'autres qui restent à analyser, que ces formats sont investis par les locuteurs comme ressources de la 'machinerie' conversationnelle, que ce soit par exemple pour garder ou céder la parole grâce à un faisceau d'indices qui oriente l'auditeur en l'informant sur le déroulement de l'énoncé, reprendre ou prendre la parole tout en tenant compte des problèmes de face, etc.

Nous proposons ici une réanalyse du marqueur *donc*, à la suite de Bolly / Degand (2009) qui mettent en évidence une fonctionnalité de *donc* qui va de la grammaire au discours.

Nous reprenons ce résultat que Bolly / Degand mettent en lumière à partir d'un corpus belge et le testons sur différentes données francophones (américaines, africaines et levantines).

Ainsi la présente étude, l'analyse sur corpus d'un format logico-sémantique et discursif à la charnière entre syntaxe et discours, représentera-t-elle une première étape dans notre démarche d'identification des constructions émergentes en français global.

2. Les données

Deux nouveaux corpus francophones, les corpus Thyssen-EK et CIEL-F, sont à la base de nos recherches :

Thyssen-EK est un corpus comparé d'entretiens, de réunions de travail et de dialogues libres entre amis ou en famille dans cinq villes localisées dans des aires géographiques bien éloignées les unes des autres (Cayenne, Dakar, Le Caire, Montréal, Nouméa). Ce projet de corpus et d'analyses profite du support de la fondation Thyssen-Allemagne (« Emergente Konstruktionen » 2008-2010-20.08.0.046).

CIEL-F,[1] financé par l'ANR et la DFG (2009-2012 ; Pf 699/1-1), est un corpus 'écologique' en ce qu'il documente différents types de configurations situationnelles : activité familiale (conversation à table), activités professionnelles (interaction au travail), et interactions publiques de médias (débats politiques à la radio). Cette nouvelle ressource empirique est un corpus multi-objectifs qui sera disponible à la communauté scientifique en tant que bibliothèque multi-modale ouverte sur le web (www.ciel-f.org). Il se prêtera à toutes sortes de requêtes, en particulier à deux types d'études empiriques : les analyses de l'interaction comme l'organisation des tours et la gestion de la prise de parole, et les recherches en syntaxe de l'oral dans une perspective fonctionnelle variationnelle, visant à étudier des phénomènes tels que simplification, réanalyse, grammaticalisation, nivellement ou érosion.

Pourquoi de nouveaux corpus de français ? Certes, un nombre croissant de corpus rendent compte des variétés régionales de français. Mais il manque à satisfaire deux exigences de la recherche sur les français en émergence : la comparabilité et l'écologie. En effet, aucun corpus de français existant ne vise une comparabilité des français au niveau mondial dans leur usage écologique.

Par *écologique* nous entendons l'ensemble de données langagières recueillies dans leur milieu naturel d'occurrence, c'est-à-dire un milieu non créé par le linguiste (pour une définition plus exacte de ce milieu *cf.* Gadet / Ludwig / Pfänder : 2008).

Dans beaucoup de travaux en cours, de petits corpus d'une variété régionale ont été constitués. Par ailleurs, quelques centres de recherche en Europe et au Canada sont en train de monter des banques de données comportant d'importants sous-corpus de fran-

---

[1] Depuis sa fondation au Congrès International « Corpora Romanica » de Fribourg en 2006, CIEL-F s'est constitué comme partenariat d'équipes (une quinzaine d'équipes internationales), à Lyon (ICAR), Louvain-la-Neuve (VALIBEL), Paris X-Nanterre (Dynamiques des usages de MoDyCo), Halle-Wittenberg (Linguistique Romane (Contact des Langues et des Cultures)), et Fribourg (Centre Linguistique Hermann Paul).

çais parlé. Toutefois, à l'exception des banques de données ICAR (Lyon) et MOCA (Louvain-la-Neuve / Freiburg), la plupart d'entre elles ne sont pas écologiques.[2]

Ainsi, les corpus Thyssen-EK et CIEL-F se distinguent d'abord des corpus de français existants en ce qu'ils permettent une comparaison des variétés à partir d'une collection de types d'activités. Ils sont en cela comparables aux projets 'Habla culta' pour l'espagnol, NURQ pour le portugais ou, notamment en ce qui concerne la variété des activités, ICE pour l'anglais. CIEL-F en particulier surpasse pourtant ses prédécesseurs en ce qu'il doit permettre une consultation sur Internet d'un matériel écrit aligné au son et en partie à la vidéo.[3] Inspirée de la confrontation des méthodologies de la linguistique de corpus, de la linguistique interactionnelle et de la linguistique fonctionnelle, la force innovatrice de Thyssen-EK et de CIEL-F est double : un échantillonnage de types d'activités écologiques[4] sur la base d'une typologie d'espaces communicatifs. La combinaison de critères typologiques permet de définir assez clairement les domaines à documenter (*cf.* Gadet / Ludwig / Pfänder : 2008).

Pour CIEL-F, les premières enquêtes sont en cours, tandis que pour Thyssen-EK les enregistrements sont terminés et les données recueillies à Dakar et au Caire sont déjà transcrites (pour plus de détails, *cf.* Dermarkar / Pfänder : à paraître).

Nous reprenons ici deux types d'activités seulement (Levinson : 1979) : les entretiens et les réunions de travail.[5]

3. Le marqueur *donc* : fonctions sémantiques et discursives

Déjà en 1987, Schiffrin propose pour l'anglais d'analyser *so* comme marqueur induisant un rapport de causalité et unissant deux contenus soit propositionnels, soit illocutoires. Dix ans plus tard, Mosegaard Hansen montre que les deux niveaux propositionnels et illocutoires sont liés par ce qu'elle appelle le caractère d'évidence réciproque ou « mutual manifestness » : est *manifeste* ou *évident* ce que les deux interlocuteurs peuvent **percevoir** ou **inférer** (1997, 165). Bolly / Degand appliquent ce critère d'évidence mutuelle à des données tirées du corpus VALIBEL (www.uclouvain.be/valibel). Suivant leurs analyses détaillées, « *donc* pourrait acquérir, en situation de discours, des fonctions proprement discursives dépassant sa fonction logique de connecteur conséquentiel »

---

2   À l'heure actuelle, trois corpus de français permettent des comparaisons de données issues de plusieurs variétés : CORAL-ROM, PFC et CFA. Néanmoins, CORAL-ROM ne permet que la comparaison entre langues romanes, non de variétés de français ; il n'entre donc pas dans notre champ de réflexion. Le corpus toujours en expansion de PFC (Phonologie du Français Contemporain) part d'un protocole strict, adapté à une recherche en phonologie mais pas à la syntaxe parlée, ni dans une perspective variationnelle, ni dans une perspective interactionniste. Le corpus CFA quant à lui a pour ambition, au-delà de son origine dans PFC, d'étendre les études à des questions sociolinguistiques (et syntaxiques). Comme pour PFC, la perspective écologique y est marginale, en tout cas elle ne vient qu'en dernier lieu.
3   Une autre différence est à noter : les corpus comparés de l'espagnol, du portugais et de l'anglais permettent des recherches quantitatives au détriment de l'aspect écologique, qui est au contraire au cœur de l'entreprise CIEL-F. Comme il est difficile d'enregistrer et de transcrire une très grande quantité de conversations avec tous les chevauchements de paroles qu'elles contiennent, CIEL-F a plus une visée qualitative que quantitative.
4   Tandis que dans CIEL-F, on exclut les entretiens, nous les intégrons dans Thyssen-EK comme un genre discursif parmi d'autres dont nous considérons les particularités interactionnelles dans l'analyse (*cf.* 4.).
5   Les émissions de radio et les conversations à table restent à transcrire.

(2009, 1). Par conséquent, *donc* sert à « structurer le discours à différents niveaux langagiers » (2009, 1), à savoir au niveau logico-sémantique et au niveau de l'organisation des tours de parole.

Nous reprenons cette classification bipartite de Bolly / Degand (2009) de *donc* logico-sémantique et *donc* interactionnel afin de la tester dans nos corpus.

Nous verrons que dans nos données écologiques, le marqueur *donc* semble le plus souvent remplir les deux fonctions à la fois. Ce résultat nous amènera à préciser l'**évidence mutuelle** dont parlent Bolly / Degand à la suite de Mosegaard Hansen (1997).

Les valeurs de *donc* au sein du format peuvent être situées sur un axe qui reflète leur 'consistance' sémantique en tant que connecteur logique.

Cet axe représente un continuum qui reflète le sémantisme décroissant de *donc* entre deux pôles : d'un côté un usage comme connecteur de l'argumentation sémantiquement plein (valeur logique de conséquence) et de l'autre un usage comme marqueur discursif d'évidence réciproque (« mutual manifestness ») qui introduit un élément préactivé ou semi-activé dans le contexte antérieur, c'est-à-dire un rappel du savoir linguistique et extra-linguistique partagé et manifeste, évident aux participants à l'échange (*cf.* Auer / Pfänder : 2007). Neumann-Holzschuh a d'ailleurs bien saisi le caractère réinitialisant de *donc*, marqueur discursif, dans un article récent sur le français en Louisiane (2008, 478) qu'elle analyse comme « Eröffnungssignal mit resümierender Funktion ». Cependant, les exemples examinés révèlent que le marqueur du discours *donc* ne remplit pas toujours la fonction d'un signal d'ouverture, mais apparaît également en fin de tour, au niveau des points de complétion potentiels. Si régularité il y a à travers nos exemples, celle-ci concerne la fonction de *résumption* (au sens de Littré) évoquée par Neumann-Holzschuh. Nous formulons l'hypothèse que c'est à partir de ce trait fonctionnel (*donc* introduit un segment qui reprend un élément issu du savoir partagé récemment activé, sous la forme d'une répétition ou paraphrase se présentant comme le résumé du savoir commun) que peuvent se développer des fonctions discursives au demeurant opposées : réinitialisation et conclusion.

Par ailleurs, les passages cités sont des exemples d'un format au sein duquel *donc x* entretient un rapport variable avec le savoir partagé : il peut être un rappel plus ou moins explicite d'un élément du contexte antérieur (reformulation ou répétition) et reprendre exactement le contenu informationnel ou engager un glissement topical à partir du savoir partagé. Les paramètres variants et à mettre en perspective sont donc :

- le rapport du constituant introduit par *donc* avec le savoir partagé : « mutual manifestness » plus ou moins nette, *donc* réinitialisant ou conclusif ;
- celui de la 'consistance' logico-sémantique de *donc* et *parce que* dans le format *x parce que y donc x*.

Ces paramètres vont nous permettre d'appréhender les occurrences du format en fonction de leur valeur argumentative et discursive.

4. Deux locuteurs, un savoir : *donc* dans les entretiens

Dans les entretiens,[6] on trouve souvent le marqueur *donc* dans un emploi logico-sémantique ; dans le premier exemple, la jeune journaliste exprime l'idée selon laquelle les élèves sont trop jeunes pour connaître des journaux dans d'autres langues que l'arabe, ceci semble aussi évident à l'interlocutrice, B, qui interroge A sur la presse francophone en Égypte :

(1)[7]
111	A	i ils étaient très jeunes je crois que m- dix ans peut-être (1.24) neuf ans dix ans (--)
112	B	bon comme comme les nôtres aussi neuf ans dix ans c'est l'âge
113	A	**donc** euh c'était un peu dur ou un peu difficile
114	B	mhmm
115	A	pour eux de savoir

« Jeunes, donc ignorants », le lien semble logique. Toutefois, à y regarder de plus près, nous remarquons que *donc* sert en même temps à reprendre le droit de parole et à enchaîner. En effet, si nous testons cette observation dans la banque de donnée [moca]-Freiburg, nous trouvons *donc* très souvent en début d'un tour de parole (nous reproduisons ici seulement le début de la liste de résultats) :

fra.GR2.rue	annabel	197	donc euh – (--)
fra.GR2.rue	annabel	111	donc forcément
fra.GR2.rue	annabel	77	donc il va falloir que=tu le=défendes [tu vois] , (.)
fra.GR2.rue	annabel	75	donc il=faut que=je le défende
fra.GR2.rue	annabel	44	donc=euh (--) –
fra.GR2.rue	annabel	38	et: tu vois donc
fra.CB.alcool	mariona	2491	oi donc à quoi y=a-t-il à la fin on sait pas si=euh: –
fra.CB.alcool	mariona	720	= donc le matin il= il (on) braille ,
fra.CB.alcool	mariona	719	(donc=euh toi) (xxx) toujours chez anne-lise –
fra.CB.alcool	mariona	718	euh: : le matin donc tout va bien ,
fra.CB.alcool	mariona	669	donc benOÎt fait PEUR ,
fra.CB.alcool	mariona	495	à chaque fois donc=euh: tu ne=demandes plus comment ça va ,
fra.CB.alcool	mariona	353	[et donc] elle s'est bourrée d'accord ;
fra.CB.alcool	mariona	117	donc là –
fra.CB.alcool	julio	2808	[et encore elle a une copine qui travaille donc=euh: (plus) ;]

Tableau 1 : Requêtes sur [moca]-Freiburg

---

6 *Cf.* note de bas de page n° 4.
7 Conventions de transcription:
(-), (--), (---) pause de 0.25, 0.50, 0.75 sec.
(.) micropause
(1.23) pause calculée, supérieure à 0.75 sec.
(xxx) passage inaudible
(dans / donc) transcriptions alternatives
((rit)) événement paraverbal
- auto-interruption
= enchaînement rapide entre deux segments
[ ] chevauchements
PEUR saillance perceptuelle
: allongement vocalique

Le marqueur *donc* est censé exprimer une conséquence qui, conformément au principe d'iconicité dans le langage, vient après la cause ; cependant, le marqueur se trouve souvent au début d'un tour de parole. Ceci ne peut s'expliquer autrement que par une fonction double, qui opère sur les deux niveaux, sémantique et interactionnel. Examinons un autre exemple tiré d'un entretien :

```
(2)
01    A    euh donc euh (j'ai eu / le) l'idée du journal est née (dans / donc) euh
02         euh dans les années quatre-vingt dix
03         début début des années quatre-vingt dix
04    C    oui
05    A    de faire un hebdomadaire en langue française
06         parce qu'à l'avant (en a eu) un en un hebdomadaire en anglais,
07         et (à / en) la langue (écrite)
08    C    oui
09    A    (--)
10         donc euh l'idée a germé de faire aussi un hebdomadaire euh (1.18)
11         en langue française
12    C    oui
```

Dans cet exemple, le premier *donc* (01) est clairement non-logique, discursif : il ouvre l'entretien.[8] Le deuxième *donc* (10), cependant, est assez nettement logico-sémantique : comme il existait déjà un hebdomadaire en anglais, on a voulu en faire un aussi en français.

Dans nos données, il est rare de trouver des exemples aussi clairs, tant il est vrai que bien souvent, les fonctions logico-sémantique et discursive se recoupent (*cf.* les ex. (3), (4) et (5)). Ainsi, dans l'exemple suivant, les *donc* des lignes 62 (coénonciation par attachement) et 65 (reprise en écho de la suggestion de complétion) associent les deux dimensions logico-sémantique et discursive. Les locutrices déplorent la méconnaissance du quotidien en langue française *Le Progrès* chez les francophones du Caire.

```
(3)
54    A    mes lecteurs sont (--) pas beaucoup ((rit)) (1,39)
55    B    oui euh
56    A    ils sont pas très nombreux ((rit))
57    B    bon c'est vraiment un problème
58         parce que moi je me vois parfois euh (-) lire le journal le soir (xxx)
59    A    oui
60         oui
61    A    dans une série de : de d'articles (xxx) que j'ai fait pour les activités des jeunes
           euh pendant pendant euh le jour scolaire euh que j'ai commencé ici avec le ly-
           cée (---)
62    B    donc euh
63    A    euh il y avait des il existait des écoles euh francophones qui ne savaient pas
           même le progrès (---)
64         ils me demandaient mais le progrès on a jamais demandé on a jamais entendu
           euh du progrès (1,21)
```

---

8   Cet extrait est la transcription du tout début de l'enregistrement, à partir de l'instant où l'enregistreur est mis en marche. Nous savons du locuteur C qu'il a déjà été question de ce journal avant le début de l'enregistrement et que C avait manifesté de l'intérêt à ce que ce sujet soit développé dans l'entretien.

65		**donc** euh vraiment ((soupir)) (1,14) c'était vraiment vraiment dur de de savoir que le que personne euh connaît euh
66	B	ne se rend compte euh qu'il y ait un un (-) quotidien (.) francophone euh ici (---)
67	A	oui (1,62)

Le premier *donc* n'est pas formulé par la locutrice en cours mais par l'interlocutrice dans un tour collaboratif : B engage A à parvenir à la conclusion qu'elle attend en lui suggérant une possible poursuite (coénonciation par attachement) et introduit dans cette optique un marqueur qui assume en même temps la fonction de signal de réception (*back-channel-signal*). L'élaboration du savoir partagé et la progression sont ici effectuées de manière collaborative.

Les *donc* de l'exemple suivant illustrent plusieurs processus. La structure essentielle de l'extrait peut être présentée comme suit :

A		je fais un blog puisque il n'y a pas de service internet **donc** j'ai pensé à faire un (blog)
B+C		signaux de réception
A		**donc** j'ai fait un blog mais il est vide

Par delà son apparence tautologique, la structure circulaire observable aux lignes 136s. est motivée par la nécessité d'organiser

- l'apport d'informations de manière optimale et

- l'interaction elle-même.

On a affaire à des procédures propres à l'émergence événementielle.

(4)

136	A	actuellement aussi je fais un blog euh je je constitue un blog euh pour les jeunes euh mh (.)
137		**puisqu'il** n'y a pas un service internet très efficace **donc** j'ai pensé à faire un (---)
138	C	ça c'est bien hein
139	B	mhm
140	A	**donc** j'ai fait un blog
141		mais il est euh très vide ((rit))

Le constituant introduit par *puisque* est une justification relative à une information inférable à partir de l'énoncé « actuellement je fais un blog », à savoir « j'ai eu l'idée de faire un blog ». Cette information fonctionne comme une sorte d'incise informationnelle destinée à un interlocuteur qui ne dispose pas d'un certain nombre d'informations (c'est la raison d'être du type d'activité actuel : l'entretien)[9] et représente une digression par rapport au thème local, le blog d'information. Le segment qui suit, initié par *donc*, réintroduit le contenu qui était à justifier (que son caractère évident dispense de formuler complètement) en explicitant à nouveau le lien logique, mais sous une forme inversée ('x – justification y – conséquence x'). Si la paraphrase introduite par *donc* comporte une valeur sémantico-logique certaine, elle remplit en outre une fonction interactionnelle bien précise : elle a pour effet de marquer la fin de la digression et de signaler un point

---

9   *Cf.* Auer / Pfänder (2007) et Levinson (1979).

de transition potentielle, comme le montre le changement de tour en (138) avec les réactions de ratification simultanées de C et B. Cet emploi de *donc* à la ligne 137 est caractéristique d'un 'détournement' de la fonction logico-sémantique au profit d'un usage indexical d'organisation de l'interaction. Dans cet exemple comme dans d'autres, les deux aspects restent amalgamés.

Le *donc* à la ligne 140 illustre en revanche la fonction réinitialisante du marqueur : le segment (140) réactualise l'information saillante au plan topical (« le blog »), ce qui permet à A de reprendre la parole d'une manière qu'on pourrait qualifier de *pertinente* ou *recevable interactionnellement*, puisqu'elle rend manifeste que la poursuite de l'échange sera cohérente au plan topical.

5. Deux locuteurs, une opinion : *donc* dans les réunions de travail

Les exemples (5) et (6) sont tirés d'une réunion de travail entre journalistes. On y discute d'un article à rédiger sur la dimension politique d'un genre musical, le rap. Au début de la séance de travail, les opinions sont très partagées : contrairement aux collègues plus jeunes, qui voient dans le rap une réelle forme d'engagement politique, les collègues plus âgés sont d'avis qu'il s'agit d'un phénomène purement ludique. Juste avant l'extrait qui suit (ex. (5)) un des rédacteurs plus âgés avance un argument relatif à la situation politique du Sénégal : selon lui, le rappeur sénégalais ne peut trouver matière à produire des textes engagés, puisque le Sénégal connaît peu de problèmes politiques ; p. ex., il n'est pas en conflit avec ses pays voisins (Mauritanie, Gambie). C'est à ce moment que le locuteur A intervient : les problèmes existent aussi au Sénégal, mais relèvent du conflit social entre citoyens sénégalais.

```
(5)
01    A    mais il n'y a pas cette euh rivalité (.) très forte entre pays
02         mais cette rivalité est vi- est vivante (.) au sénégal
03         notamment entre des gens
04         qui ne viennent pas du même terroir
05         parce que ceux qui viennent (.) de (xxx) du grand dakar
06         considèrent que c'est eux qui vivent dans le ghetto
07         parce qu'ils vivent donc dans des conditions assez difficiles
08         mais également ceux qui sont dans la banlieue
09         disent qu'ils sont confrontés à des (.) problèmes
10         qui ne sont pas les mêmes que ceux qui vivent (.)
11         à l'intérieur de la ville de dakar
12         donc il y a des problèmes à ce niveau-là
13         et même si vous observez
```

Après une longue description explicitant ces conflits internes entre groupes sociaux, la conclusion formulée par A (12), ferme, est une reprise de l'argument formulé en (01-04), avant l'explicitation de la nature du conflit à proprement parler. Par cette stratégie argumentative, A ne renvoie qu'indirectement à l'argument qu'il soutient, selon lequel le rap sénégalais peut se constituer comme forme d'engagement. En faisant comprendre qu'il existe bel et bien certains problèmes, il contredit son interlocuteur de manière indirecte,[10] c'est-à-dire en préservant la 'face' de l'autre.

Cet extrait présente une structure de type 'x *parce que* y *donc* x' qui peut être analysée sur deux plans : elle sous-tend d'une part une structure logique de type argumentatif, et est déployée d'autre part comme dispositif de marqueurs signalant les décrochements hiérarchiques successifs (au sens de Ford / Fox / Thompson : 2002) : *donc* marque la proéminence hiérarchique (premier plan) et *parce que* introduit un décrochement à l'arrière-plan. Du même coup, *donc* au sein de la structure 'x *parce que* y *donc* x' ainsi que le constituant 'x' qu'il réintroduit ont une fonction réinitialisante marquant la fin du décrochement (parenthèse).

Si on jette un coup d'œil dans la banque de données, on observe que *donc* occupe les positions séquentielles suivantes : soit il introduit comme dans l'exemple (6) ci-dessous un constituant qui 'détourne' la construction consécutive pour lui assigner une fonction supplémentaire, celle de reprendre un constituant déjà introduit en amont avant le constituant causal (on a affaire à une amplification fonctionnelle), soit il laisse en suspens l'élément conséquence-résumé qu'il est censé introduire, de manière schématique (ex. (7)). La formulation de cette conséquence n'est en effet pas nécessaire, car elle a déjà été introduite en amont avant le constituant causal : le *donc* n'introduit pas de conséquence à proprement parler, mais occupe la position du constituant conséquence-résumé. Au niveau interactionnel, la répétition d'un contenu dans une structure circulaire de ce type crée un effet de complétude qui signale une étape, c'est-à-dire un point de transition potentielle, qui peut être mis à profit par l'interlocuteur pour prendre la parole ou par le locuteur pour la céder. C'est cet aspect interactionnel qui confère au marqueur *donc* dans le schéma 'x *parce que* y *donc* (x)' le trait fonctionnel résomptif-conclusif (ex. (6)).

(6)
01 A mais avec euh maman l'année prochaine on pense qu'on va aller à dans les pyrénées pour faire du ski /
02 B hmhm
03 A pour aller à la euh en vacances de neige (.) un petit peu
04 **parce que** j'adore ca en fait **donc** euh (-)
05 maman elle pense qu'on va y aller /
06 A mais vous restez toujours en france les vacances /

(7)
01 A à ales par exemple à ales y a des gamins dans les banlieues ils savent pas ce que c'est la mer quoi /
02 B hm
03 A **parce que** les: les parents n'ont même pas les moyens ni le temps d'aller : d'emmener leurs gamins à la mer (--)
04 **donc** euh :
05 B hm

Cette structure circulaire n'assure pas seulement l'exposition d'éléments selon un enchaînement logique, elle garantit aussi la continuité topicale de l'explication, dans un type d'activité qui nécessite de prendre certaines précautions pour ne pas submerger

---

10 Dans les exemples (5) et (6), les modalités de l'interaction sont largement déterminées par l'écart générationnel existant entre les interlocuteurs : pour A, il est particulièrement difficile de contredire B, car ce dernier est son aîné.

l'auditeur sous un flux informationnel (*cf.* Bergmann : 2007). Cela implique de mettre en œuvre une stratégie spécifique comme cette construction circulaire pour réguler l'intégration d'informations nouvelles au savoir partagé au moment de l'échange.

Une chose surprenante ressort de nos données : la circularité du format est exploitée en interaction comme ressource permettant de résoudre deux tâches communicatives opposées, à savoir conserver la parole ou la céder. Ces deux 'méthodes' (au sens de l'analyse conversationnelle) exploitent respectivement deux formes de circularité, l'une fermée, l'autre ouverte, spiralaire. L'élément introduit par *donc* dans le format 'x *parce que* y *donc* x' remplit dans le premier cas (circularité fermée) une fonction de **résumption conclusive** : c'est la perception de cet aspect par l'auditeur qui est susceptible de déclencher le changement de tour. Dans le second cas (circularité ouverte), le dernier constituant a une fonction de **résumption réinitialisante**. Ce sont les indices de contextualisation et la position séquentielle de *donc* qui en permettront l'interprétation par les participants à l'interaction.

L'exemple suivant illustre le fait que la reprise de l'élément 'x' permet au locuteur de signifier qu'il a atteint un point de complétion informationnelle, qui coïncide en général avec des indices de complétion syntaxique et prosodique, indiquant ainsi l'opportunité d'un changement de sujet ou de la prise de parole pour B. Le locuteur A signale ici la possibilité de changement de tour avec un *donc* suspensif. L'opportunité est saisie par le locuteur B.

(8)
01 B   seulement je pense que dans un cadre de de de répression
02 A   moi
03   je pense que même dans un cadre de répression
04   le rap aurait des chances d'évoluer
05   **parce que** c'est sur la base de la provocation
06   c'est faire ce que les autres n'osent pas faire
07   dire c'que les autr' n'osent pas dire
08   **donc**
09 B   là il me semble que nous sommes d'accord

Par ailleurs, cet exemple illustre bien le fait que la recherche du consensus est essentielle dans les modalités de prise de parole. Le journaliste B, qui ne conçoit pas la dimension politique du rap, avance un autre argument (01) : sous un gouvernement qui bride la libre expression, les auteurs de rap sont dans l'incapacité de laisser transparaître clairement leurs opinions politiques. A réplique que c'est justement par le biais d'une musique que les autres ne prennent pas trop au sérieux qu'on peut faire « ce que les autres n'osent pas faire ».

Ce qui est intéressant dans ce passage, c'est que A met à profit le fait que *donc* suspensif renvoie à un savoir partagé supposé évident, manifeste, pour ne pas formuler explicitement la conclusion qui pourrait compromettre le consensus (c'est-à-dire la réaffirmation du caractère éminemment politique du rap). En laissant planer un certain flou, A permet à B d'aller dans le sens du consensus, que tous les participants à cette interaction souhaitent en définitive (réunion de travail) ; à ce moment, l'opportunité lui est donnée de faire une concession : en effet, l'argument sur lequel porte l'accord local obtenu en (09) (« le rap se base sur la provocation ») est finalement en décalage par rapport à celui qui faisait l'objet de leur divergence d'opinion (« le rap est politique »).

Le consensus est ici atteint par le biais d'une stratégie collaborative qu'on retrouve également dans de nombreux autres extraits : un locuteur assume de manière collaborative la réalisation de *donc x* initiée par son interlocuteur. Cela est généralement réalisé soit par une formule de ratification (comme c'est le cas ici), soit par une reformulation de 'x'.

6. *Donc* dans d'autres genres, dans d'autres aires

L'examen de corpus de plusieurs variétés du français (Le Caire, Dakar, mais aussi Paris, Marseille, Douala, Yaoundé, Montréal, Québec et la Louisiane) révèle que ce format y est aussi présent. On le retrouve dans les corpus québécois et acadien[11] sous une forme un peu différente : 'x *parce que* y *(ça) fait que* x'. La structure et les fonctions interactionnelles sont cependant identiques à celles assurées par *donc*. De fait, il ressort des analyses de Dostie (2006), de Wiesmath (2006) et de Neumann-Holzschuh (2008) que dans de nombreux cas, *(ça) fait (que)* a les mêmes valeurs que *donc,* tant comme connecteur logique que comme marqueur du discours.[12] Une fonction assez proche à celle analysée dans l'exemple (6) ci-dessus est rapportée par Wiesmath (2006, 94s.) pour *fait que* en français acadien :

> la personne signale qu'elle est arrivée à la fin d'une explication et n'a plus d'arguments nouveaux à ajouter et que son interlocuteur peut prendre la parole s'il le désire.

Plusieurs des emplois décrits dans Dostie (2006) font écho aux caractéristiques de *donc* dans le format 'x *parce que* y *donc* x' que nous avons décrites. Elle nomme ainsi les emplois suivants :

- comme connecteur textuel (de conséquence, de conséquence déduite, ou de cause déduite) ;
- comme indicateur de continuité soit entre une situation et un nouvel élément, soit entre deux éléments de narration, ce qui « permet à l'énonciateur de signaler qu'il s'apprête à ouvrir une nouvelle phase » ;
- comme indicateur d'une suite laissée en suspens (marqueur suspensif).

Ce dernier point mérite d'être complété : si la suite est laissée en suspens, c'est en raison de l'évidence, du caractère manifeste de l'élément non réalisé, dérivable du savoir partagé au moment de l'énonciation et issu du contexte verbal immédiat. Cet aspect de l'analyse confirme la nécessité d'examiner les faits syntaxiques en tenant compte de leur contexte discursif plus large. Sans cette perspective interactionnelle, le fonctionnement spécifique de *fait que* et sa raison d'être dans le format risquent fort d'échapper à l'observateur. C'est pourquoi il convient de compléter l'analyse proposée par Dostie (2006, 82) par l'exemple ci-dessous. Ici, ce qui n'a pas été verbalisé est effectivement accessible dans le contexte antérieur proche :

---

11   Nous référons pour cette dernière variété à la thèse de Wiesmath (2006).
12   Dostie (2006) réfère sur ce point aux travaux de Traugott / Dasher (2005) qui observent une certaine forme de régularité dans l'évolution sémantique.

(9)
tout ce qui est histoire, j'aime ça. OK, tout ce qui est historique là, j'le sais pas pourquoi, pis c'est surtout quand... Peut-être encore plus quand c'est au Québec là. J'ai étudié en histoire. Fait que...

Ainsi, ce qui est laissé en suspens par *fait que* n'est autre que l'assertion réalisée en amont et à laquelle le locuteur cherche une explication, sans en avoir l'air.

- x j'aime l'histoire
- y je sais pas pourquoi « mais je cherche quand même des raisons » : ... fait que (j'aime l'histoire)...

Il est donc nécessaire d'intégrer la dimension séquentielle dans la description : l'idée selon laquelle *fait que* laisse quelque chose en suspens est incomplète car elle met uniquement en avant une fonctionnalité proactive du marqueur, et ne prend pas en considération la circularité d'un format au sein duquel le marqueur est à la fois pro- et rétroactif. Plusieurs de nos exemples de corpus ont permis de confirmer cette analyse.

7. En guise de conclusion

Nous espérons avoir pu montrer à quel point *donc* est polyfonctionnel. On constate par ailleurs que, la plupart du temps dans l'interaction, ces fonctions sont amalgamées ; rares sont les cas pour lesquels il est possible d'assigner à un *donc* une fonction exclusivement sémantique ou interactionnelle. Ceci n'exclut nullement qu'on trouve aussi des exemples où un des deux aspects est plus marqué que l'autre (ex. (1) pour l'aspect logico-sémantique, ex. (2) pour le discursif-interactionnel).

Dans les interviews, la technique est plus souvent mise à profit pour la gestion du savoir partagé : A répète la même chose après une explication, pour être sûr d'être bien compris (type I, ex. (1)) ou bien B prend en charge la reformulation à la suite de A pour montrer qu'il a compris (type II, ex. (3)). Dans les réunions de travail, il s'agit moins d'arriver à un savoir partagé qu'à une opinion partagée selon le schéma récurrent suivant : A reformule, s'explique et finit en redonnant son idée initiale comme mieux fondée ou comme plus proche de ce que l'autre pense (type III, ex. (5)). En recourant au *donc* tout seul, il laisse en suspens sa conclusion : ceci donne l'occasion à B de donner son accord (type IV, ex. (8)).

Deux résultats empiriques ressortent de nos analyses :

1. Tout d'abord, la classification bipartite de Bolly / Degand (2009) de *donc* logico-sémantique et *donc* discursif est pertinente. Néanmoins, dans nos données écologiques, le marqueur *donc* semble servir le plus souvent les deux fonctions à la fois. Ce résultat empirique n'est pas sans implications théoriques : les études de grammaire en interaction nous amènent à postuler un lien bidirectionnel entre discours et grammaire : de la grammaire au discours, mais aussi du discours à la grammaire.

2. Ensuite, nous avons pu préciser l'évidence mutuelle dont parlent Bolly / Degand à la suite de Mosegaard Hansen : ce qui est censé devenir évident au cours du projet syntaxique renvoie soit à un savoir partagé (type I et II, dans les entretiens), soit à une opinion partagée (types III et IV, dans les réunions de travail). Notre étude comparée des données de plusieurs aires de la francophonie, en l'occurrence Le Caire et Dakar, a mon-

tré que l'importance de la répartition géographique est mineure par rapport à la répartition en types d'activité. L'usage de *donc* diffère plus entre un entretien et une réunion de travail, qu'entre l'Égypte et le Sénégal.

Quel est alors l'apport d'une analyse de marqueurs comme *donc* dans une perspective comparée des francoversaux ? Nous y voyons trois avantages :

1. Grâce aux francoversaux basés sur des corpus comme Thyssen-EK et CIEL-F, on évite l'écueil de l'exotisme qui consiste à considérer un peu trop rapidement une structure comme caractéristique d'une variété sur la base de la seule étude de cette variété au regard du standard. Grand piège en effet de la linguistique de corpus qui se veut empirique et donc vérifiable ; néanmoins le slogan « existe dans la langue seulement ce que je trouve dans mes corpus » peut se révéler dangereux.

2. On gagne ensuite en précision : en accumulant les occurrences de variantes similaires, mais jamais exactement semblables d'une aire à l'autre, on parvient à étudier plus précisément les marqueurs (*fait que / donc*) et leur statut (état de grammaticalisation) au sein du système en question ainsi que le contexte d'apparition.

3. Un troisième avantage provient de l'approche comparée, qui permet d'examiner de manière empirique l'hypothèse selon laquelle le caractère universel de certains phénomènes se doit à l'oralité. Notre premier essai comparatif appuie cette idée, et vient conforter un certain nombre de résultats obtenus pour l'anglophonie.

Enfin, il convient de replacer cette analyse dans le contexte plus large de notre projet, en tenant compte d'un certain nombre d'éléments et pistes qui se dégagent après un premier passage en revue de nombreux travaux sur les particularités morphosyntaxiques et syntaxiques de zones correspondant aux aires communicatives de la typologie de Thyssen-EK et du CIEL-F, et qui font écho à l'analyse du format décrit ici (*cf.* Pfänder / Ennis : à paraître).

Nous dirons en guise de conclusion qu'il faut continuer à analyser les universaux du français, entre grammaire et discours. Parce que les corpus maintenant, ils permettent cela. Donc ...

8. Références bibliographiques

Auer, P. / S. Pfänder (2007), « Multiple retractions in spoken French and spoken German. A contrastive study in oral performance styles », *Cahiers de Praxématique*, 48, 57-84.

Bal, W. (1977), « Unité et diversité de la langue française », dans : Reboullet, A. / M. Tétu (éds.), *Guide culturel : civilisations et littératures d'expression française*, Paris, 5-28.

Beniamino, M. / D. de Robillard (éds. 1993 ; 1996), *Le français dans l'espace francophone. – Description linguistique et sociolinguistique de la francophonie*, 2 vols., Paris.

Bergmann, J. (2007), « Flüchtigkeit und methodische Fixierung sozialer Wirklichkeit – Aufzeichnungen als Daten der interpretativen Soziologie », dans : Hausendorf, H. (éd.), *Gespräch als Prozess. Linguistische Aspekte der Zeitlichkeit verbaler Interaktion,* Tübingen, 33-66.

Bolly, C. / L. Degand (2009), « Quelle(s) fonction(s) pour *donc* en français oral ? Du connecteur conséquentiel au marqueur de structuration du discours », *Linguisticae Investigationes*, 32/1, 1-32.

Cerquiglini, B. (2007), *Une langue orpheline*, Paris.

Chaudenson, R. (1993), « Francophonie, 'français zéro' et français régional », dans : Beniamino, M. / D. de Robillard (éds. 1993), 385-405.

Chaudenson, R. / R. Mougeon / E. Beniak (1993), *Vers une approche panlectale de la variation du français*, Paris.

Chevalier, J.-C. (2007), « La langue française et le défi de la mondialisation », dans : Galazzi, E. / C. Molinari (éds.), 255-265.
CIEL-F = *Corpus International Écologique de la Langue Française,* Lyon / Fribourg en Br. *et al.* (www.ciel-f.org)
CLAPI = *Corpus de Langues Parlées en Interaction.* (http://clapi.univ-lyon2.fr)
Dermarkar, C. / F. Gadet / R. Ludwig / S. Pfänder (2008), „Arealtypologische Dimensionen der Sprachvarianz in der Frankophonie. Ägypten als Modellfall eines ökologisch-empirischen Modells", *Romanistisches Jahrbuch,* 59, 101-127.
Dermarkar, C. / S. Pfänder (à paraître), *Le français cosmopolite. Témoignages de la dynamique langagière dans l'espace urbain du Caire,* Berlin.
Dermarkar, C. / S. Pfänder / C. Pusch / M. Skrovec (à paraître), « Le français global – émergence, variation, francoversaux : un nouveau corpus de la francophonie actuelle », dans : *Actes du CILPR* 2008.
Dostie, G. (2006), « Régularité et spécificité dans le paradigme des marqueurs consécutifs. *Fait que* en français québécois », *Cahiers de lexicologie,* 89, 75-96.
Ford, C. E. / B. A. Fox / S. A. Thompson (éds. 2002), *The Language of Turn and Sequence,* Cambridge.
Gadet, F. / R. Ludwig / S. Pfänder (2008), « Francophonie et typologie des situations », *Cahiers de Linguistique : Revue de Sociolinguistique et de Sociologie de la langue française,* 34/2, 143-162.
Galazzi, E. / Ch. Molinari (éds. 2007), *Les français en émergence,* Berne.
Holter, K. / I. Skattum (éds. 2008), *La francophonie aujourd'hui. Réflexions critiques,* Paris.
Klinkenberg, J.-M. (2003), « Français, encore un effort pour être la langue de la diversité », dans : Attali, J. *et al.* (éds.), *Le français, langue du monde,* Paris / Budapest / Turin, 161-174.
Levinson, S. (1979), « Activity types and language », *Linguistics,* 17/5, 365-399.
Littré, É. (1885), *Dictionnaire de la langue française,* Paris.
Mosegaard Hansen, M.-B. (1997), « 'Alors' and 'donc' in spoken French : A reanalysis », *Journal of Pragmatics,* 28, 153-187.
Neumann-Holzschuh, I. (2008), « Oui YEAH ! Zu Syntax und Pragmatik 'gedoppelter' Diskursmarker im Louisiana-Französischen », dans : Stark, E. / R. Schmidt-Riese / E. Stoll (éds.), *Romanische Syntax im Wandel,* Tübingen, 469-485.
Pfänder, S. / J. Ennis (à paraître), « Du jeu dans le système ? Les zones de variabilité dans le sous-système verbal en français d'Afrique et ailleurs », *Le Français en Afrique. Revue en ligne.*
Schiffrin, D. (1987), *Discourse markers,* Cambridge.
Traugott, E. / R. Dasher (2005), *Regularity in semantic change,* Cambridge.
Valdman, A. (1979), *Le français hors de France,* Paris.
VALIBEL = *Variétés linguistiques du français en Belgique.* (www.uclouvain.be/valibel)
Wiesmath, R. (2006), *Le français acadien : analyse syntaxique d'un corpus oral recueilli au Nouveau-Brunswick, Canada,* Paris.

Les auteurs

Oumarou Boukari détient une maîtrise et un DEA en linguistique africaine de l'université d'Abidjan-Cocody. En 2008, il a obtenu un doctorat en linguistique africaine de l'université de Bayreuth. Sa thèse consiste en une approche syntaxique et sémantico-pragmatique de quelques particules discursives du songhay-zarma (*Articulation du discours dans le songhay. Une analyse des connecteurs dans le discours des Songhay-Zarmas émigrés en Côte d'Ivoire*, Berlin *et al.*, 2010). Les recherches d'Oumarou Boukari se situent avant tout en pragmatique et analyse de discours. Il s'est également intéressé à la tonologie et à la morphosyntaxe. Récemment il s'est orienté vers l'analyse des médias. Depuis mars 2009 il est enseignant-chercheur au département des sciences du langage et de la communication à l'université de Bouaké en Côte d'Ivoire.

Oumarou Boukari, 01 BP 4788, Abidjan 01, Côte d'Ivoire.
e-mail : Boumarou2001@yahoo.fr

Martina Drescher est depuis 2000 professeure de linguistique générale et des langues romanes à l'Université de Bayreuth. Ses domaines de recherches principaux sont l'analyse de discours, l'analyse interactionnelle, la pragmatique, la linguistique textuelle et la variation linguistique. Elle s'intéresse également à la francophonie africaine et nord-américaine. Ses publications récentes comprennent une étude sur l'affectivité en français parlé (*Sprachliche Affektivität*, Tübingen, 2003) ainsi que des collectifs sur les genres discursifs (*Textsorten im romanischen Sprachvergleich*, Tübingen, 2002), sur les marqueurs discursifs (*Les marqueurs discursifs dans les langues romanes*, Francfort, 2006, en co-direction avec B. Frank-Job) et sur les aspects communicatifs des campagnes de prévention contre le VIH / sida (*Kommunikation über HIV / Aids*, Berlin, 2006, en co-direction avec S. Klaeger).

Martina Drescher, Lehrstuhl für Romanische und Allgemeine Sprachwissenschaft, Universität Bayreuth, GW I, D-95440 Bayreuth, Allemagne.
e-mail : Martina.Drescher@uni-bayreuth.de

Carole de Féral. Maître de Conférences au département des Sciences du Langage à l'Université de Nice-Sophia Antipolis. Responsable de l'équipe « Contact des langues et français d'Afrique » au laboratoire du CNRS Bases, Corpus et Langage (UMR 6039). Auteure de nombreux articles sur les pratiques urbaines issues du contact des langues européennes et africaines (dont le *pidgin-english* et le camfranglais / francanglais du Cameroun). Elle a publié notamment *Pidgin-english du Cameroun* (Peeters / Selaf, 1989), co-dirigé *Le français en Afrique noire ; faits d'appropriation* (*Langue française*, 104, 1994) et dirigé *Le nom des langues en Afrique sub-saharienne : pratiques, dénominations, catégorisations. Naming Languages in Sub-Saharan Africa: Practices, Names, Categorisations* (Louvain-la-Neuve, Peeters, BCILL 124, 2009), pour lequel elle a écrit « Nommer et catégoriser des pratiques urbaines : pidgin et francanglais au Cameroun ».

Carole de Féral, Université de Nice, Sophia Antipolis, Département des Sciences du Langage, 06204 Nice, Cedex 3, France.
e-mail : deferal@unice.fr

Mari C. Jones est Reader in French Linguistics and Language Change à l'université de Cambridge et Fellow (chercheuse) en langues modernes et médiévales à Peterhouse. Elle est professeure invitée de linguistique à l'université de Bamberg (Allemagne) et chercheuse associée à l'université Rennes 2 Haute-Bretagne. Principales publications : *Language Obsolescence and Revitalization* (OUP, 1998) ; *La langue bretonne aujourd'hui à Plougastel-Daoulas* (Brud Nevez, 1998) ; *Jersey Norman French* (Blackwell, 2001) ; *The Guernsey Norman French Translations of Thomas Martin* (Peeters, 2008). Mari Jones est également coéditrice de *Language Change* (Mouton de Gruyter, 2002), *The French Language and Questions of Identity* (Legenda, 2007) et *Les Langues Normandes : Pluralité, Normes, Représentations* (L'Harmattan, 2009), et co-auteure de *Exploring Language Change* (Routledge, 2005). Elle s'intéresse à tous les aspects du contact linguistique, de l'obsolescence linguistique et de la dialectologie. Ses recherches portent sur le gallois, le breton, et, actuellement, sur le français des Îles Anglo-Normandes.

Mari Jones, Peterhouse, Trumpington Street, Cambridge CB2 1 RD.
e-mail: mcj11@cam.ac.uk

Sylvia Kasparian, a obtenu son doctorat en sciences du langage à l'Université de la Nouvelle Sorbonne, Paris en 1992. Depuis, elle est professeure à l'Université de Moncton, Canada. Elle est spécialisée dans l'étude du bi- / multilinguisme et contacts de langues dans une approche de l'analyse conversationnelle. Ses domaines d'enseignement et de recherche touchent des domaines aussi variés que le développement de la bilingualité, les phénomènes de contact de langues et les comportements multilingues ; les langues du monde, les langues et cultures comparées ; l'analyse conversationnelle, la sociolinguistique des parlers acadiens ; la sociolinguistique arménienne. Elle dirige depuis 10 ans un laboratoire qu'elle a mis en place en analyse informatisée et statistique de données textuelles (LADT – Université de Moncton).

Sylvia Kasparian, Université de Moncton, Département d'Études françaises, Moncton NH3 E1A3E9, Canada.
e-mail : sylvia.kasparian@umoncton.ca

Sabine Klaeger est maître de conférences à l'Université de Bayreuth. Elle est docteure en sciences du langage de l'Université de Mannheim et de l'Université Lumière Lyon II (doctorat en cotutelle). Dans sa thèse, elle analyse le style social d'un groupe de squatteurs à Lyon (*La Lutine. Portrait sociostylistique d'un groupe de squatteurs à Lyon*, Paris, 2007). Elle a également co-dirigé plusieurs collectifs qui portent entre autres sur la relation entre langues, identité et société (*Sprache(n), Identität, Gesellschaft*, Stuttgart, 2009, avec B. Thörle) et sur les médias (*Medien und kollektive Identitätsbildung*, Wien, 2004, avec M. Müller). Actuellement, elle prépare une thèse d'habilitation sur les marqueurs discursifs en français burkinabè.

Les auteurs 199

Sabine Klaeger, Lehrstuhl für Romanische und Allgemeine Sprachwissenschaft, Universität Bayreuth, GW I, D-95440 Bayreuth, Allemagne.
e-mail : sabine.klaeger@uni-bayreuth.de

Ingrid Neumann-Holzschuh est professeure de linguistique romane (français et espagnol) à l'Université de Regensburg depuis 1995. Ses domaines de recherches principaux sont la créolistique, la variation linguistique, la syntaxe ainsi que le changement des langues et le contact des langues et les *Gender Studies* ; dans ce cadre elle a travaillé sur les créoles français, les variétés du français en Amérique du Nord (avec un focus sur le français louisianais), l'histoire externe et interne de la langue espagnole ainsi que sur l'hispanophonie nord-américaine. Ses publications comprennent entre autres une histoire de la langue espagnole (*Spanische Sprachgeschichte*, Stuttgart, 2003, avec A. Bollée), des collectifs sur le changement des langues (*Reanalyse und Grammatikalisierung in den romanischen Sprachen*, Tübingen, 1999, avec J. Lang), les créoles (*Degrees of restructuring in creole languages*, Amsterdam / New York, 2000, avec E. Schneider), les *Gender Studies* (*Gender, Genre, Geschlecht. Sprach- und literaturwissenschaftliche Beiträge zur Gender-Forschung*, Tübingen, 2001) sur l'espagnol en Amérique Latine (*El español en América. Aspectos teóricos, particularidades, contactos*, Frankfurt a. M. / Madrid, 2005, avec K. Zimmermann et V. Noll) ainsi que, récemment, plusieurs articles issus du projet de recherche *Grammaire comparée du français acadien et louisianais*.

Ingrid Neumann-Holzschuh, Romanische Sprachwissenschaft, Institut für Romanistik, Universität Regensburg, D-93040 Regensburg, Allemagne.
e-mail : Ingrid.Neumann-Holzschuh@sprachlit.uni-regensburg.de

Stefan Pfänder est professeur de linguistique romane à l'Université de Freiburg depuis 2005. Ses domaines de recherches principaux sont la grammaticalisation et l'analyse cognitive et interactionnelle de la variation française, créole et espagnole hors d'Europe. Les principales aires étudiées sont la francophonie caribéenne, levantine et ouest-africaine (www.ciel-f.org) ainsi que, pour l'espagnol, la zone andine (www.espanoldelosandes.org). Ses publications comprennent une étude comparée du système aspectuel en créole de Guyane et des Petites Antilles (*Tempus und Aspekt im Frankokreol*, Tübingen, 2000), une analyse du français et de l'espagnol des medias (*La des/comunicación y sus re/medios*, Buenos Aires, 2008, avec J. Wagner), une description grammaticale de l'espagnol de Bolivie (*Gramática Mestiza,* La Paz, 2010) ainsi que des collectifs sur les nouveaux médias (*Französische Sprach- und Medienwissenschaft*, 2009, en co-direction avec R. Kailuweit), et sur l'improvisation (*Improvisation,* Freiburg, 2009, en co-direction avec A. Gehrke *et al.*).

Stefan Pfänder, Lehrstuhl für Romanische Philologie / Sprachwissenschaft, Albert-Ludwigs-Universität Freiburg, Platz der Universität 3, D-79085 Freiburg, Allemagne.
e-mail : stefan.pfaender@romanistik.uni-freiburg.de

Katja Ploog est Maître de Conférences à l'Université de Franche-Comté à Besançon et, titulaire d'une bourse de la Fondation Humboldt, actuellement détachée auprés de l'Université Freiburg. Après une thèse sur *Le français à Abidjan. Pour une description* *syntaxique du non-standard* (CNRS-éditions, 2002) soutenue à l'Université de Bordeaux, ses recherches actuelles portent sur la syntaxe dans les corpus oraux marqués par la spontanéité ; parmi ses intérêts majeurs, on comptera la syntaxe génerale, les linguistiques de corpus, les contacts de langue, la sociolinguistique et la typologie linguistique. Les deux terrains majeurs de son investigation ont été jusqu'ici la Côte d'Ivoire et les pays environnants, ainsi que le Chili.

Katja Ploog, Université de Franche-Comté, Laboratoire de Sémiotique, Linguistique, Didactique et Informatique, 25030 Besançon, France.
e-mail : katploog@yahoo.fr

Elissa Pustka travaille depuis 2003 comme enseignant-chercheur à l'institut de philologie romane de la Ludwig-Maximilians-Universität München. Depuis la soutenance de sa thèse, effectuée en cotutelle avec l'université Paris Ouest Nanterre La Défense et intitulée *Phonologie et variétés en contact. Aveyronnais et Guadeloupéens à Paris* (publiée en 2007), elle travaille sur l'expression de la quantité dans les langues romanes et les créoles. Ces principaux centres d'intérêt sont la phonétique et la phonologie, la sémantique cognitive, la grammaticalisation, le contact de langues ainsi que la variation linguistique, notamment ses représentations et perceptions.

Elissa Pustka, Institut für Romanische Philologie, Ludwigstraße 25, D-80539 München, Allemagne.
e-mail: Elissa.Pustka@romanistik.uni-muenchen.de

Edith A. Szlezák. Après avoir poursuivi des études d'anglais, de français et d'italien à l'Université de Regensburg, à l'Université Marc Bloch (Strasbourg, France) puis au Williams College (Massachusetts, États-Unis), terminées par le « Staatsexamen » et le « Magister », elle a publié une thèse de doctorat traitant de la situation des immigrants franco-canadiens en Nouvelle-Angleterre qui a obtenu le « Dissertationspreis » de la Bavarian-American Academy (*Franco-Americans in Massachusetts – No French no mo' 'round here*, Narr, 2010). Ses centres d'intérêt sont la sociolinguistique et les phénomènes d'interférences des langues en contact.

Edith Szlezák, Romanische Sprachwissenschaft, Institut für Romanistik, Universität Regensburg, D-93040 Regensburg, Allemagne.
e-mail : edith.szlezak@sprachlit.uni-regensburg.de

Marie Skrovec. Doctorante en linguistique romane (thèse en cotutelle Freiburg – Aix sur le thème : *Répétition : de la rhétorique ordinaire à la syntaxe de l'oral*, sous la direction de S. Pfänder et S. Kriegel) et collaboratrice scientifique du projet DFG-ANR CIEL-F (*Corpus International Écologique de Langue Française*) depuis 2007, Marie Skrovec a été chargée de cours au Romanisches Seminar de Freiburg de 2008 à 2009 et assistante de recherche au sein du projet « Constructions émergentes en français global » (financement : fondation Thyssen, 2008-2010). Depuis septembre 2009, elle est assistante scientifique au Romanisches Seminar de l'université de Freiburg (chaire Prof. Dr. Pfänder). Ses travaux portent sur les domaines suivants : linguistique sur corpus, oralité, analyse conversationnelle et des interactions, syntaxe de l'oral, prosodie, grammaticalisation en français et espagnol.

Marie Skrovec, Romanische Philologie / Sprachwissenschaft, Albert-Ludwigs-Universität Freiburg, Platz der Universität 3, D-79085 Freiburg, Allemagne.
e-mail : marie.skrovec@romanistik.uni-freiburg.de

Jean-Benoît Tsofack est enseignant-chercheur en Linguistique et Sociolinguistique au Département des Langues Étrangères Appliquées de la Faculté des Lettres et Sciences Humaines de l'Université de Dschang (Cameroun). Il a soutenu sa thèse de Doctorat *Nouveau Régime en Sciences du langage* à L'Université Marc Bloch (Strasbourg II) en France en 2002. Ses principales recherches portent sur l'analyse du discours et les paroles urbaines, le plurilinguisme, les contacts de langues et les parlers des jeunes. Il est en phase de finalisation et de soutenance de son Habilitation à Diriger des recherches (HDR) dont la synthèse générale porte le titre *Les codes de la ville : Langues, discours et paroles urbaines*. Jean-Benoit Tsofack a à son actif une trentaine d'articles publiés dans des revues scientifiques mondiales de renom avec un ouvrage en cours de publication. Il a participé comme invité à de nombreux colloques, séminaires et conférences en Afrique, en Europe et en Amérique du nord, et a effectué de nombreux séjours de recherche à l'étranger, et notamment en France et en Allemagne.

Jean-Benoît Tsofack, Enseignant-chercheur en linguistique et sociolinguistique, Université de Dschang, Faculté des Lettres et des Sciences Humaines, Département des Langues Étrangères Appliquées, BP 49 Dschang, Cameroun.
e-mail : tsofack@yahoo.fr

Georges-Daniel Véronique a fait des études supérieures à l'Université de Provence (Aix-Marseille 1) où il a passé une thèse de 3e cycle en 1983. Il a été habilité à diriger des recherches dans cette même université en 1991. Il a enseigné comme professeur de linguistique et de didactique à l'université de Paris III-Sorbonne Nouvelle de Septembre 1994 à Août 2005. Depuis 2005, il est professeur de linguistique française et d'études créoles à l'Université de Provence. Georges-Daniel Véronique s'intéresse aux contacts de langues et aux interactions sociales. Ses principaux domaines de recherche sont : l'étude du procès d'acquisition des langues étrangères (principalement du français comme langue étrangère) et de la créolisation, la description des langues créoles (les créoles français), la didactique des langues étrangères (essentiellement du français langue étrangère) et l'étude de la construction du sens dans les interactions sociales.

Georges-Daniel Véronique, Université de Provence, Département de français langue étrangère, Centre d'Aix, 29 Ave. Rbt. Schuman, 13621 Aix, Cedex 1, France.
e-mail: Georges.veronique@orange.fr